साहित्यमुखी

साहित्यमुखी

रामधारी सिंह 'दिनकर'

लोकभारती प्रकाशन

लोकभारती प्रकाशन
पहली मंजिल, दरबारी बिल्डिंग, महात्मा गांधी मार्ग
इलाहाबाद-211 001

वेबसाइट : www.lokbhartiprakashan.com
ईमेल : info@lokbhartiprakashan.com

शाखाएँ : 1-बी, नेताजी सुभाष मार्ग, दरियागंज
नई दिल्ली-110 002
अशोक राजपथ, साइंस कॉलेज के सामने
पटना-800 006
36 ए, शेक्सपियर सरणी, कोलकाता-700 017

पहला संस्करण : 1968
पहला (लोकभारती) संस्करण : 2019

मूल्य : ₹695

मुद्रक : यश प्रिंटोग्राफिक्स
नोएडा-201 301 (उत्तर प्रदेश)

SAHITYAMUKHI
Essays by Ramdhari Singh 'Dinkar'

ISBN : 978-93-88211-92-5

प्राक्कथन

पूज्य राष्ट्रकवि रामधारी सिंह 'दिनकर' को गुजरे छियालीस वर्ष हो गए। अब उनकी 110वीं जयन्ती का वर्ष बीत रहा है।

यूँ तो महाकवि दिनकर जी को राष्ट्रकवि कहा गया है पर महीयसी महादेवी वर्मा ने कहा था कि वे विश्वकवि हैं, क्योंकि उनकी कविताओं में मात्र राष्ट्रीयता की वाणी और उसकी स्वायत्तता का गौरवगान और संघर्ष नहीं है वरन् प्रेम का एक व्यापक क्षितिज है जो उन्हें विश्वकवि की श्रेणी में ले आता है। वस्तुतः दिनकर जी एक ही साथ विश्वकवि, महाकवि, राष्ट्रकवि और जनकवि–सभी हैं। उनकी विभिन्न कविताओं में भिन्न-भिन्न तौर पर उनके काव्य-व्यक्तित्व का वैशिष्ट्य प्रकट होता है।

दिनकर जी आज भी पाठकों के सर्वाधिक प्रिय कवि हैं और प्रासंगिक भी। उनकी कविताओं में आग है, राग है और अध्यात्म है। उनकी कविताओं का अवगाहन कर प्रतीत होता है कि वे अपने समकालीन कवियों से अलग तरीके से पाठकों के समक्ष प्रकट होते हैं।

दिनकर जी ने कहा था कि सच्चा कवि हमेशा जीवित रहता है–उसके प्रति राग और द्वेष के कारण उसके सामने उसका सही मूल्यांकन नहीं हो पाता। किसी कवि का सही मूल्यांकन उसके निधन के पचास वर्ष बाद होता है। और हम देख रहे हैं, जैसे-जैसे समय गुजरता जा रहा है, दिनकर जी की कविताओं की लोकप्रियता बढ़ती जा रही है।

पूर्व में दिनकर जी की सभी किताबें लोकभारती प्रकाशन से कुछ नवीन स्वरूप और अलग नाम देकर प्रकाशित हुई थीं। अब सभी पुस्तकें अपने पुराने नाम और प्रारूप में प्रकाशित हो रही हैं। आशा है, इससे दिनकर-प्रेमी हिन्दी साहित्य जगत् संतुष्ट होगा।

—अरविन्द कुमार सिंह

दिनकर भवन
आर्य कुमार रोड
पटना-800004

दो शब्द

साहित्य अथवा साहित्य से सम्बन्धित विषयों पर इधर मैंने जो निबन्ध लिखे हैं या भाषण दिये हैं, उनका संग्रह 'साहित्यमुखी' नाम से निकल रहा है।

'आधुनिकता' के सम्बन्ध में इस संग्रह में तीन निबन्ध हैं। आधुनिकता पर एक छोटी-सी टिप्पणी भी है, जो शीर्षकमुक्त चिन्तन के अन्त में आती है।

मुझे आशा है कि विचारों के प्रेमी युवक और विद्वान इस पुस्तक को पढ़ने की कृपा करेंगे।

—दिनकर

5, सफदर जंग लेन
नई दिल्ली
15 फरवरी, 1968 ई.

अनुक्रम

शीर्षकमुक्त चिन्तन

1

यूरोपवालों की तरह अब हमें भी यह मान लेना चाहिए कि यह वह युग है, जिसकी शैली प्रधान और कथ्य गौण है, जिसका माध्यम सर्वस्व और सन्देश कोई चीज नहीं है। कविता के पाठक हैं या नहीं, यह विषय कभी-कभी मुझे संदिग्ध मालूम होता है; किन्तु कविता पर विचार करनेवाले लोगों की संख्या में वृद्धि अवश्य हुई है। अब कवि-गोष्ठियाँ कम, विचार-गोष्ठियाँ ज्यादा होने लगी हैं। और विचार-गोष्ठियों का आयोजन अब ऐसे लोग भी करते हैं, जिनका साहित्य-विषयक विचारों से कोई खास तअल्लुक नहीं है। पहले समाज में साहित्य-प्रेमी समझे जाने के लिए लोग कवि-सम्मेलनों का आयोजन करते थे, अब विचार-गोष्ठियों का आयोजन इज्जत का बड़ा जरिया समझा जाता है। जातियाँ जब थकती हैं, तब उनका ध्यान रचना से हटकर आलोचना पर चला जाता है। मैं नहीं मानता कि भारत अभी उतना क्लान्त देश है। मगर भारत जिन देशों को देखकर अपना फैशन सँवार रहा है, वे अवश्य थके हुए हैं। बेचारे देवता की क्लान्ति भक्त के मन पर छाई जा रही है। कहीं ऐसा तो नहीं है कि जब रचना हारती है, तब वह आलोचना का सहारा लेने लगती है। कई वर्ष पूर्व बच्चन ने मुझसे कहा था कि जो कविता समझ में आसानी से आ जाती है और आनन्द देती है, उसकी आलोचना ज्यादा नहीं की जाती यानी कविता जब लोकप्रियता की शक्ति खो देती है, तभी पंडित उसे लोकप्रिय बनाने का प्रयास करते हैं। मगर ऐसा सोचना भी ठीक नहीं है। अब साहित्य में प्रसन्नता–प्रसाद गुण–गुण नहीं, दोष है और हर कवि यही कहना चाहता है कि मुझे लोकप्रियता नहीं चाहिए। पहले कवि कवि होते थे, अब जमाना कवि-आलोचकों का आ गया है। मगर मुझे तो आज के कवि, कवि कम, आलोचक अधिक दिखाई देते हैं।

2

सन्देश नहीं, शैली चाहिए; कथ्य नहीं, माध्यम चाहिए। बात कुछ और आगे बढ़ गई है। आज का असली नारा होना चाहिए—कविता नहीं, कवि चाहिए। रेडियोवाले कवियों से वार्त्ता दिलवाते हैं कि मैं कैसे लिखता हूँ। संकलनों में कविता के पहले कवि का वक्तव्य छापा जाता है। जीवन-चरित और आत्म-चरित हिन्दी में लिखे नहीं जाते, वर्ना उनकी बिक्री कविता से कहीं ज्यादा हो सकती है। मगर यह तो सत्य है कि आजकल काव्य-संकलनों की अपेक्षा आलोचना के ग्रंथ ज्यादा बिकते हैं। पाठकों का अन्तर्मन कहता है, कविता की खोज में अब क्या धरा है, कवि की खोज करो यानी कवि अपनी कविताओं में जहाँ तक पकड़ा जाता है, उतना काफी नहीं है। कवि से सवाल करना चाहिए, उसके मुख से आत्म-चरित सुनना चाहिए। यह प्रवृत्ति प्राचीनों की इस चेतावनी के विरुद्ध है कि 'जीवितकवेराशयो न वर्णनीयः' और इसके भी कि आत्मकथा लिखना अस्वर्ग्य कृत्य है। मगर स्वर्ग का अब लोभ किसे है? इस युग के राम कह गए हैं :

सन्देश स्वर्ग का नहीं भूमि पर लाया,
मैं भूतल को ही स्वर्ग बनाने आया।

3

एक अंग्रेज कवयित्री से रेडियो पर जब दुरूहता के बारे में पूछा गया, उन्होंने जवाब दिया, 'कविताओं से आप जहाँ तक अर्थ ग्रहण कर सकते हों, वहाँ तक अर्थ को मत छोड़िए। लेकिन तब भी दुरूहता यदि बच रहती हो, तो समझिए कि वह जायज है, आनन्ददायिनी है। मगर अर्थ आप जितना पकड़ सकते हों, उसे हरगिज मत छोड़िए।'

यानी आपके पल्ले जो पड़ जाए, उसे ही गनीमत समझिए।

4

परम्परा और आधुनिकता का द्वन्द्व आज फिर सताने लगा। सोचता हूँ, विरासत में हमें जो कुछ मिला है, वह जुगाने के लिए मिला है। रक्षा, पालन और विकास के लिए मिला है। यह चिन्तन का एक पक्ष है। मगर फिर शंका उठती है, क्या

परम्परा का पालन नवीनता की उपेक्षा करके करना होगा? भारत की संस्कृति और परम्परा बहुत पुरानी है। हम एक ऐसे घर में जी रहे हैं, जो बड़ा तो है, मगर बहुत पुराना है। यह घर शताब्दियों, सहस्राब्दियों के असबाबों से खचाखच भरा हुआ है। कहीं ऐसा तो नहीं है कि नये असबाबों को हम उपेक्षित कोनों में डालते जा रहे हैं? संस्कृति, परम्परा और इतिहास जब लम्बे और समृद्ध होते हैं, वे दमघोंटू बन जाते हैं और वर्तमान को ठीक से साँस भी नहीं लेने देते। अश्वत्थ का मोटा और विशाल वृक्ष, जो छाया तो खूब देता है, मगर अपने नीचे की जमीन पर पौधों को उगने नहीं देता।

5

संस्कृति केवल गौरव ढोने की बहँगी है या उसका कोई ठोस उपकार भी है? विपत्ति और घबराहट में वह धीरज बँधा सकती है? जब समृद्धि हमसे सम्बन्ध तोड़ रही हो, तब संस्कृति क्या इस वियोग की क्षति-पूर्ति कर सकती है? भारत का इतिहास बतलाता है कि इसका उत्तर 'हाँ' में दिया जाना चाहिए।

6

नई कविता किधर जा रही है? परम्परा के घर से वह निकल चुकी है, यह सही है, मगर वह कहाँ पहुँचकर विश्राम लेगी, इसका पता नहीं चलता। वह चली क्यों, इसका कुछ थोड़ा पता है, मगर वह जा कहाँ रही है, यह जानना बड़ा ही मुश्किल काम है। दिखाई तो यही देता है कि वह कहीं भी नहीं पहुँचेगी। नई कविता के जिस लक्ष्य का अनुमान लगाया जा सकता है, वह मृग-मरीचिका भी हो सकती है।

7

समाज और जीनियस एक-दूसरे के कदम से कदम मिलाकर चलें, यह नामुमकिन बात है। बहुत संयत जीनियस में भी विद्रोह की वृत्ति होती है, लोकमत और राजा, दोनों के प्रति अवज्ञा का भाव होता है। दुःख-दर्द, निःसंगता और अकेलापन—ये जीनियस के भाग्य में होते हैं, क्योंकि काल के वह विरुद्ध सोचता है। जीनियस मानता है कि राजमत और लोकमत, दोनों त्रासक हो सकते हैं।

8

हरमन हेस का निबन्ध है 'यूरोपियन निहिलिज्म'। यूरोप ने अनेक प्रकार के सत्य गढ़ लिये हैं, जो अपनी जगहों पर सही और दुरुस्त हैं। मगर इनमें से किसी भी सत्य में यूरोप तहेदिल से विश्वास नहीं करता। पुराने मूल्य अविश्वसनीय हैं। नये मूल्य सिर्फ शंका जगाकर चले जाते हैं। ऐसी अवस्था में आदमी के पास कोई ऐसी मान्यता रह नहीं जाती, जिसका सहारा लेकर वह अपनी अविवेकी प्रवृत्तियों का नियंत्रण या सुसंचालन कर सके। हमारी सहज वृत्तियों का मूल हमारे अवचेतन के समुद्र में डूबा हुआ है। मूल्य और मान्यताएँ अब तक इन वृत्तियों को बँधे घाट में चलाती थीं। अब घाट के बाँध ही गायब हो गए हैं। यूरोप अभी अनेक उच्छृंखलताओं और अराजकताओं से होकर गुजरेगा। तब शायद वह भविष्य के किसी घाट पर पहुँच सके और उस नये मनुष्य को जन्म दे सके, जिसकी चर्चा तो है, मगर परिभाषा नहीं है। राबर्ट मूसिल ने भी हेस के इस विचार का समर्थन किया है कि अराजकता से गुजरे बिना आदर्श लोक तक पहुँचना असम्भव है।

9

कला में अमूर्त शैलियों को प्रश्रय गाँवों से नहीं, नगरों से मिलता है। अमूर्त शैली प्रसादविहीन होती है। विचित्र बात यह है कि वह सबसे ज्यादा उन्हें पसन्द आती है, जिनके जीवन में एकान्त का अभाव है, जो दिन भर लोगों से मिलते ही रहते हैं, मगर जो सबके साथ बरामदे में ही मिलते हैं, किसी को भी कोठरी के भीतर नहीं ले जाते। रूसी क्रान्ति से प्रेरित भावना को इतना श्रेय अवश्य दिया जाना चाहिए कि उसने अमूर्तता को केवल प्रयोग बनने से बचा लिया। लेकिन यह निश्चित दीखता है कि भविष्य के मानव का नाटक नगरों की ही पृष्ठभूमि पर खेला जाएगा।

10

नया युग तो हिन्दी में भी बीत रहा है, मगर हमारा पुरानापन अभी भी हमसे चिपटा हुआ है। हिन्दी में वे भी पुस्तकों को सन्देशविहीनता के लिए नकारते हैं, जो अपने को आधुनिक समझते हैं। साहित्य की परम्परागत धारणा उन पर भी छाई हुई है, जो आधुनिकता के प्रतीक हैं। कविता के सार से अभी कोई सन्तुष्ट

नहीं है। हर कोई सन्देश खोजता है। मेरी काव्य पुस्तक 'उर्वशी' की आलोचना में जितनी बातें किताब के खिलाफ कही गईं, उनमें यह सन्देशविहीनता का इलजाम बार-बार लगाया गया और वही इलजाम सबसे फालतू था।

11

नई कविता के प्रति मेरा भाव सात्त्विक जिज्ञासा का है, किन्तु काफी भक्ति से पढ़ने पर भी नई कविता में मुझे वह चीज नहीं मिलती, जिसका मजा लेने को मैं कविता पढ़ने का आदी रहा हूँ। और इस सचाई के साथ बहुत से नये कवि और आलोचक मानते हैं कि असली कविता का आरम्भ अब हुआ है। अब तक जो कुछ लिखा गया था, वह आवेश की तुकबन्दी थी। पुराने और नये के बीच जो सम्बन्ध बन गया है, वही बतलाता है कि हम इतिहास के संकट की घड़ी से गुजर रहे हैं। विद्रोह केवल मुक्त चेतना का नशा और अराजकता का आनन्द नहीं है। उसके साथ मर्दानगी की बातें भी होती हैं। नये कवि जिस निर्भयता, स्पष्टता और उत्साह से लिखते हैं, वह उनकी मर्दानगी का सबूत है। लक्ष्य का उन्हें शायद पता नहीं है, गंतव्य स्थान को वे नहीं जानते, लेकिन परम्परा के घर से वे कहीं-न-कहीं जाने को निकल पड़े हैं। अतीत या परम्परा की विरासत हमें स्थायित्व के लिए मिली है, इस बात को नये कवि नहीं स्वीकार करते। पश्चिम से आनेवाली अत्याधुनिक अनुभूतियों की जो लहर उन्हें छू रही है, वह बतलाती है कि अतीत कुछ नहीं है, भविष्य भी कुछ नहीं है, असली तत्त्व वर्तमान का तत्त्व है। अतीत से मिली हुई चीज भी तब तक ग्रहण करने योग्य नहीं है, जब तक वह वर्तमान की कसौटी पर खरी न पाई जाए। कविता का नया अनुसंधान जरूरी है, काव्यशास्त्र का भी नया अनुसंधान होना चाहिए। नैतिकता, पुण्य और पाप की पुरानी परिभाषाएँ व्यर्थ हैं। हमें उनकी नई परिभाषाएँ बनानी चाहिए और अगर भाषा की असमर्थता के कारण नई परिभाषाएँ गढ़ी नहीं जा सकतीं, तो इन शब्दों को अपरिभाषित ही छोड़ देना चाहिए। ईश्वर और अध्यात्म भी हमें सांस्कृतिक विरासत के पुछल्ले के रूप में नहीं प्राप्त हो सकते। नये सिरे से उनका भी अनुसंधान आवश्यक है। काल का चरमोच्च बिन्दु वर्तमान है। सभी गुजरे युगों की नैतिकता, विश्वास, मान्यता, फैशन और दृष्टिकोण को वर्तमान की अदालत में अपना अस्तित्व सिद्ध करना होगा। जब पुराने मूल्यों में आदमी का विश्वास नहीं रह जाता, संस्कृति का महल ढहने लगता है। इससे एक प्रकार की रिक्तता उत्पन्न होती है, एक प्रकार का अकेलापन जन्म लेता है, जिससे

आदमी घबराने लगता है। लेकिन इसी अकेलेपन के बीच उसे अपनी उस मूल प्रकृति का ज्ञान होता है, जो परिभाषाओं से परे और अविश्लिष्ट है। नवलेखन की मानस-भूमि अभी वह भूमि है, जिस पर अनेक प्रकार की प्रवृत्तियाँ मिलती और टकराती हैं। भविष्य की दिशा परिभाषित नहीं है, इसलिए कोलाहल को हम सर्वत्र स्वतन्त्र पाते हैं।

12

नई कविता ने किसी पद्धति या प्रणाली को जन्म दिया है या नहीं—उस तरह की प्रणाली को जैसी भक्तिकाल या रीतिकाल या द्विवेदीकाल अथवा छायावाद काल में थी? जब तक एक प्रणाली में समानेवाले सभी तत्त्व अपनी वैयक्तिक विशिष्टताओं का त्याग करके, मोटे तौर पर किसी एक ध्येय या दिशा को स्वीकार नहीं करते, तब तक प्रणाली की रचना असम्भव होती है। नई कविता में प्रणाली-जैसी चीज मुझे एक ही दिखाई देती है—शैली का विशिष्टीकरण या विकास और नये-नये मॉडल बनाने की चिन्ता, किन्तु इससे तो कारयित्री प्रतिभा के कुछ अभाव की ही सूचना मिलती है।

13

सुना है, जर्मनी में कुछ ऐसी लोक-कथाएँ प्रचलित हैं, जिनमें बच्चे अपना भाग्य आजमाने को घर से बाहर निकल पड़ते हैं। उनमें से कोई वीर बहादुर बन जाता है, किसी की शादी शहजादी के साथ हो जाती है, कोई बहुत-सा धन इकट्ठा कर लेता है। मगर हर कहानी का छोटा लड़का केवल वनों में घूमता-फिरता है, फूलों से बात करता है, पक्षियों के गीत सुनता है, वनलक्ष्मी के साथ दोस्ती करता है। और जब सभी लड़के लौटकर घर आते हैं, तब बड़ाई का हकदार वह हो जाता है, जो फूलों, पक्षियों और वनलक्ष्मी के साथ भटकता रहा था। इन कहानियों का सबक यह मालूम होता है कि जो आदमी सांसारिकता में असफल है, अधिक-से-अधिक ऊँचाई तक वही पहुँच सकता है।

14

नीत्शे ने प्रहार ठीक-ठीक मूल्यों पर नहीं किया है, बल्कि सभ्यता की रुग्णता और थकान पर, जिसके चलते वह नये मूल्यों की सृष्टि नहीं कर पा रही है।

नीत्शे ने जोश में आकर कहा, ईश्वर मर गया। मगर उसकी आत्मा खुदबुदाती रही कि ईश्वर की मृत्यु के मानी क्या हो सकते हैं? ईश्वर की मृत्यु के मानी हैं उन महान मूल्यों की मृत्यु, जो मनुष्य को ईश्वर को जोड़ते हैं। अतएव नीत्शे केवल ईश्वर की मृत्यु की घोषणा करके मौन नहीं हुआ, उसने यह भी कहा कि ईश्वर की मृत्यु बहुत बड़ी घटना है। आदमी इस घटना की बराबरी तभी कर सकता है, जब वह खुद ईश्वर बन जाए। इस जर्मन दार्शनिक के बाद फ्रेंच के उपन्यासकार अल्बैर् कामू आए। उन्होंने कहा, नये आदमी का असली दर्द यह है कि ईश्वर को माने बिना आदमी संत हो सकता है या नहीं? भारत की परम्परा के पास इसका जवाब है। बुद्ध सन्त थे, मगर ईश्वर-सिद्धि का प्रचार नहीं करते थे। जैन-धर्म के अनुसार ईश्वरत्व मनुष्य के विकास की उच्चतम कल्पना का नाम है। और महर्षि रमण ने भी कई बार कहा था कि ईश्वर देखने या जानने की वस्तु नहीं है। जानना तो केवल यह है कि 'मैं कौन हूँ?' लगता है, सत्य का संधान नीत्शे का उद्देश्य नहीं था। उसका काम लोगों का पर्दाफाश करना था और वह इसलिए कि लोग जो कहते हैं, उसे आचरते नहीं हैं। जो मूल्य केवल वाणी की शोभा हैं, आचरणों के आधार नहीं, वे अगर व्यर्थ मान लिये गए, तो इसमें आश्चर्य क्या है?

15

संस्कृत में एक कहावत है : 'शास्त्रेषु भ्रष्टाः कवयो भवन्ति'। अंग्रेजी में शेली के समकालीन लेखक पिकाक ने कहा था—कविता असभ्यता की वाणी है। वह उस युग के लिए ठीक थी, जब विज्ञान नहीं था। अब विज्ञान के युग में आदमी कविता की भाषा में तुतलाए, यह कोई गौरव की बात नहीं है। मेरा खयाल है, दोनों उक्तियाँ गलत हैं। दार्शनिक काव्य की बात मैं नहीं करता। कोरी प्रेम और प्रकृति की लिरिक कविताएँ भी कितना काम करती हैं? अवकाश के क्षणों में वे हमारा मनोरंजन करती हैं, हममें नई स्फूर्ति भरती हैं और ऐसी कितनी ही बातें सिखाती हैं, जिनकी शिक्षा हमें शास्त्र और विज्ञान से नहीं मिल सकती। और सौन्दर्यशास्त्र भी इसीलिए महिमामय शास्त्र है। वह इस बात को सिद्ध करता है कि कला का सत्य विज्ञान के सत्य से कहीं ऊँचा और महान होता है। कविता और कला को मानविकी में गिनने का रिवाज है, क्योंकि कविता और कला का आनन्द न ले सकनेवाला मनुष्य पूरा मनुष्य नहीं है।

16

कविता की स्वायत्तता का आन्दोलन विज्ञान के कारण भी बढ़ा है। ज्यों-ज्यों विज्ञान और टेक्नोलॉजी का प्रचार हुआ, आदमी उपयोग की ओर ज्यादा झुकने लगा। मगर फूल, तारे, बच्चे, पर्वत, हरियाली आदि का जाहिरा उपयोग तो कुछ भी नहीं है। अतएव सौन्दर्यशास्त्र ने इस बात पर जोर देना शुरू किया कि कला की कृति केवल अपनी भाषा बोलती है, उसकी परिभाषा या व्याख्या अन्य प्रकार की भाषाओं में नहीं दी जा सकती। अगर कला की कृति पर किसी इच्छा, आशा, ध्येय या उद्देश्य का आरोप किया जाएगा, तो कृति उसका अवरोध करेगी। मनुष्य की आदत है कि वह काल पर शासन करनेवाली शक्तियों के सामने घुटने टेक देता है, जैसे उसने विज्ञान के सामने घुटने टेक दिये हैं, किन्तु कला अपने साम्राज्य के नियमों को छोड़कर और किसी भी नियम को नहीं मानती। वह हमेशा 'ह्लादैकमयी' और 'अनन्यपरतंत्रा' होती है। नई कला किसी अमर भाव, विचार या अनुभूति में विश्वास नहीं करती। वह मनुष्य के समकालीन जीवन से कटकर जीना नहीं चाहती। वह क्षणजीवी वास्तविकता का सत या निचोड़ बनना चाहती है। कविता की क्रिया अब अन्य क्रियाओं से तुलनीय नहीं रही। वह केवल अपने सत्य को प्राप्त करना चाहती है। तब भी कवि दो प्रकार के होते हैं : एक वे, जो केवल माध्यम हैं। दूसरे वे, जो माध्यम भी हैं और क्रियाशील भी। अब जो माध्यम हैं, पहले वे शुद्ध कवित्व के उपासक होते थे और जो क्रियाशील हैं, वे सन्देशवाही हुआ करते थे।

17

नये कवि के ध्येय अथवा उसकी प्रेरणा का जन्म कहाँ होता है? उन मनुष्यों की सीमाओं और आवश्यकताओं में, जिन्हें अब किसी भी मूल्य में विश्वास नहीं है, जिन्हें शास्त्रीय ज्ञान से कोई सहायता नहीं मिलती, जो कविता को जीवंत सत्य का आखिरी उद्गम मानते हैं। इससे यह ध्वनि निकलनी चाहिए कि कविता कवि से अधिक आवश्यक तत्त्व है। कवि की व्यक्तिगत शैली का उतना महत्त्व नहीं है, जितना कविता की भाषा का। पिछले दो सौ वर्षों के क्रम में मानवता जिस वस्तु को उपयोगिता में खो चुकी है, उसे वह कविता के जरिये पा सकती है। इससे यह आशा व्यंजित होती है कि कविता का सत्य धर्म के सत्य से एकाकार हो सकता है।

18

कला और विज्ञान की तुलना से यह मालूम होता है कि विज्ञान सतत प्रगतिशील है, उसकी प्रगति की सम्भावनाएँ भी बहुत बड़ी हैं। बिजली, रोग, ग्रह-नक्षत्र और विश्व के ढाँचे के सम्बन्ध में आज मनुष्य को जितना ज्ञान है, उतना पहले कभी नहीं था। और यह भी भासित होता है कि यह ज्ञान बढ़ता ही जाएगा, किन्तु कालिदास या शेक्सपियर की-सी कविताएँ अब लिखी जा सकती हैं या नहीं, यह प्रश्न ही मूर्खतापूर्ण दिखाई देता है। समय ज्यों-ज्यों व्यतीत होता है, विज्ञान अपनी पिछली ऊँचाई से और भी ऊँचा उठता जाता है, मगर समय ज्यों-ज्यों बीतता है, साहित्य की ऊँचाई छीजती जाती है। कालिदास की ऊँचाई रवीन्द्रनाथ नहीं पा सके और रवीन्द्रनाथ की ऊँचाई का कवि अब संसार भर में कहीं नहीं है।

19

विज्ञान मनुष्य के आधिभौतिक उत्थान के साधन जुटाता है। और आदमी जब उन साधनों का उपयोग करता है, तब इस उपयोग की, उसकी भावनाओं और आदतों पर, प्रतिक्रिया होती है। आदमी की दृष्टि में उसके जीवन के बहुत-से अर्थ बदल जाते हैं, बहुत-सी सम्भावनाएँ बदल जाती हैं, जीवन के बहुत-से मूल्य बदल जाते हैं। मनुष्य के जीवन में आनेवाले इन विकारों का मूल्यांकन साहित्य करता है और कभी-कभी दर्शन। इसलिए कला और दर्शन, दोनों ही प्रसंगानुसार विज्ञान की आलोचना करते हैं। किन्तु अब दिखाई यह देता है कि कवि और कलाकार की दुनिया तो पहले के ही समान आबाद है, मगर दार्शनिकों की दुनिया उजड़ रही है। लगता है, दर्शन दर्शन के रूप में ज्यादा दिन जिन्दा नहीं रहेगा। जीवित रहने के लिए उसे कोई और रूप धारण करना पड़ेगा क्योंकि मानव-मन की जो प्रवृत्ति दर्शन को जन्म देती है, वह प्रवृत्ति जीवित रहेगी और कहीं-न-कहीं अपनी अभिव्यक्ति खोजेगी।

दर्शन की यह दुर्दशा क्यों हुई? इसलिए कि पुराने जमाने का दार्शनिक कुछ वैज्ञानिक भी होता था, कुछ कवि भी और अक्सर वह संत भी हुआ करता था। लेकिन विज्ञान को यशस्वी देखकर दार्शनिक को भी विज्ञान के अनुकरण करने की चाह हुई। बस, विज्ञान के अनुकरण ने उसे मार डाला। अब दार्शनिक के सामने केवल तीन विकल्प रह गए हैं :

1. या तो वह कवि और संत बने,
2. अथवा वैज्ञानिक बने,
3. या मनोवैज्ञानिक बन जाए।

दर्शन की इस दुर्दशा से सबसे बड़ा सबक कवि को लेना चाहिए। विज्ञान बनने की कोशिश में दर्शन की मौत हो गई। विज्ञान के अनुकरण के लोभ में पड़कर कहीं कविता भी समाप्त न हो जाए।

दर्शनिकों में धर्माचार्य, वैज्ञानिक और कवि–तीनों का समन्वय रहता आया था। लेकिन दर्शन का स्थान शंका-ग्रस्त हो जाने से ऐसा लगता है कि उसका कुछ काम कवि करेंगे और कुछ विज्ञान के विद्वान। फिर भी कलाकार और वैज्ञानिक मिलकर भी दर्शन की पूरी भूमिका अदा नहीं कर सकेंगे।

20

विज्ञान के क्षेत्र में जैसे कानून हैं, कला के क्षेत्र में वैसे कानून नहीं हैं। दो चित्रों के बीच तुलना की बात हो, तो वैज्ञानिक यह कहेगा कि उनमें से कौन लम्बा या बड़ा तथा कौन छोटा चित्र है और वह जो कुछ कहेगा, उसे सारा संसार आँख मूँदकर स्वीकार कर लेगा। लेकिन कला-मर्मज्ञ यदि एक चित्र को दूसरे से हीन या श्रेष्ठ बताएगा, तो उसकी बात सभी लोग नहीं मानेंगे। कला के क्षेत्र में बस एक ही कानून है, यानी अपनी रुचि को और परिमार्जित करो, अपनी बुद्धि को और भी तीक्ष्ण बनाओ।

विज्ञान का मानदंड सुदृढ़ और सुस्पष्ट है, क्योंकि उसका क्षेत्र आधिभौतिक है। प्रकाश की गति को लेकर मतभेद नहीं चलता, पृथ्वी से सूर्य की दूरी के बारे में दो मत नहीं हैं। जिस दिन इन चीजों की नाप हो गई, मतभेद उसी दिन खत्म हो गए। लेकिन दर्शन आरम्भ से ही हिलडोल की अवस्था में रहा है। कांट ने लिखा था कि दर्शन के क्षेत्र में मानक नाप और मानक तौल का कोई उपाय नहीं है, इसलिए यह बताना कठिन है कि किस दार्शनिक की बातें ठोस और किसकी बातें पोली हैं। यह लगभग हास्यास्पद लगता है कि और विज्ञान तो सन्देह की अवस्था से निकलकर निर्णय की स्थिति में आते जा रहे हैं, मगर दर्शन, जो अपने को तत्त्वज्ञान कहता है, आज भी वहीं चक्कर काट रहा है, जहाँ वह तीन हजार साल पहले चक्कर काटता था।

21

विज्ञान के साथ विरक्ति और कला के साथ अनुरक्ति होती है। विज्ञान उद्धत है, कला विनम्र है। वैज्ञानिक इसलिए काम करता है कि पूर्वज के सिद्धान्त उसे अशुद्ध मालूम होते हैं, अधूरे दीखते हैं। कलाकार इसलिए काम करता है, क्योंकि वह पूर्वजों का अनुकरण करना चाहता है, क्योंकि वह उन्हें अपना आराध्य समझता है।

22

नोट बुक में किसी चिन्तक का एक उद्धरण दर्ज है : 'कुछ लोगों के भीतर अतीत समाया रहता है और कुछ के भीतर भविष्य। जिसे हम वर्तमान का मनुष्य कहते हैं, वह यंत्र के सिवा और कुछ नहीं है। वर्तमान से बिलकुल अलग होना तो बुद्धिमानी का काम नहीं है, मगर वर्तमान से जो जितना ही दूर है, वह उतना ही अधिक स्वतन्त्र भी है। इसलिए सारा चुनाव अतीत और भविष्य के ही बीच है। जैसे अतीत का इतिहास होता है, वैसे ही भविष्य का भी इतिहास है। सभी जीवंत कलाएँ भविष्य का इतिहास बतलाती हैं। सबसे बड़े कलाकार, सबसे श्रेष्ठ वैज्ञानिक और सबसे उत्तम राजनीतिज्ञ अतीत की ओर से नहीं, भविष्य की ओर से आते हैं।'

23

आँखें जब बिलकुल खुली हों और आस-पास की चीजों को देख रही हों, तब कल्पना अपना काम नहीं करती। नजदीक की चीजों के लिए आँख और दूर की चीजों के लिए कल्पना चाहिए। खुली आँखें रास्ते के काँटों को देखती हैं। बन्द आँखों से दूर का भी सत्य देखा जा सकता है।

24

रुचि क्या चीज है?

भावना जब तक जीवित है, वह रस और राग का सुख भोगती है। मर जाने पर वही नियम और संस्कार बनकर भोग की दिशाओं का निर्धारण करती है।

रुचि मरी हुई भावना का नाम है अथवा उस भावना का, जिसे स्मृति जिलाए हुए है। रुचि इन्द्रियों की बर्बरता पर लगे हुए अंकुश को भी कहते हैं।

25

साहित्य में जितने भी आन्दोलन उठते हैं, वे मूलतः या तो रोमांटिक होते हैं या क्लासिक। घड़ी का पेंडुलम कभी इस छोर पर आता है, कभी उस छोर पर जाता है। बीच में स्थिर खड़ा रहना उसके लिए असम्भव है। सदियों से साहित्य में यही होता रहा है और आगे भी यही होता जाएगा। विंधाम लेविस ने लिखा है : 'इसीलिए एक पीढ़ी में सभी लोग काली पोशाक पहनते हैं, दूसरी में हरी, तीसरी में उजली और चौथी में वे फिर काली पर आ जाते हैं।'

26

लेविस ने ही लिखा है : 'बौद्धिक क्लान्ति इस युग का लक्षण है। लोगों की शक्तियाँ इतनी क्लान्त हैं कि वे उन्हीं कृतियों का स्वागत करते हैं, जो डंके की चोट से युग के दिवालियेपन का ऐलान करती हैं। जब अभिव्यक्ति की कोई कीमत नहीं रह जाती, लोग तभी उसके पीछे तालियाँ बजाते हैं। ऐसे युग में सबसे जीवंत दीखने वाले कलाकार भी मृत्यु के हाथों गढ़ी गई मोम की मूर्तियाँ होते हैं।'

27

नई चित्रकारी के बारे में राय देते हुए लेविस ने कहा है कि 'नये चित्रों में से अधिकांश तो उन हीन कलाकारों की कृतियाँ हैं, जिनमें सीधी राह से चित्र बनाने की सामर्थ्य नहीं थी। अतएव उन्होंने तकनीक का बहाना बनाकर अपनी कमजोरियों को छिपा लिया।'

28

श्रेताओं ने कलाकार से कहा : 'आखिर आप लोग इतने बौद्धिक, इतने अप्रत्यक्ष क्यों होते हैं? द्रविड़ प्राणायाम किए बिना आपको कोई चीज दिखाई नहीं देती,

न बुद्धि की काफी कुलाचें खाए बिना आपके मुख से कोई शब्द निकलता है। और तब भी यह सच है कि जिन्दगी हमेशा आपके पास खड़ी रहती है और आप उसे आसानी से देख सकते हैं।'

कलाकार ने उत्तर दिया, 'हाँ, जिन्दगी तो पास ही खड़ी रहती है, मगर अपने में डूबे बिना हम उसे पहचान कैसे सकते हैं?'

29

दुनिया के कामयाब लोग भीड़-भड़क्कों में रहना पसन्द करते हैं, जिससे अधिक-से-अधिक लोग उनकी चमक से प्रभावित हो सकें। लेकिन कलाकार एकान्त पसन्द करता है, नीरवता और शान्ति की खोज करता है, क्योंकि पवित्रता नीरवता और शान्ति में ही रहती है।

30

राष्ट्रकवि उसे कहना चाहिए, जो अपने देश की प्रत्येक संस्कृति को अपने में समा लेता है, जो देश के प्रत्येक वर्ग का अपने को प्रतिनिधि समझता है और सभी सम्प्रदायों के बीच जो देशगत ऐक्य है, उसे मुखर बनाता है। इसी प्रकार विश्वकवि उसे कहना चाहिए, जो दुनिया के हर देश के भीतर जो अन्तरराष्ट्रीय तत्त्व है, उसे वाणी दे। विश्वकवि बनने की पहली शर्त यह है कि कवि राष्ट्रीय हो। जो राष्ट्र के विभिन्न अवयवों का प्रतिनिधित्व नहीं कर सकता, वह विश्व के विभिन्न देशों का प्रतिनिधित्व कैसे करेगा? और भारत में जो भी राष्ट्रकवि होगा, उसे विश्वकवि ही समझना चाहिए क्योंकि भारत, छोटे पैमाने पर सारा संसार ही है। जैसे प्रत्येक राष्ट ‸ अपनी अभिव्यक्ति के लिए लालायित रहता है, उसी प्रकार देश का भी प्रत्येक सम्प्रदाय अपनी अभिव्यक्ति खोजता है। राष्ट्रपुरुष और राष्ट्रकवि बनना समान रूप से कठिन कार्य है। दोनों के लिए असीम धैर्य और अपरिमित उदारता की आवश्यकता है।

31

महान जाति की कला हमेशा कुछ-कुछ अमूर्त होती है। कारण यह है कि जातियाँ महान तब बनती हैं, जब वे विभिन्न तत्त्वों के बीच समन्वय स्थापित

करती हैं। समन्वय और सामंजस्य की कला अमूर्त ही होगी। यह ध्यान खींचनेवाली बात है कि जैसे-जैसे अन्तरराष्ट्रीयता की प्रगति होती है, वैसे-ही-वैसे कला की अमूर्तता भी बढ़ती और फैलती जाती है। जीनियस के भीतर मानवता की हर किस्म छिपी होती है, इसीलिए वह हर तरह के आदमी को बर्दाश्त कर सकता है। जो गुण जीनियस में देखे जाते हैं, वैसे ही गुण जातियों को भी महान बना देते हैं।

32

समाजवाद गरीब को अमीर बनाना चाहता है, ईसा अमीर को गरीब बनाना चाहते थे। समाजवाद को अमीरों से द्वेष है, ईसा को उन पर तरस आता था। समाजवाद चाहता है कि अधिक-से-अधिक लोग काम करें और वे सब-के-सब सम्पन्न हों। ईसा चाहते थे कि काम कोई न करे और किसी के भी पास दौलत नहीं हो। ईश्वर और आत्मा सत्य हैं, बाकी सब झूठ है, यह ईसा का मत था। अपनी माता से ईसा ने कहा था : 'औरत, ऐसी कौन-सी चीज है जो मुझे तुमसे बाँध सकती है?' ईसा ने यह भी कहा था कि जिस आदमी को अपने माता-पिता, पत्नी और बच्चे, भाई और बहन, यहाँ तक कि अपने-आप से घृणा नहीं है, वह मेरा शिष्य नहीं हो सकता।

33

आत्म-विरोध अथवा अपनी बात का आप खंडन करने का अधिकार विचारक को होना चाहिए या नहीं? गांधी जी ने कई बार अपनी बात का आप खंडन किया था। हर बड़े आदमी को आत्मखंडन करना पड़ता है। महान विचारक के खेत में एक ही क्यारी नहीं होती, जिसमें एक ही तरह के पौधे उगते हों। वह बराबर अनेक सत्यों के लिए क्यारियाँ तैयार करता रहता है। जो भी सत्य जीवंत हैं, वे उसकी किसी-न-किसी क्यारी में जड़ पकड़ लेते हैं। बिना आत्मखंडन किए सत्य का सेवन चल नहीं सकता। आदमी को कभी-न-कभी ऐसी बात बोलनी ही पड़ती है, जिससे उसकी पहले की बात का खंडन हो जाता है।

एमर्सन ने कहा था : 'आत्मखंडन के दोष से बचने के लिए हर स्थिति में एक ही बात को दुहराते जाना छोटे मस्तिष्क का लक्षण है। स्वाभाविक तो यह

है कि आज तुम्हारा जिस बात में विश्वास हो, उसे जोर से कहो। और कल अगर ठीक उलटी बात तुम्हें सत्य मालूम होती हो, तो उस बात को भी उसी जोर से कहो। इसकी चिन्ता मुतलक भी न करो कि तुम अपनी कल की बात का खंडन कर रहे हो।'

गेटे कहते थे : 'सत्य हीरे के नग के समान है। उसकी किरणें एक ही नहीं, अनेक दिशाओं में छिटकती हैं।'

और सबसे अच्छी बात कवि बादलेयर ने कही थी : 'हाल में हमने अनेक अधिकारों की चर्चा सुनी है। फिर भी एक प्रमुख अधिकार का उल्लेख छूट गया है। प्रमुख अधिकार, यानी अपना खंडन आप करने का अधिकार।'

आत्म-विरोध कोई पाप नहीं है। सीधी तरह सोचने पर तो हम उसे चिन्तन की एक शैली ही कहेंगे, जिसके जरिये हमारे सारे विचार आगे बढ़ते हैं और अभिव्यक्ति पाते हैं।

नाटककार इब्शेन ने एक सवाल पूछा था : 'क्या इस बात पर तुम्हारा ध्यान गया है कि हर विचार दूर तक सोचा जाने पर अपना विरोधी आप बन जाता है?'

कारलाइल अपनी बातों के विरुद्ध नई बातें बराबर बोलता था। कहते हैं, इसका कारण यह था कि कारलाइल सत्य का प्रेमी था और अनेक तरीकों से वह सत्य तक पहुँचना चाहता था। यदि विकल्प ये हों कि या तो अपनी बात का विरोध करो अथवा सत्य का, तो सत्य का प्रेमी अपना ही विरोध पसन्द करेगा।

34

जर्मनी में एक लेखक हुए हैं इगोन फ्रिडेल। उन्होंने आधुनिक संस्कृति का इतिहास तीन जिल्दों में लिखा है। उनका कहना है कि संसार के समस्त साहित्य का इतिहास साहित्यिक चोरियों का इतिहास है। गेटे ने एकरमैन से कहा था : 'किस लेखक के किस भाव का उद्‌गम कहाँ है, इसकी विचिकित्सा बेहूदगी की विचिकित्सा है। जो लोग मौलिकता के नाम पर प्रभावों की खोज करते हैं, उन्हें यह भी चाहिए कि वे तन्दुरुस्त आदमी की तन्दुरुस्ती का राज उन भेड़ों, बकरों और सुअरों में खोजें, जिन्हें वह खाकर पचा चुका है।'

लेखक में अपनी शक्ति होती है, यह ठीक है, लेकिन विकास उसका उन सहस्रों प्रभावों से होता है, जो उसे अनुकूल मालूम होते हैं। असली चीज यह है

कि आदमी की आत्मा को जागरूक और सत्य का प्रेमी होना चाहिए, जिससे सत्य उसे जहाँ से मिले, वह पहचान ले और पचाकर उसे आत्मसात कर ले।

दुनिया बहुत पुरानी है। इसमें अच्छे चिन्तक भी इतने अधिक हुए हैं कि सर्वथा नई समझी जानेवाली बातों का अभाव हो गया है। मनुष्य-जाति का सारा बौद्धिक इतिहास चोरी का इतिहास है। अलेक्जेंडर ने फिलिप से चुराया, आगस्टीन ने सन्त पाल से, शिलर ने शेक्सपियर से और शापेनहार ने कांट से। जब भी साहित्य में अक्रियशीलता का दौर आता है, तब समझना यही चाहिए कि चोरी बहुत कम हो रही है। यह भी है कि जब भी कोई बड़ा कलाकार या महान विचारक अपने मिशन में विफल हो जाता है, तब उसका एक बड़ा कारण यह होता है कि उसे ऐसे लोग काफी संख्या में नहीं मिलते, जो उसे खुलकर लूट सकें। सुकरात का सौभाग्य था कि उसे प्लेटो-जैसा साहसी चोर मिला, जिसे चुराने में किसी किस्म की हिचकिचाहट नहीं थी। अगर प्लेटो ने खुलकर सुकरात से चोरी न की होती, तो आज सुकरात को इतने लोग जानते या नहीं, यह संदिग्ध है।

असली बात यह है कि हममें यह शक्ति होनी चाहिए कि हम भावों को नई भाषा में सजा सकें, उनका विकास अपनी इच्छित दिशा में दूर तक कर सकें और उन पर अपनी प्रतिभा का आलोक विकीर्ण कर सकें।

गेटे ने कहा है, व्यक्ति बनने की हम जितनी भी कोशिश करें, मगर आखिर में हम समष्टि हैं और चिन्तन भी समष्टि में ही चलता है। एक ही समय के अनेक लोग, या अनेक युगों के अनेक लोग, एक समान सोचते हैं और परस्पर एक-दूसरे को प्रभावित करते हैं। मैंने जो कुछ लिखा, वह सब-का-सब मेरी ही बुद्धि की उपज नहीं है। दूसरों ने जो बोया था, मैंने उसकी फसल काटी है।

कहते हैं, अपने 'जूलियस सीजर' नामक नाटक में शेक्सपियर ने प्लूटार्क के शब्द-शब्द की नकल की है। महान कवि मौलिक भी होते हैं, मगर जहाँ मौलिक होने की लाचारी उन पर नहीं होती, वहाँ वे अमौलिक रहकर ही रचना करते हैं। और अमौलिकता का भी लाभ कवि ही उठा सकता है। अगर शेक्सपियर कवि न हुआ होता, तो प्लूटार्क की नकल वह क्यों करता? अकवि कवि का अनुकरण नहीं करते हैं।

सभी खिलाड़ी एक ही गेंद से खेलते हैं, मगर किक मारने में कमाल किसी-किसी को ही हासिल होता है।

जो लोग सर्वथा मौलिक बातें बोलने का दावा करते हैं, उनकी ओर जरा सन्देह से ही देखना चाहिए, क्योंकि सर्वथा नवीन बातें अक्सर सर्वथा झूठी बातें

होती हैं। वास्तव में साहित्य में अब कोई भी नवीन बात नहीं है, नवीनता के दर्शन हमें बौद्धिक शक्तियों के प्रयोग में होते हैं।

35

फ्रिडेल के अनुसार, माइकेल एंजेलो अद्भुत कोटि के मनुष्य थे। उनकी मनीषा एकोन्मुखी भी थी और सर्वोन्मुखी भी। प्रत्येक दिशा में वे बहुत दूर तक देख सकते थे। उनकी दुनिया बिलकुल उन्हीं की खास दुनिया थी, जिसका राज न तो कोई शिष्य समझ सकता था, न कोई समकालीन। मर्त्य मानव पर आनेवाला एक भी ऐसा शोक नहीं था, जिसकी अनुभूति माइकेल एंजेलो को नहीं हुई हो। भगवान ने उन्हें यह शक्ति दी थी कि हर चीज के भीतर से वे अमृत नहीं, जहर चूस सकें। वे अपने समकालीनों, अपने शिष्यों और साथियों से बहुत दूर थे। उनका कहना था कि चित्रकारों को यह मानकर चित्र बनाना चाहिए कि सूरज कुहरे के भीतर से चमक रहा है। वे मानते थे कि बदली के दिनों में जितनी रोशनी होती है, वही चेहरों को देखने के लिए काफी है। उनकी इस शक्ति में हम प्रभाववादी शैली का बीज देख सकते हैं।

36

फ्रिडेल की यह उक्ति भी काफी अर्थपूर्ण है कि आदमी एक बार तो आदम के रूप में स्वर्ग से बाहर निकाला गया और दूसरी बार तब, जब यूरोप में धार्मिक सुधार (रिफार्मेशन) का आन्दोलन उठा। इसी प्रकार आदमी आकाश से एक बार तो आदम के रूप में गिरा और दूसरी बार तब, जब सांस्कृतिक पुनर्जागरण (रेनेसांस) का आन्दोलन शुरू हुआ। स्वर्ग में आदम काम नहीं करते थे। ईसा कर्मठता के विरुद्ध थे, लेकिन रिफार्मेशन के चलते कर्मठता की रूढ़ि पैदा हो गई। और रेनेसांस ने उस मनुष्य को जन्म दिया, जो मौज करता है और अपनी ही पूजा करके पूजा के काम को खत्म कर देता है। रेनेसांस के भीतर सब कुछ था, केवल आत्मा नहीं थी।

37

पैस्काल ने कहा था कि आदमी गलतियों के ढेर को कहते हैं! गलतियों के ढेर के सिवा आदमी और हो भी क्या सकता है? ईश्वरीय कृपा के बिना उसकी

सारी शक्तियाँ बेकार हैं। हर ताकत, हर चीज आदमी को धोखा देती है। बुद्धि और इन्द्रियाँ–ये सत्य के दो सबसे बड़े सहारे हैं। मगर होता क्या है? इन्द्रियाँ बुद्धि को धोखा देती हैं और बुद्धि इन्द्रियों को।

38

बारूद की ईजाद से वीरता जाती रही। वीरता में जो आभिजात्य था, जो वैयक्तिक तेज था, वह बारूद के आने से समाप्त हो गया। 'मैन पावर' का सिद्धान्त बारूद की ईजाद के बाद से चालू हुआ है। 'कांस्क्रिप्शन' की प्रथा भी बारूद के आविष्कार की देन है। जो काम सबके लिए सम्भव नहीं है, उसके लिए सबकी भर्ती भी नहीं की जा सकती। तलवार की जगह बन्दूक के आने से लड़ने का काम वीरता पर निर्भर नहीं रहा। यह भी कह सकते हैं कि बन्दूक ने वीरता के आधार को इतना चौड़ा कर दिया कि उसके भीतर कोई भी आदमी आ सकता है। पहले जमाने के वीर अपने-आपमें एक युद्ध होते थे। अब तो सिपाही महज एक नामहीन जन्तु है।

39

'फौस्ट' शब्द का अर्थ भाग्यशाली होता है। फौस्ट की कहानी उन प्रवृत्तियों का प्रतीक है, जिन्होंने नये युग का प्रवर्तन किया है। नये युग की मान्यता है कि सरोकार हमारा केवल सौभाग्य से होना चाहिए और सौभाग्य का अर्थ है शक्ति, ताकत, इन्द्रिय-तर्पण और ज्ञान। फौस्ट की ट्रेजेडी आधुनिक मनुष्य की ट्रेजेडी है, बुद्धिवाद की ट्रेजेडी है, सन्देहवाद की ट्रेजेडी है, वस्तुवाद की ट्रेजेडी है। आधुनिक मनुष्य के भीतर जो मनीषी है, शुद्ध मनीषी है, वही नये मनुष्य का राक्षसी अंश है।

40

डोस्टावास्की कर्म के विपक्ष में सोचते थे। कर्म का एक लक्षण तो लगभग अभिशाप के समान है। कर्म का अभिशाप यह है कि उससे चिन्तन और निदिध्यासन में बाधा पड़ती है, मनुष्य का ध्यान उचट जाता है, आदमी दो टुकड़ों में विभक्त हो जाता है और अपने आत्मस्थ रूप से दूर हट जाता है।

इसीलिए सभी सन्त कर्म से दूर एकान्त में बसते थे, किन्तु इस निष्कर्मता के भीतर उनकी आन्तरिक क्रिया अत्यन्त वेगवती होती थी।

41

पीठ पर अतीत और पेट में भविष्य, मेरा नाम काल है।

42

बहुत-से लोगों का विचार है कि निष्प्राणता ही कला का प्राण है। जो रचना ऊपर से थोड़ी नीरस न दिखाई पड़े, वह उत्तम हो ही नहीं सकती। चित्रों में भूरे या मटियाले रंग की जो महिमा है, वह और रंगों की नहीं।

43

जितनी भी बड़ी चीजें होती हैं, अनुपयोगी होती हैं और कोई भी उपयोगी वस्तु महान नहीं होती। संसार के इतिहास के गर्भ में जिस कोलाहल का नाद है, वह किसका है? क्या घोड़ों की टापों का? नहीं, यह सारा कोलाहल लोकेतर स्वप्नों का कोलाहल है, कल्पना की मृग-मरीचिकाओं का शोर है।

44

जो दिमाग हमेशा सोचता रहता है, वह निश्चय ही मित्रों से रहित और बन्धुओं से हीन होगा।

45

दार्शनिक और कलाकार की अपेक्षा कर्मठ व्यक्ति बातचीत में अधिक रोचक होता है। सबसे बढ़िया मजाक वह करता है, जो दुनियादारी में होशियार है और उससे भी ज्यादा बढ़िया मजाक वह करता है, जिसमें औरतों को समझने की शक्ति है। मगर औरतों के साथ कामयाब होने से यह नहीं समझना चाहिए कि आदमी उच्च कोटि का मेधावी पुरुष है। ज्यादातर उदाहरण उलटे ही मिलते हैं।

46

पूरा मर्द कौन है? वह, जिसका शरीर दैत्य का और मन देवता का होता है। वह, जो युद्ध में सेना का नेतृत्व करने के बाद, अवकाश के क्षणों में, दुखान्त नाटक की भी रचना कर सकता है।

47

जितना ज्ञान सर्वसाधारण में फैल चुका है, साहित्य उतने ही ज्ञान का उपयोग करता है। जो ज्ञान अभी विशेषज्ञों की मिल्कियत बना हुआ है, कवि के लिए वह निरुपयोगी है। चेतना का वह अंश, जो सामान्य बन चुका है; संस्कृति का वह रूप, जो सर्वसाधारण को उपलब्ध है; प्रतीकों के वे अर्थ, जो सबको मालूम हैं तथा वर्णन और व्याख्या की ऐसी शैली, जो जनसाधारण की शैली है–इन्हीं का उपयोग करके अच्छा साहित्य लिखा जाता है। कवि के लिए यह तनिक भी आवश्यक नहीं है कि वह हर आदमी के लिए लिखे। मगर हर हालत में उसे आदमी के लिए लिखना चाहिए, केवल विशेषज्ञों के लिए नहीं।

48

सर जेम्स जीन्स ने खूब सोच-विचारकर एक सूक्ति कही है : 'सृष्टि किसी यंत्र की अपेक्षा किसी महान भाव के अधिक समीप दिखाई देती है।'

49

आदमी जब सूत्र नहीं लिखता, तब सन्दर्भ लिखता है; जब सन्दर्भ से भी उसे सन्तोष नहीं होता, तब वह तर्क की शरण जाता है और जब तर्क भी नाकाफी होते हैं, तब वह ग्रंथ लिखता है। लेखक जितने ही अधिक शब्दों का प्रयोग करता है, गलतफहमी की सम्भावना उतनी ही बढ़ती जाती है।

50

लेखक के प्रिय लेखक का प्रभाव उसके चिन्तन पर पड़ता है। शैली, अदा और भंगिमा पर पड़ता है। आरम्भ में आदमी अपनी शैली की खोज दूसरों की शैली

देखकर करता है। दूसरों के दर्पण में अपने-आपको पहचानने के बाद लेखक की अपनी शैली आप-से-आप उत्पन्न हो जाती है। जिस लेखक को अपने प्रिय लेखक का पता नहीं है, उसकी शक्ति अभी भ्रूणहीन गर्भ के समान है। प्रत्येक व्यक्ति का प्रिय लेखक कहीं-न-कहीं उत्पन्न हो चुका है। जिसने खोजा नहीं, उसी को वह अभी नहीं मिला है।

51

भाषा की खानें दो हैं—एक पुस्तकों में; दूसरी, जनता की जबान पर।

52

पंडित वह जो अन्य पंडितों के मत उद्धृत कर अपने मत की पुष्टि करता है। जो जितना अधिक प्रमाण जुटा सके, वह उतना ही बड़ा विद्वान है।

लेकिन चिन्तक वह, जो प्रमाण अपनी ही प्रतिभा का देता है, जो नख से शिख तक आत्मचिन्तन के रस से सराबोर है।

53

जब भी किसी की निन्दा लिखने को जी चाहे, अपने-आपसे सवाल करो—इस आदमी के गुणों के बारे में मेरी जानकारी क्या है। अगर आत्मा जवाब दे कि तुम्हें कोई जानकारी नहीं है, तो कलम रख दो और उसे तब उठाओ, जब तुम उसके उज्ज्वल पक्ष को समझ चुके हो।

54

कविता की पंक्ति अच्छी हो, तब यह पूछना व्यर्थ है कि वह नई है या पुरानी, परम्परा में है या उससे छिन्न।

55

जिसने भावों को अपने भीतर पचने नहीं दिया, भीगने नहीं दिया, तुरन्त उगल दिया—वह, वह लेखक है, जिसे संग्रहणीय का रोग है।

जिसने राजभय या लोकभय से अपनी आत्मा की आवाज को रोक दिया, धन या कीर्ति के लिए अपनी उक्ति की भंगिमा बदल दी, उसकी कल्पना कृत्रिम गर्भपात से पीड़ित है।

लेकिन जब लेखक के मन में तूफान उठा हो, विद्युत का स्पर्श हुआ हो, जब अभिव्यक्ति का दर्द उसे सता रहा हो और लिखे बिना उसे कल न पड़ती हो, तब समझना चाहिए कि किसी बड़े साहित्य का जन्म-लग्न समीप है।

56

लेखक के बौद्धिक विकास में सबसे बड़ी घटना क्या है? उस लेखक का पता लगाना, जो उसे सबसे अधिक प्रिय है।

57

जिसे पढ़ने की आदत नहीं है, वह अपनी निकट की दुनिया का कैदी है। देश और काल की विस्तृति उसके लिए है ही नहीं

58

विद्या के काम में जो आगे गए हैं, पढ़ना उन्हें कभी भी कष्टकर नहीं था। किताबों से उन्हें प्रेम था और पढ़ते वे इसलिए थे कि पढ़े बिना रह नहीं सकते थे।

59

मनोविनोद की भावना शिथिल हो गई, तो कला वणिक-वृत्ति के पास पहुँच जाती है। अमरता के लोभ को दूर फेंककर जब बहुत-से लोग कला के काम में केवल आनन्द-भाव से लगते हैं, तभी अच्छे परिमाण में कला की अच्छी कृतियाँ उत्पन्न होती हैं। जो कला आनन्द की गुदगुदी से पैदा होती है, वह मोह भी होती है और चिरायु भी।

60

मनुष्य पूर्णता के लिए जन्मा था; मासूम, बेवकूफ और खुश होने को पैदा हुआ था। प्रमाण? प्रमाण यह कि धरती पर आने के पूर्व स्वर्ग में वह नंग-धड़ंग ही घूमा करता था।

61

विद्वानों और लेखकों के जगत् में सरलता सबसे बड़ी समस्या है। जिसने ठीक से पचाया नहीं है, जो ठीक से पका नहीं है, वह सरल नहीं होता है।

62

कवि लेविस की एक उक्ति : 'सभी आस्थाओं से टूटकर या तटस्थ होकर न तो कोई लिख सकता है, न जी सकता है। प्रभाव उन्हीं आस्थाओं का नहीं पड़ता, जिनमें हम विश्वास करते हैं, बल्कि उनका भी, जिनका हम विरोध करते हैं।'

63

गेटे के 'फौस्ट' के भीतर दो आत्माएँ समाई हुई हैं और फौस्ट दोनों आत्माओं का दर्द बोलता है। एक आत्मा उस मनुष्य की है, जो वासना की भूख से, काम की ज्वाला से उद्विग्न है और दूसरी आत्मा उस मनुष्य की है, जो शुद्ध अध्यात्म के स्तर पर जीने को बेचैन है। मेरे 'उर्वशी' काव्य के नायक में भी दो स्तरों पर जीने की भूख है, गरचे गेटे के फौस्ट का मैंने तनिक भी अनुकरण नहीं किया है।

64

मूर्ख, बेवकूफ और नीच लोगों ने गेटे पर जो अत्याचार किए थे, उन अत्याचारों की निशानियाँ गेटे के साहित्य में मौजूद हैं। साहित्यिकों की कुटिलता से क्षुब्ध होकर गेटे ने एक पद कहा था : 'मैं वह बोझ हूँ, जिसका वजन तुम सभी लोग महसूस करते हो। मगर तुममें से कुछ ऐसे लोग भी हैं, जो मुझसे घृणा करते

हैं।' अन्यत्र गेटे ने और भी कहा है : 'मेरे सामने वे नम्र रहते हैं, मगर मन-ही-मन वे मुझसे भयानक घृणा करते हैं।'

65

अल्बर्ट आइंस्टाइन ने एक जगह लिखा है : 'यह बात मैं नहीं जानता कि दुनिया में हम क्यों आते हैं। मगर दुनिया में आ जाने के बाद किसी ध्येय की खोज आदमी को करनी चाहिए। लेकिन आश्चर्य की बात है कि जो ध्येय सबसे बड़ा है, उसी की ओर हमारा ध्यान नहीं जाता। सबसे बड़ा ध्येय यह है कि आदमी का जन्म आदमियों की सेवा करने को होता है। जो व्यक्ति अपने और अपने साथियों के जीवन को अर्थहीन या व्यर्थ समझता है, उससे बढ़कर अभागा आदमी कोई और नहीं है। ऐसे आदमी को जीने का अधिकार नहीं होना चाहिए।'

66

कलाकार अपने-आपको अपनी कृतियों में प्रक्षेपित करता है। वह कृतियों के द्वारा अपने आन्तरिक व्यक्तित्व की रक्षा भी करता है।

67

कला जब सर्वथा नवीन दीखती है, तभी वह सर्वथा सार्थक भी होती है। सच्ची कला की प्रत्येक नई कृति नये आविष्कार के समान होती है।

68

प्रत्येक अनुभूति अनुभावक की चेतना को विस्तीर्ण बनाती है, यह महिमा कला की है। और सौंदर्य क्या है? वह, जो दिलासा देता है, शान्ति-सन्तोष देता है, जो शीतल है, रोचक है, मनोरंजक और ऊपर उठानेवाला है।

69

वैज्ञानिकों की हर पीढ़ी को इस बात पर विचार करना चाहिए कि दर्शन पर विज्ञान का क्या प्रभाव पड़ा है। विज्ञान उन प्रश्नों के उत्तर नहीं देता, जो दर्शन

में पूछे जाते हैं, किन्तु जिन उत्तरों को विज्ञान स्वीकार करता है, उन पर दार्शनिकों का ध्यान जाना चाहिए।

70

पिछले 50-60 वर्षों में धर्म और विज्ञान के बीच मतभेद बढ़े हैं। धर्म और विज्ञान के द्वन्द्व पर आज की पीढ़ी जो राय कायम करेगी, उसी पर सभ्यता का भविष्य निर्भर होगा। धर्म और विज्ञान में से किसी का भी त्याग अयोग्य है।

धर्म और विज्ञान के बीच विरोध शायद आरम्भ से ही रहा है और विज्ञान के आलोक में धर्म का रूप कुछ बदलता भी आया है। बहुत पुराने जमाने में ईसाइयों का विश्वास था कि दुनिया उन्हीं के समय में खत्म होनेवाली है। मगर दुनिया जब खत्म नहीं हुई, धर्म का वह अन्धविश्वास समाप्त हो गया।

पृथ्वी घूमती है, सत्रहवीं सदी में धर्म इस सिद्धान्त की निन्दा करता था। धर्म विकासवाद के सिद्धान्त को भी अच्छी नजर से नहीं देखता।

धर्म और विज्ञान, दोनों बदलते हैं–विज्ञान ज्यादा, धर्म बहुत कम। गैलीलियो और न्यूटन के सिद्धान्तों को लोग अब दूसरे रूपों में मानते हैं। दस साल पहले के भी वैज्ञानिक विचार अब परिवर्तित रूप में माने जाते हैं।

गैलीलियो ने कहा था–सूर्य स्थिर है, पृथ्वी चलती है। धर्म ने कहा–पृथ्वी स्थिर है, सूर्य चलता है। न्यूटन ने कहा–पृथ्वी और सूर्य, दोनों चलते हैं। आइंस्टाइन के सापेक्ष्यवाद के बाद अब हम यह मानते हैं कि तीनों बातें गलत और तीनों बातें सही हैं।

विज्ञान भौतिक नियमों की खोज करता है। धर्म नीति और सौन्दर्य के मूल्यों का ध्यान धरता है। एक का कानून गुरुत्वाकर्षण है, दूसरे का कानून निदिध्यासन और ध्यान है–ध्यान सौन्दर्य का, ध्यान पवित्रता का। एक के पास जो चीज है, दूसरे के पास वह नहीं है।

71

कवि कविता लिखने के लिए वाणी की वंदना छोड़ चुका है। काव्य में से मंगलाचरण का रिवाज उठ गया। रोगी भी अब रोग से मुक्ति पाने को प्रार्थना नहीं करता। इसी प्रकार एक दिन ऐसा आएगा, जब आदमी नहीं मानेगा कि नैतिकता के नियम ईश्वर के बनाए हुए हैं।

72

सौन्दर्यशास्त्र की रचना भी जनता ही करती है। नाटकों की सफलता मंच पर परखी जाती है और किताब की कामयाबी इस बात में है कि उसने कितने रसज्ञ पाठकों को मुग्ध किया है।

73

यह संसार ऐसा नहीं है कि आत्मा केवल आत्मा को प्यार करे और सौन्दर्य केवल सौन्दर्य को। आत्मा भी कभी-कभी सौन्दर्य को पाना चाहती है और सौन्दर्य भी कभी आत्मा की ओर उड़ना चाहता है।

74

आधुनिकता से युद्ध, समय की रूह से लड़ना हास्यास्पद काम है। इस मामले में औरतें ठीक हैं। वे प्रचलित फैशन का विरोध नहीं करतीं।

75

वाल्ट ह्विटमैन ने अपने काव्य-संग्रह 'लीव्स ऑव ग्रास' का प्रथम संस्करण अपने ही हाथों से कम्पोज करके छापा था। ह्विटमैन की कविताएँ, कविताएँ नहीं, विस्फोट हैं। उनका सौन्दर्य कारीगरी में नहीं, उनकी बेछीली हुई ताकत में है।

76

कविता और दर्शन जीवन से अलग होकर मर रहे हैं। प्राचीन विश्व में (भारत में भी और बाहर भी) विचार और जीवन गलबाँही देकर चलते थे। मूर्तिकार का जीवन मूर्तिमय, कवि का काव्यमय और दार्शनिक का दर्शनमय होता था। इस प्रकार कलाएँ कलाकारों के जीवन में क्रियात्मक रूप से मौजूद रहती थीं। दर्शन और काव्य जीवन की भूमि पर साथ चलते थे, इसलिए एक-दूसरे से अपरिचित नहीं थे। दर्शन काव्य को भोजन देता था,

काव्य दर्शन को अभिव्यक्ति। अब सौन्दर्य काम नहीं करता और कार्य को सुन्दर बनने की फुरसत या कामना नहीं और बुद्धि तो दोनों से अलग राह बनाकर चलती है।

77

जब तक आसक्ति है, तब तक आजादी नहीं है। हम जिस परिमाण में किसी व्यक्ति, धन, धर्म, नीति, सिद्धान्त या विश्वास से बँधे हैं, उस परिमाण में हम पराधीन हैं। गृहस्थ की पराधीनता बाल-बच्चों को लेकर चलती है, साधु की ईर्ष्या और मोह के कारण। लेकिन साहित्यिक तब स्वाधीन होता है, जब वह हर नीति, सिद्धान्त और मूल्य को शंका से देखने का साहस कर सके।

78

जो लोग यह समझते हैं कि भारतीय परम्परा यथेष्ट है, वे भ्रम में हैं। हमारी परम्परा की भी नींव हिल गई है। यह भाव भारत में भी जग रहा है कि संस्कृति और इतिहास का बोझ कराल है। उसके नीचे वर्तमान को साँस लेने में कठिनाई महसूस होती है। समाज और साहित्य के बीच राजीनामे की राह भारत में भी लुप्त हो रही है। 'आउट साइडर' हमारे बीच भी पैदा होने लगे हैं।

साहित्य भारत में भी उस दिशा की ओर चल पड़ा है, जो अज्ञात है, जिसकी मंजिल के बारे में अभी कोई कल्पना नहीं की जा सकती। यह नहीं कहा जा सकता कि यह साहित्य किसी भी समय आदमी की औसत आदतों के पास लौट आएगा तथा धर्म और नीति के साथ अपना मेल बैठाकर जिएगा। यह भी नहीं कहा जा सकता कि इस निरुद्देश्य यात्रा का अन्त किसी ऐसी जगह पहुँचकर होगा, जहाँ उसकी सार्थकता सिद्ध हो जाएगी।

79

क्रोसे के गुरु वाइको ने कहा है कि कविता अकस्मात् आनन्द के उच्छ्वास से नहीं फूटती, वह नैसर्गिक आवश्यकता से जन्म लेती है। कविता फालतू वासना नहीं है, न वह ऐसी चीज है, जो जीवन से अलग की जा सकती हो। कविता की प्रक्रिया रोक दी जाए, तो विचार की प्रक्रिया को भी रोकना पड़ेगा। सार्वभौम

विचारों के निरूपण से पहले मनुष्य बिंबात्मक विचारों को जन्म देता है। साफ दिमाग से सोचने के पहले वह अस्पष्ट ढंग से सोचता है, दिमाग की खलबली के साथ सोचता है। अपनी बात स्पष्ट रूप से कहने के पूर्व वह गाता है, पद्य में बात करता है। पारिभाषिक शब्दों के प्रयोग के पूर्व वह रूपकों का प्रयोग करता है। और नैसर्गिक शब्दों का प्रयोग कवि के लिए जितना स्वाभाविक है, उतना ही स्वाभाविक रूपकों का भी प्रयोग है।

80

कविता और अध्यात्म के बीच क्या सम्बन्ध है? बहुत-से सिद्ध व्यक्ति कवि थे। भक्तों और सूफियों ने अपनी साधना के लिए कविता का उपयोग किया है। इस युग के महान योगेश्वर श्री अरविन्द ने लिखा तो बहुत है, मगर अपनी सारी साधना का निचोड़ उन्होंने अपने 'सावित्री' काव्य में लिखा है।

तिरुवन्नमलइ के सिद्ध अद्वैतवादी पुरुष महर्षि रमण भी कवि थे। उन्होंने कविताएँ बहुत थोड़ी लिखी हैं, मगर वे थोड़ी कविताएँ अमर हैं, क्योंकि साधकों को उनसे प्रकाश मिलता है। कुछ लोग तमिल के सबसे बड़े कवि मुरुगनारजी को मानते हैं। मुरुगनारजी सन् 1922 के आसपास महर्षि की शरण गए और तब से वे तिरुवन्नमलइ में ही रहते हैं।

महर्षि ने एक बार कविता के बारे में बोलते हुए कहा था कि कविता भी आखिर क्या चीज है? मानसिक शक्तियों का मंथन करके कीर्ति प्राप्त करना यही कवि-कर्म है, किन्तु मेरे मार्ग में तो इन शक्तियों को भी सोना पड़ेगा।

महर्षि की सारी शिक्षा का निचोड़ यह था कि आदमी का सबसे बड़ा काम यह है कि वह इस बात का पता लगाए कि 'मैं कौन हूँ?' जब भी मन में कोई विचार उठे, तभी अपने-आपसे सवाल करो, यह विचार कहाँ से आया है, किसके लिए आया है। यह सवाल करते ही विचार लुप्त हो जाएगा। यदि फिर दूसरा विचार उठे, तो उसे भी इसी प्रश्न की लाठी से मार डालो। अभ्यास करते-करते वह अवस्था आ जाएगी, जब विचार नहीं उठेंगे और मन निस्तरंग हो जाएगा। मन की निस्तरंगता ही आत्मज्ञान है।

कविता मन की निस्तरंगता का पर्याय न बने, तो अवश्य ही कवि-कर्म भी आत्मज्ञान में बाधक समझा जाना चाहिए। मैंने एक दिन मुरुगनारजी से पूछा कि महर्षि कविता भी करते थे और काव्य-रचना को आत्मज्ञान की बाधा भी मानते थे, इसका रहस्य क्या था?

मुरुगनारजी ने कहा : 'साधना के मार्ग पर आने के पहले मैं देशभक्ति की कविताएँ लिखता था, समाज-कल्याण की कविताएँ रचता था। उस समय मेरा कविकर्म आयासयुक्त था। मुझे जान-बूझकर आवेश में आना पड़ता था, मन को किसी मदोन्माद की स्थिति में ले जाना पड़ता था, तब कविता सूझती थी, किन्तु साधना के क्रम में मुझे मनःशान्ति प्राप्ति हो गई, तब से मेरा कवि-कर्म आयासमुक्त हो गया है। अब कविता को लाने के लिए मुझे मदोन्माद की स्थिति में जाने की आवश्यकता नहीं होती, वह आपसे-आप उतर आती है। मेरा खयाल है, महर्षि ऐसी कविता के विरुद्ध नहीं थे। उन्होंने स्वयं जो कविताएँ लिखी थीं, वे लाई नहीं गई थीं, स्वयमेव अवतीर्ण हुई थीं।'

81

प्राचीन जगत् की कल्पना तीन आयामों वाले जगत् की कल्पना थी। संसार की नई कल्पना चार आयामों वाली यानी चतुर्विम है। जब तक हम चेतन मन के धरातल पर हैं, हम तीन विमाओं से घिरे हुए हैं। चौथी विमा की अनुभूति तब होती है, जब हमारा मन चेतन से नीचे उतरकर अवचेतन अथवा अचेतन सिन्धु में डूबने लगता है। चतुर्विम जगत् ही सुर्रियलिस्ट का असली जगत् है। सुर्रियलिज्म साहित्य पर मनोविज्ञान के गम्भीर प्रभाव का दृष्टांत है।

82

सही माने में वे लोग बदकिस्मत हैं, जिन्हें कामयाबी हासिल हो गई। भाग्यशाली वे हैं, जो असफलता के दौर में हैं, क्योंकि सांसारिक दृष्टि से असफल मनुष्य ही अपने भीतर झाँकने की प्रेरणा पाता है।

83

साम्यवादी विचारधारा की शिक्षा है कि लेखक अपने समय की समस्याओं को केवल समझे ही नहीं, उन्हें जीने का प्रयास करे, जिससे उसकी कृतियों में ये समस्याएँ बिम्बित हो सकें। घुमा-फिराकर यह सोद्देश्यता सिखाने का ढंग है।

84

आज के सत्य की जाँच आनेवाला कल करेगा। अतएव वर्तमान को अतीत की ओर से देखना अयोग्य है। उसे भविष्य की ओर से देखा जाना चाहिए।

85

कलाकार का जीवन संघर्ष का उदाहरण हो, गरीबी और असफलता का उदाहरण हो, आसान सफलता से इनकार का उदाहरण हो, निरन्तर असन्तोष की स्थिति का द्योतक हो, उस स्थायी क्रान्ति का उदाहरण हो, जिसे वह अपने और समाज के विरुद्ध अनवरत चलाता रहता है।

86

संगीत की मूर्ति खूबसूरत मौन की मूर्ति है, जिसकी आँखों में अर्थ भरा है। चित्र भी एक प्रकार का जमा हुआ अचल संगीत ही है। मोनालिसा की मुसकान का कोई अर्थ नहीं लगता मगर अर्थ उसमें है।

87

मूल्य व्यक्तियों के बनाए नहीं बनते। उनका निर्माण सारा समाज करता है। सबकी राह प्रत्येक तक जाने की राह है और प्रत्येक की राह सब तक पहुँचने की राह।

88

मनुष्य माल की तरह तैयार किया जा सकता है या नहीं? क्या उसे यह स्वतंत्रता है कि वह स्थापित समाज से परे जाकर अपना निर्माण करे? कलाकार जब प्रचलित मूल्यों का अतिक्रमण करता है, तब उससे भी मानवीय चेतना आन्दोलित होती है, कुछ सीमा-विस्तार पाती है। यह स्थिति वांछनीय नहीं है कि कला और जनता का मिलन हमेशा साधारणता के ही स्तर पर हो। समाज और कला के बीच सनातन संघर्ष चलना चाहिए, क्योंकि कला का सबसे उज्ज्वल रूप

स्थायी क्रान्ति का रूप है। इस दृष्टि से यह प्रश्न विचारणीय हो जाता है कि कवियों को कवि-सम्मेलनों में कितनी बार जाना चाहिए अथवा जाना चाहिए भी या नहीं।

89

स्थिर समाज के खिलाफ विद्रोह का काम केवल बकने से पूरा हो सकता है क्या? इसके लिए तन और मन से अर्पित लोगों का दल चाहिए, जो जनता के भीतर असन्तोष जगाए, उस असन्तोष का पालन करे, उसे अभिव्यक्ति दे और जनता को नेतृत्व प्रदान करे। यह काम जनता खुद नहीं कर सकती। अपनी पहल पर जनता विद्रोह नहीं करती है।

90

लेखक राजनीति में पड़े या न पड़े, यह प्रश्न विचारणीय है, किन्तु प्रत्येक राजनीतिक दल किसी-न-किसी लेखक को अपना मानता है। लेखक के राजनीति में पड़ने में खतरा क्या दिखाई देता है? यह कि दल के आग्रह में पड़कर वह सम्पूर्ण सत्य बोलने से शायद चूक जाए। साहित्यिक जिस प्रकार सर्वतंत्र-स्वतंत्र होकर बोलना चाहता है, वह स्वतंत्रता किसी भी राजनीतिक दल को हमेशा अनुकूल नहीं बैठती। और राजनीति का सर्वथा त्याग किया जाए तो साहित्य के हाथ से एक कारगर यंत्र छूट जाता है। रास्ता एक ही है कि साहित्यिक राजनीति में जाने पर भी, दल से मतभेद होने पर, अपनी ही बात कहे। तन सौंपे, मन दे नहीं, सती कहावै सोय।

91

शायद इलियट ने कहीं यह विचार व्यक्त किया है कि साहित्यिकों को राजनीति और आर्थिक व्यवस्था की उपेक्षा नहीं करनी चाहिए, न उनके फेरे में पड़कर साहित्य का त्याग करना चाहिए। राजनीति और अर्थशास्त्र पर सभी कवि अधिकार के साथ चिन्तन नहीं कर सकते, लेकिन कवियों को आँख खोलकर राजनीतिज्ञों और अर्थशास्त्र-विशारदों की हरकतों को देखते रहना चाहिए। जब उनके निर्णयों से संस्कृति को खतरा पहुँचता हो, कवियों को

बोलना चाहिए, चेतावनी देनी चाहिए। यह इसलिए भी आवश्यक है क्योंकि राजनीतिज्ञ अक्सर यह नहीं जानते कि उनके निर्णयों के सांस्कृतिक परिणाम क्या होंगे।

92

संकट के समय कवि से यह कहना कि वह जनता को उपदेश दे, यह कहने के समान है कि कवि अपनी असली जवाबदेही को भूल जाए, जो हमेशा अनुभूति की सचाई के प्रति होती है।

93

सभ्यता का शाप यह है कि कर्मवाले पढ़ते नहीं, यह नहीं कि ज्ञानवाले लिखने से दूर हैं।

94

अगर हम केवल सौन्दर्य का अध्ययन करते रहें, तो हमारी पीढ़ी के सामने जो विपत्तियाँ खड़ी हैं, उनका अध्ययन कौन करेगा? ये विपत्तियाँ क्या कमकरों के लिए हैं? इंजीनियर को इंजीनियरी का काम, डॉक्टर को रोगी और शिक्षकों को छात्र बराबर मिलेंगे। खतरे तो उन पर हैं, जो बौद्धिक शक्ति को अपना सारा असबाब समझते हैं। विद्वान अतीत में बसता है, लेखक वर्तमान में। खतरे विद्वानों पर नहीं, लेखकों पर आते हैं।

95

इलियट के 'होलो मैन' और 'वेस्ट लैंड' में जो कुछ है, वह भारत में नहीं है। बहुत-सी बातें जो नये कवि बोल रहे हैं, वे भारत में नहीं हैं। हाँ, वे भारत को चेतावनियाँ हो सकती हैं। भारत में अभी भी यह आशा है कि मनुष्य अपनी आत्मा को यंत्र का ग्रास बनने से बचा सके। इलियट ने भारत का आह्वान यूरोप के संतुलन को ठीक करने के लिए किया था।

96

आधुनिक विचारों के अनुसार मोक्ष के लिए सुकर्म करना सच्चा सुकर्म नहीं है। मनुष्य को बिना किसी लोभ के पुण्यात्मा बनना चाहिए। यदि ईश्वर के भय से हम सदाचारी बनते हैं और मुक्ति के लोभ से हम पुण्य करते हैं, तो इस सदाचार और पुण्य में कहीं-न-कहीं कोई अभाव है। यह अनुभूति मध्यकाल के सन्तों में भी थी। भगती देकर मुक्ति खरीदी, सो तो काम मजूरों का।

97

आधुनिकता का लक्षण यह है कि सत्य की खोज में वह एकमात्र प्रमाण बुद्धि का मानती है और अन्धविश्वास अथवा कच्चे विश्वास के साथ वह कभी भी समझौता नहीं करती। श्रद्धा का प्रभुत्व और उसका हस्तक्षेप, आधुनिकता को दोनों अग्राह्य हैं।

98

मनुष्य की संस्कृति क्या है? वह आत्म-संशोधन की, आत्मोद्धार की, अपने-आपको मुक्त करने की प्रक्रिया है। मुक्ति चाहिए अज्ञान से, असमर्थता से, अयोग्यता से, अन्धविश्वास और अन्धकार से। धर्म मनुष्य के विकास का आदि सोपान था। लगता है, विज्ञान उसके विकास का अन्तिम सोपान है। अतएव धर्म और विज्ञान (अथवा अध्यात्म और विज्ञान, जैसा विनोबा जी कहते हैं)—दोनों ही मनुष्य के लिए आवश्यक हैं। विज्ञान मनुष्य की बुद्धि से उत्पन्न हुआ है। धर्म भी मनुष्य की बुद्धि से ही जन्मा था। बुद्धि के बिना धर्म मनुष्य को सूझता कैसे? जानवरों में धर्म क्यों नहीं है? अतएव आधुनिक विचारों को ग्रहण करके भी मनुष्य धार्मिक रहे, यह सम्भव है। यदि कोई कहे कि जो कुछ जानने योग्य है, उसे केवल योग से जानो, तो वह तामसिक उपदेश होगा—तामसिक जिसमें तिमिर का प्राधान्य है।

99

अब प्रेम की कविता निर्द्वन्द्व भोग की कविता नहीं है। कोई आध्यात्मिक वेदना प्रेमियों के बीच बिलगाव डालती है, किन्तु शरीर की कामना दोनों को मिलाए

रखती है। यह तनाव नई कविता को बेचैन रखता है। यही तनाव ऐसी अनेक स्थितियों को जन्म दे रहा है, जिनकी अनुभूति पहले किसी को भी नहीं होती थी। इस स्थिति को लाने में मनोविज्ञान और जीवविज्ञान की खोजों का पूरा हाथ है।

100

यूरोप की नई कविता ने यह आक्षेप किया है कि वैज्ञानिकों का बनाया हुआ विश्व अपूर्ण है, अस्थायी है, असंबद्ध है, क्रमबद्धता से हीन है। क्षय और अचिरता का जिक्र कवि पहले भी करते थे, मगर आज की तरह तटस्थ होकर नहीं। कवि अब सीधे हाँ या ना कहने से भागता है यानी वह 'नानकामिटल' हो गया है। वह सूत्रधार अधिक, अभिनेता कम है; मंचप्रबंधक अधिक, समर्थक बहुत कम है।

101

शब्द अपनी जमीन से जब उखड़ जाते हैं, परम्परा से बाँधने वाले तार जब उनके टूट जाते हैं, तब शब्दों से अर्थ विदा ले लेते हैं और कविता उस महल के समान खड़ी रहती है जिसमें खम्भे नहीं हों।

102

कविता के आज दो अतिवाद हैं। पाश्चात्य जगत् में कविता ज्ञान से ही नहीं भाग रही है, वह अर्थ का भी त्याग कर रही है। साम्यवादी देशों के कवि ज्ञानदान और प्रचार की अवज्ञा नहीं करते, अर्थ वहाँ पूजनीय गुण है, यद्यपि शैली का शौक वहाँ भी काफी है। साम्यवाद एक आदर्श है, जो सभ्यता को विघटन से बचाना चाहता है। एक नई दुनिया की रचना के शौक में वह कविता का उपयोग प्रचार की दृष्टि से करना चाहता है। पश्चिमी देशों के कवि इस भाव से बोल रहे हैं, मानो दुनिया की उन्हें कोई फिक्र नहीं हो। वे दुनिया की कोई जिम्मेदारी भी लेना नहीं चाहते। वे केवल अभिव्यक्ति के विशेषज्ञ हैं, उनका और कोई ध्येय नहीं है। मुझे लगता है, यह विनाश के कगार पर की कविता है।

103

सत्य के प्रवक्ता के रूप में कवि का सम्मान वही होना चाहिए, जो अन्य प्रवक्ताओं का होता है। 'वह तो बेचारा'—ऐसा कहकर कवि को टालने का अर्थ यह है कि चूँकि कवि प्रचारक नहीं है, राजनीतिज्ञ नहीं है, इसलिए वह सत्य तक जाने में असमर्थ है। इस न्याय से कभी यह भी कहा जा सकता है कि उसकी कविता इतनी सुन्दर है कि सत्य वह हो ही नहीं सकती। इससे ध्वनि यह निकलेगी कि :

1. कविता सत्य के जितना समीप जाएगी, उतनी ही वह अकलात्मक और कुरूप होगी।
2. अथवा यह कि चूँकि सभी सत्य कुरूप होते हैं, अतएव जो सुन्दर है, वह सत्य नहीं हो सकता।

104

कवि कहाँ तक विश्वसनीय है? क्या वह खुद अपनी बातों में विश्वास करता है? ऐसे कवि हुए हैं, जो अपनी बातों में विश्वास करते थे। उदाहरणार्थ कबीरदास और तुलसीदास, किन्तु साधारणतः विश्वास का प्रश्न नहीं उठता, क्योंकि रचना के समय आस्था को लेकर कवि माथापच्ची नहीं करता है। उसकी सारी चिन्ता अभिव्यक्ति को लेकर चलती है। अपने भावों को ठीक से पहचानना और उन्हें अनुरूप शब्दों में अभिव्यक्त करना, रचना के समय ये दो बातें सबसे प्रमुख होती हैं। लेकिन लिखने के क्रम में कवि को आस्था का वह रूप दिखाई दे सकता है, जिसमें वह विश्वास करता है।

105

गेटे ने कहा था—कविता विचार का विरोधी है। इलियट ने कहा—कविता विचार का भावनात्मक स्वरूप है, किन्तु गेटे और इलियट—दोनों ही काव्य-रचना के समय सोचते थे और सोचना भाव नहीं, विचार की प्रक्रिया है। कवि किसी अन्य विचारक के विचार पर सोचे, इसमें कोई अधर्म नहीं है। सोचता वह इसलिए है कि विचार को वह नाटक में बदलना चाहता है। इलियट ने यह भी कहा है कि विचारक की दिलचस्पी विचार की सत्यता में होती है और कवि की उसकी

अभिव्यक्ति में; अर्थात विचारक हमें विचारों में विश्वास करने को आमंत्रित करता है, किन्तु कवि केवल प्रसन्न होने को, आन्दोलित और उद्वेलित होने को।

106

शेक्सपियर के जीवन-दर्शन पर बहुत-सी किताबें निकली हैं, किन्तु किसी भी दार्शनिक को यह पता नहीं है कि शेक्सपियर मनुष्य को क्या शिक्षा देता है, क्या करने और क्या नहीं करने को कहता है। कविता दर्शन नहीं होती। कविता में दार्शनिक भाव केवल अनुभूति बनकर आते हैं, सिखाना उनका ध्येय नहीं होता। शेक्सपियर ने विचारों का उपयोग नाटकीय उद्‌देश्य की सिद्धि के लिए किया है। विचारों के नाटकीय स्वरूप को उभारना कविता का स्वभाव है। शेक्सपियर का चिन्तन संबुद्धयात्मक है, भावनात्मक है, वह तर्क-सम्मत नहीं है, न किसी अन्य कवि का विचार केवल तर्क पर आधारित हो सकता है।

107

जैसे नाक, कान के विशेषज्ञ डॉक्टर, वैसे ही भावना के विशेषज्ञ कवि। फर्क यह है कि नाक-कान का डॉक्टर पेट या टाँगों का विशेषज्ञ नहीं होता, किन्तु कवि के लिए आवश्यक है कि वह अपनी भावना के साथ-साथ सबकी भावना को समझे। केवल भावना ही नहीं, युग के समस्त ज्ञान के साथ सम्पर्क रखे। छिलके और सब्जी मत खाओ, केवल दाना खाओ, ऐसा ही आग्रह शुद्ध कवित्व का है। मगर कुछ थोड़ा भूसा और छिलका पेट में न जाए, तो आदमी की तन्दुरुस्ती बिगड़ सकती है। मेरा खयाल है, शुद्धता के आन्दोलन ने कविता के स्वास्थ्य को भी बिगाड़ दिया है। वह समय कभी नहीं आएगा, जब केवल विटामिन की गोली भोजन का स्थान ले सकेगी। कविता की जगह को शुद्ध कविता कभी भरेगी या नहीं, इसमें भी सन्देह है। एजरा पौंड ने कहा है कि आज के विशेषज्ञ कल की जनता हैं। लेकिन लक्षण ये दिखाई देते हैं कि विशेषज्ञ अलग रहेंगे और जनता भी हमेशा अलग रहेगी।

108

जिस आन्दोलन को हम आधुनिकता कहते हैं, उससे मिलते-जुलते भावों की लहर भारत में तीन बार उठी है। पहले तो बुद्ध के आविर्भाव के साथ, फिर

नानक, कबीर और वेमना के युग में और तब भारत में यूरोप के आगमन के बाद। उन्नीसवीं सदी भारत के महाजागरण का काल है। उस समय भारत के मनीषी आधुनिकता की ओर बड़े वेग से बढ़े थे, किन्तु दो बातों के कारण आधुनिकता सन्देह की वस्तु बन गई। एक तो इसलिए कि आधुनिकता के प्रतीक अंग्रेज थे जिनसे जनता घृणा करती थी। दूसरे, जो लोग अंग्रेजी पढ़कर आधुनिक बने, उनमें उदारता और बुद्धिवाद कम था, उच्छृंखलता ज्यादा थी। अतएव नवजागरण के नेताओं का भाव यह बना कि भारत को आधुनिकता का भी वरण करना है और उसे अपनी परम्परा के सर्वोत्तम गुणों की भी रक्षा करनी है।

यानी विचारकों ने यह समझा कि आधुनिकता ऐसी चीज नहीं है, जिसका वरण करने को हम उन सभी मूल्यों को त्याग दें, जो सहस्राब्दियों से हमारे साथ रहे हैं। भारत में जो कुछ भी है, उसे धो-पोंछकर फेंक देना और स्वच्छ स्लेट पर बिलकुल नवीन अक्षर लिखना भारत का मत इसके खिलाफ बना। उन्नीसवीं सदी में जो रास्ता बना, हम उसी पर आज भी चल रहे हैं।

आधुनिकता और आधुनिकीकरण में भेद है। आधुनिकता बुद्धिवादी मनोवृत्ति को कहते हैं। आधुनिकीकरण का अर्थ उद्योग, समृद्धि, सैन्यबल, साक्षरता और अवकाशहीनता है। जितने भी अविकसित देश हैं, वे आधुनिकता नहीं, आधुनिकीकरण की ओर लोभ से देख रहे हैं। यूरोप में आधुनिकता पहले आई थी, आधुनिकीकरण बाद को प्रकट हुआ। पहले बुद्धिवादी दृष्टिकोण की प्रधानता हुई, विज्ञान उसके बाद बढ़ा यानी यूरोप का मन पहले बदला, शरीर बाद को। भारत और एशिया के देश चाहते हैं कि शरीर तो उनका यूरोप-जैसा हो, लेकिन मन अपना ही रहे।

यह कहाँ तक सम्भव या उचित होगा, यह प्रश्न विचारणीय है। सम्भव वह इसलिए है कि टेक्नोलॉजी के जरिये अब अन्धविश्वासी भी कल-कारखाने बढ़ा सकता है। और ठीक-ठीक असम्भव तो नहीं, पर असंगत वह इसलिए है कि अन्धविश्वासी मन के साथ विज्ञान का मेल नहीं बैठता।

सोचने की बात यह है कि आधुनिकता के प्रति हममें झिझक कहाँ पर है। मेरा खयाल है, उसे उन मूल्यों के इर्द-गिर्द होना चाहिए, जो धर्म से सम्बद्ध रहे हैं, लेकिन इस गुत्थी का विश्लेषण भी आसान नहीं है। इस देश में ऐसे लोग हैं, जो गो-माता को धर्म का प्रतीक समझते हैं और ग्रहण-स्नान को पुण्य-कृत्य मानते हैं, लेकिन ऐसे अन्धविश्वासी लोगों के बीच भी धर्म के सही मूल्य आदर पाते रहे हैं। बुद्ध नास्तिक थे, मगर उन्हें यही जनता अवतार मानती है।

ईश्वरचन्द्र विद्यासागर नास्तिक थे, मगर जनता उन्हें धार्मिक समझती थी। स्वामी विवेकानन्द विधर्मियों के बीच रहे थे, किन्तु वे धर्म के उद्धारक समझे जाते हैं।

धर्म के प्रसंग में आधुनिकता की दो प्रवृत्तियाँ स्पष्ट दिखाई देती हैं। एक यह कि विज्ञान जहाँ तक देख सकता है, वास्तविकता उतनी ही है। अतएव परलोक या अदृश्य वास्तविकता है ही नहीं और ईश्वर की कल्पना फिजूल है। आधुनिकता की इसी प्रवृत्ति ने सभ्यता को राक्षसी बना दिया है, क्योंकि इस विचारधारा का स्वाभाविक निष्कर्ष यह है कि पुलिस से छिपकर जो कुछ भी किया जाए, वह पुण्य है।

धर्म के प्रसंग में आधुनिकता की दूसरी प्रवृत्ति यह है कि शास्त्र के वचन प्रमाण नहीं हैं। धर्म सांस्कृतिक परम्परा के पुछल्ले के रूप में प्राप्त नहीं किया जा सकता। मनुष्य बालिग हो चुका है। वह भावुक किशोर नहीं है। उसे अब श्रद्धा का भी अनुसंधान चिन्तन और समझदारी से करना चाहिए। चिन्तन और समझदारी से अनुसंधानित धर्म ही आधुनिक कर्म है।

जो लोग यह समझकर निश्चिन्त बैठे हुए हैं कि भारत की सांस्कृतिक परम्परा यथेष्ट है, वे भ्रम में हैं। नवयुग के आगमन के साथ भारत में भी परिवर्तन हुए हैं तथा धर्म और आध्यात्मिकता के रूप बदल रहे हैं। हमें भी अपनी आध्यात्मिकता का नया अनुसंधान विचार और समझदारी से करना है। तभी उस आध्यात्मिकता पर हमारी श्रद्धा ठहर सकेगी और इस दिशा में भी भारत उदासीन नहीं रहा है। भक्ति, ज्ञान, कर्म और योग–ये भारतीय साधना के चार मार्ग हैं और नवयुग के आगमन के साथ इन चारों के रूप परिवर्तित हो गए हैं। भक्ति का नया रूप परमहंस रामकृष्ण में, ज्ञान का महर्षि रमण में, कर्म का महात्मा गांधी में और योग का महर्षि अरविन्द में प्रकट हुआ है।

आधुनिकता और भारत-धर्म

आजकल मेरा ध्यान इस सवाल की ओर बार-बार जाता है कि आज से सौ-पचास वर्ष बाद भारत का रूप क्या होनेवाला है। क्या वह ऐसा भारत होगा, जिसे कंबन, कबीर, अकबर, तुलसीदास, विवेकानन्द और गांधी पहचान सकेंगे अथवा बदलकर वह पूरा-का-पूरा अमरीका और यूरोप बन जाएगा? पिछले सौ-डेढ़ सौ वर्षों से भारत आधुनिकता की ओर बढ़ता जा रहा है, लेकिन समझा यह जाता है कि भारत अब भी आधुनिक देश नहीं है, वह मध्यकालीनता से आच्छन्न है। स्वतन्त्रता के बाद से आधुनिकता का प्रश्न अत्यन्त प्रखर हो उठा है, क्योंकि चिन्तक यह मानते हैं कि हमने अगर आधुनिकता का वरण शीघ्रता के साथ् नहीं किया, तो हमारा भविष्य अन्धकारपूर्ण हो जाएगा। अतएव यह प्रश्न विचारणीय है कि आधुनिक बनने पर भारत का कौन-सा रूप बचनेवाला है और कौन बलिदान में जाएगा।

नैतिकता, सौन्दर्यबोध और अध्यात्म के समान आधुनिकता कोई शाश्वत मूल्य नहीं है। सच पूछिए तो वह मूल्य है ही नहीं, वह केवल समय-सापेक्ष्य धर्म है। नवीन युग समय-समय पर आते ही रहते हैं और जैसे आज के नये जमाने पर आज के लोगों को नाज है, उसी तरह हर जमाने के लोग अपने जमाने पर नाज करते हैं। संसार का कोई भी समाज किसी भी समय इतना स्वाभाविक नहीं रहा है कि वह हर आदमी को पसन्द हो। और कोई समाज ऐसा भी नहीं बना है, जिसके बाद का काल उसका आलोचक नहीं हुआ हो।

वैदिक युग भारत का प्रायः सबसे अधिक स्वाभाविक काल था। यही कारण है कि आज तक भारत का मन उस काल की ओर बार-बार लोभ से देखता है। वैदिक आर्य अपने युग को स्वर्णकाल कहते थे या नहीं, यह हम नहीं जानते, किन्तु उनका समय हमें स्वर्णकाल के समान अवश्य दिखाई देता है। लेकिन जब बौद्ध युग का आरम्भ हुआ, वैदिक समाज की पोल खुलने लगी और चिन्तकों के बीच उसकी आलोचना आरम्भ हो गई। बौद्ध युग अनेक

दृष्टियों से आज के आधुनिकता-आन्दोलन के समान था। ब्राह्मणों की श्रेष्ठता के विरुद्ध बुद्ध ने विद्रोह का प्रचार किया था, जाति-प्रथा के बुद्ध विरोधी थे और मनुष्य को वे जन्मना नहीं, कर्मणा श्रेष्ठ या अधम समझते थे। नारियों को भिक्षुणी होने का अधिकार देकर उन्होंने यह बताया था कि मोक्ष केवल पुरुषों के ही निमित्त नहीं है, उसकी अधिकारणी नारियाँ भी हो सकती हैं। बुद्ध की ये सारी बातें भारत को याद रही हैं और बुद्ध के समय से बराबर इस देश में ऐसे लोग उत्पन्न होते रहे हैं, जो जाति-प्रथा के विरोधी थे; जो मनुष्य को जन्मना नहीं, कर्मणा श्रेष्ठ या अधम समझते थे। आज की आधुनिकता के प्रसंग में देखें, तो बुद्ध के युद्ध-विरोधी विचार भी आधुनिक थे, किन्तु बुद्ध में आधुनिकता से बेमेल बात यह थी कि वे निवृत्तिवादी थे, गृहस्थी के कर्म से वे भिक्षु-धर्म को श्रेष्ठ समझते थे। उनकी प्रेरणा से देश के हजारों-लाखों युवक, जो हट्टे-कट्टे थे, हल जोतने और गाड़ी हाँकने के योग्य थे, उत्पादन बढ़ाकर समाज का भरण-पोषण करने के लायक थे, संन्यासी हो गए और उनकी युवा पत्नियाँ जीवित वैधव्य की वेदना से कराहने लगीं।

संन्यास की संस्था समाज-विरोधनी संस्था है। हँसी-हँसी में एक बार स्वामी विवेकानन्द ने भी कहा था कि संन्यास का एक बड़ा दोष यह है कि वह अच्छे लोगों को समाज से अलग कर देता है। किन्तु विवेकानन्द फिर भी अधिक आधुनिक निकले, क्योंकि अपने संन्यासियों को उन्होंने समाजसेवी बना दिया। विवेकानन्द के संन्यासी एक दरवाजे से संसार से निकल जाते हैं, किन्तु दूसरे दरवाजे से वे संसार में ही वापस आ जाते हैं; अपनी गृहस्थी छोड़कर वे सबकी गृहस्थी में सहायता करते हैं, किन्तु बुद्ध की दृष्टि ऐहिक थी ही नहीं। वे मनुष्यों को यह उपदेश देते थे कि जीवन जलता हुआ मकान है और बुद्धिमानी की बात यह है कि हम इस आग से निकल भागें। जीवन दुःखपूर्ण है और सारे दुखों की जड़ मनुष्य का जन्म है। अतएव हमें वह रास्ता पकड़ना चाहिए, जिससे जन्म लेना ही असम्भव जो जाए।

सृष्टि के विषय में बुद्ध की दृष्टि क्या थी, इसका स्पष्टीकरण बुद्ध ने कभी नहीं किया। इस पर बुद्ध को कई लोग नास्तिक अथवा सन्देहवादी मानते हैं। गरचे अधिक सच्चा मत यह मालूम होता है कि बुद्ध एगनास्टिक थे, क्योंकि उनका विचार था कि जो तत्त्व भौतिकोत्तर और इन्द्रियों की पहुँच के पार हैं, उन्हें बुद्धि नहीं जान सकती है और उनकी यही नास्तिकता और सन्देहवादिता उन्हें आधुनिक युग के लिए आकर्षक बना देती है। नास्तिक तो चार्वाक और बृहस्पति भी थे, किन्तु चार्वाक और बृहस्पति भारतीय विचारधारा अथवा उसके

दृष्टिकोण का प्रतिनिधित्व नहीं करते, किन्तु बुद्ध भारतीय विचारधारा के बहुत बड़े प्रतिनिधि हैं। उनका भारतीय चिन्तन पर प्रभाव है और भारतीय संस्कृति के प्रतिनिधि होने के कारण ही वे विष्णु के नवम अवतार माने जाते हैं।

गौतम बुद्ध प्रचंड बुद्धिवादी थे। वे जनता की श्रद्धा का शोषण करके उस पर अपना मत लादना नहीं चाहते थे। अपने शिष्यों से भी उन्होंने कहा था– 'आत्मदीपो भव'। तुम अपना दीपक आप बनो। तुम मेरी कोई भी बात इसलिए मत मानो कि वह मेरी कही हुई है। तुम्हें उन्हीं बातों में विश्वास करना चाहिए, जो तुम्हारी खुद की समझ में आती हों। जिन प्रश्नों का समाधान बुद्धि से नहीं हो सकता और जिनके उत्तर पाने या न पाने से आदमी का कुछ बनता-बिगड़ता नहीं, वैसे सभी प्रश्नों को तथागत ने अव्याकृत कोटि में डाल दिया था और उनके पूछे जाने की मनाही कर दी थी। दीर्घनिकाय के पोट्ठपाद-सुत्त में बुद्ध कहते हैं : 'पोट्ठपाद! लोक नित्य है, और दूसरा मत यह कि लोक निरर्थक है, इसे मैंने अव्याकृत (कथन का अविषय) कहा है।'

पोट्ठपाद के यह पूछने पर कि 'किसलिए भंते, भगवान ने इसे अव्याकृत कहा है?' तथागत ने बतलाया कि 'इसलिए कि ये प्रश्न न तो अर्थयुक्त हैं, न धर्मयुक्त, न आदि ब्रह्मचर्य के उपयुक्त, न निर्वेद (वैराग्य) के लिए, न निरोध के लिए, न उपशम के लिए।' अर्थात इन प्रश्नों के विवेचन में पड़ने से मनुष्य को कुछ भी प्राप्त होनेवाला नहीं है।

किन्तु बुद्ध का अव्याकृत चारों ओर से निश्छिद्र नहीं है, क्योंकि परलोक को वे मानते थे, देवताओं की योनि में उनका विश्वास था और गरचे आत्मा को वे नाशवान समझते थे, किन्तु आवागमन के सिद्धान्त में उनका अटल विश्वास था और वे मानते थे कि जो आत्मा शरीर के साथ नष्ट होती है, उसी का पुनर्जन्म भी होता है। अतएव जन्मान्तरवाद और कर्मफलवाद में उनका पूरा विश्वास था और इस मामले में उनका दर्शन वही था, जो वैदिक धर्मवालों का रहा है।

बुद्ध के पहले भारत में संस्कृति की एक ही धारा बहती थी, जिसे हम वैदिक संस्कृति के नाम से जानते हैं, किन्तु बुद्ध के आविर्भाव के बाद से इस देश में संस्कृति की दो धाराएँ बहने लगी हैं। पहली धारा संस्कृति की वह मातृ-धारा है, जो वर्णाश्रम-धर्म का समर्थन करती है, जाति-प्रथा को कायम रखना चाहती है, शूद्रों को ऊपर उठने देना नहीं चाहती, छुआछूत में विश्वास करती है और अन्य धर्मों और संस्कृतियों के प्रभाव से बचकर जीना चाहती है। दूसरी धारा वह है, जो बुद्ध के कमंडलु से निकली है। यह धारा बृहत् मानवता

की धारा है। अब तो इस धारा का भी ईश्वर में विश्वास है और वह जन्मान्तरवाद और कर्मफलवाद को उसी दृढ़ता से मानती है, जिस दृढ़ता के साथ वैदिक धर्म उसमें विश्वास करता है, किन्तु यह धारा वर्णाश्रम-धर्म के विरुद्ध है, जात-पाँत को वह नहीं मानती है, छुआछूत को वह अधर्म समझती है, शूद्रों और दलितों के लिए उसके भीतर खास पक्षपात है तथा अन्य धर्मों और संस्कृतियों से वह द्वेष नहीं, प्रेम करती है। कम-से-कम उनके प्रति वह पूर्ण रूप से सहनशील है।

कोई आश्चर्य नहीं कि भारत का निर्यात-धर्म बौद्ध धर्म निकला। कोई आश्चर्य नहीं कि आज के युग में भारत का सार्वभौम सत्कार बुद्ध के कारण अधिक, किसी अन्य धर्म-नेता के कारण कम है और कोई आश्चर्य नहीं कि इस देश में धर्म के जो शक्तिशाली ठेकेदार थे, उन्होंने बौद्ध मत को खदेड़कर देश से बाहर निकाल दिया, किन्तु बौद्ध मत केवल शरीर से ही हारा है। मन तो उसका सम्पूर्ण हिन्दुत्व के भीतर आज भी जीवित और सचेत है। ज्यों-ज्यों समय बीतता जाता है, हम मनु के पक्ष में कम, बुद्ध के पक्ष में अधिक होते जाते हैं; तुलसी की ओर कम, कबीर की ओर अधिक झुकते जाते हैं। लगता है, बुद्ध ने जिन बातों के खिलाफ विद्रोह किया था, हमें भी उनके विरुद्ध आवाज उठानी चाहिए, क्योंकि वैदिक धर्म की जो बातें बुद्ध को नापसन्द थीं, वे धर्म के तत्त्व नहीं, उसके ऊपर जमी हुई रूढ़ियों की पपड़ियाँ हैं और उन्हें तोड़कर झाड़े बिना भारत-धर्म नवीन नहीं होगा। इसका अर्थ यह है कि वह अपने असली स्वरूप पर नहीं पहुँचेगा।

किन्तु आधुनिकता के प्रसंग में स्वभावतः ही यह प्रश्न उठता है कि तब असली भारत कौन है? वह, जिसके शास्त्रकार मनु और वसिष्ठ, दार्शनिक शंकर, रामानुज और वल्लभाचार्य तथा कवि वाल्मीकि, कंबन और तुलसीदास हैं? अथवा वह, जिसके शास्त्रकार स्वयं बुद्ध, दार्शनिक नागार्जुन और वसुबन्धु तथा कवि तिरुवल्लुवर, वेमन्ना और कबीर हैं?

प्रश्न बड़ा ही बीहड़ है, लेकिन खैरियत यह है कि इतिहास ने उसे सुलझाकर हमारे लिए आसान कर दिया है। हिन्दू धर्म अब वही नहीं है, जो कंबन और तुलसी अथवा वेमन्ना और कबीर के समय था। यूरोपीय सम्पर्क का एक बहुत बड़ा शुभ परिणाम हम यह मानते हैं कि उसने हिन्दुत्व को हिलकोर कर उसके भीतर एक क्रान्ति उत्पन्न कर दी और उस क्रान्ति ने मनु और बुद्धवाली दोनों धाराओं को मिलाकर एक कर दिया है। हिन्दुत्व अब वही नहीं है, जो मनु की स्मृति तथा विद्यापति के निबन्धों में लिखा मिलता है। उसका

शाश्वत, चिर-नवीन और जाग्रत रूप अब वह है, जिसका आख्यान परमहंस रामकृष्ण और स्वामी विवेकानन्द ने किया है, अरविन्द और महर्षि रमण ने किया है, गांधी और स्वामी दयानन्द ने किया है। यह ठीक है कि विवेकानन्द और गांधी के बताए हुए मार्ग पर सारी जनता अभी नहीं चल रही है, किन्तु यह भी ठीक है कि समाज के अग्रणी लोग, जिनका आचरण देखकर समाज अपना आचरण बदलता है, पुराने हिन्दुत्व को छोड़कर अभिनव हिन्दुत्व पर आ गए हैं और जहाँ समाज के अग्रणी लोग आज पहुँचे हैं, वहाँ सारा समाज कल पहुँचकर रहेगा।

किन्तु क्या अपने सामाजिक आचार बदल देने से हिन्दू पूर्ण रूप से आधुनिक हो जाएँगे? भारत के पूर्ण रूप से आधुनिक होने में बाधाएँ कौन-कौन-सी हैं? आधुनिकता क्या है और भारत धर्म के किन मूल तत्त्वों से उसका विरोध पड़ता है? क्या पूर्ण रूप से आधुनिक बनने के प्रयास में हम भारत धर्म के इन मूल्य तत्त्वों का भी बलिदान करेंगे? अगर हाँ, तो राममोहन राय, विवेकानन्द और गांधी के इस स्वप्न का क्या बननेवाला है कि हमें भारतीय परम्परा के शिव-अंश को कायम रखना है, हमें अपनी परम्परा के सर्वश्रेष्ठ तत्त्वों को पाश्चात्य सभ्यता के उन तत्त्वों से एकाकार करना है, जो उस सभ्यता के सर्वश्रेष्ठ अंश हैं? और कहीं हमने अपनी परम्परा का पक्षपात करने के प्रयास में आधुनिकता का पूर्ण रूप से वरण नहीं किया, तो इससे हमारा और संसार का कोई अकल्याण तो नहीं होनेवाला है?

संसार में जब भी कोई नया युग आरम्भ होता है, वह युद्ध के कारण आरम्भ नहीं होता, पराजय या विजय के कारण आरम्भ नहीं होता, क्रान्ति के कारण आरम्भ नहीं होता, न देश का नक्शा बदलने से आरम्भ होता है। नया युग बराबर नये प्रकार के लोगों के जन्म के साथ उदित होता है। वैसे जिसे हम आधुनिकता कहते हैं, वह कई बातों का एक सम्मिलित नाम है। औद्योगिकीकरण आधुनिकता की पहचान है। साक्षरता का सर्वव्यापी प्रसार आधुनिकता की सूचना देता है। नगर-सभ्यता का प्राधान्य आधुनिकता का गुण है। सीधी-सादी अर्थव्यवस्था मध्यकालीनता का लक्षण है। आधुनिक देश वह देश है, जिसकी अर्थव्यवस्था जटिल और स्वभावतः ही, प्रसरणशील हो, जो 'टेक-ऑफ' की स्थिति को पार कर चुकी हो। बन्द समाज वह है, जो अन्य समाजों से प्रभाव ग्रहण नहीं करता; जो अपने सदस्यों को भी धन या संस्कृति की दीर्घा में ऊपर उठने की खुली छूट नहीं देता, जो जाति-प्रथा और गोत्रवाद से पीड़ित है; जो अन्धविश्वासी, गतानुगतिक और संकीर्ण है। बन्द समाज मध्यकालीनता का

समाज होता है। आधुनिक समाज में उन्मुक्तता होती है, उस समाज के लोग अन्य समाजों से मिलने-जुलने में नहीं घबराते, न वे उन्नति का मार्ग खास जातियों और खास गोत्रों के लिए ही सीमित रखते हैं। आधुनिक समाज का एक लक्षण यह भी है कि उसकी हर आदमी के पीछे होनेवाली आय अधिक होती है, हर आदमी के पास कोई धंधा या काम होता है और अवकाश की शिकायत प्रायः हर एक को रहती है।

लेकिन ये आधुनिकता के बाहरी लक्षण हैं। यूरोप और अमरीका का समाज, सच्चे अर्थों में, आधुनिक समाज है और ऊपर के लक्षण मैंने यूरोपीय समाज को ही देखकर दिये हैं, किन्तु उद्योग और रोजगार, साक्षरता और ऊँची आय, यद्यपि इस समाज के प्रमुख लक्षण हैं, मगर यूरोपीय समाज के वे मौलिक गुण नहीं हैं। यूरोप और अमरीका में जो आधुनिकता फैली है, उसका असली कारण वैज्ञानिक दृष्टिकोण की प्राथमिकता और प्राबल्य है। यह दृष्टि उद्योग और टेक्नोलॉजी से नहीं उत्पन्न हुई है, बल्कि टेक्नोलॉजी और उद्योग ही इस दृष्टि के परिणाम हैं। यूरोप और अमरीका का सबसे बड़ा लक्षण वैज्ञानिक दृष्टि है, निष्ठुर होकर सत्य को खोजने की व्याकुलता है और इस खोज के क्रम में श्रद्धा, विश्वास, परम्परा और धर्म–किसी भी बाधा को बुद्धि स्वीकार करने को तैयार नहीं है। आधुनिक मनुष्य के बारे में सामान्य कल्पना यह है कि अपने चिन्तन में वह निर्मम होता है, निष्ठुर और निर्भीक होता है। जो बात बुद्धि की पकड़ में नहीं आ सकती, उसे वह त्रिकाल में भी स्वीकार नहीं करेगा और जो बातें बुद्धि से सही दिखाई देती हैं, उनकी वह खुली घोषणा करेगा–चाहे वे धर्म के विरुद्ध पड़ती हों, नैतिकता के खिलाफ जाती हों अथवा उनसे मानवता का चिरपोषित विश्वास खंड-खंड हो जाता हो।

इसीलिए लोग अक्सर आधुनिकता को नास्तिकता का पर्याय समझ लेते हैं और यह सोचने लगते हैं कि आधुनिकता का एक लक्षण यह भी है कि वह नैतिक नियमों की अवहेलना करती है। यही नहीं, जिन्होंने आधुनिकता की रूह को पहचानने की कोशिश नहीं की है, वे 'जाज' संगीत और 'ट्विस्ट' नृत्य तथा माता-पिता के साथ लड़कों के दुर्व्यवहार को भी आधुनिकता का ही लक्षण मान लेते हैं, किन्तु ये चीजें आधुनिकता की नहीं, उच्छृंखलता की निशानी हैं और वे आधुनिक हों भी, तो मैं तो उन्हें आधुनिकता की प्रकृति नहीं, विकृति ही कहूँगा।

ये कुरीतियाँ आधुनिकता की शोभा नहीं बढ़ातीं, पुराने देशों में उसे अग्राह्य बना देती हैं। उन्नीसवीं सदी में आधुनिकता की लहर भारतवर्ष में बड़े जोर से

उठी थी और जहाँ तक उसके मूलतत्त्व यानी बुद्धिवाद का सम्बन्ध है, हमारे महापुरुषों ने उसे स्वीकार भी किया था, किन्तु दो कारणों से आधुनिकता भारत में बदनाम हो गई। एक कारण तो यह था कि जितने लोगों ने आधुनिकता की रीढ़ यानी वैज्ञानिक दृष्टि और बुद्धिवाद को पकड़ा तथा स्वस्थ स्वाधीन चिन्तन के लिए उसकी महिमा स्वीकार की, उनसे कई गुना अधिक स्वाधीन चिन्तक होने का स्वांग भरने लगे। ऐसे युवक उस समय अपने को 'यंग बंगाल' कहते थे और अपनी आधुनिकता की अभिव्यक्ति वे शराब पीकर, अपने धर्म की निन्दा करके, बल्कि मन्दिरों में गोमांस फेंककर करते थे। इनमें से बहुत-से लोग ईसाई भी हो गए थे और कई मामलों में देखा गया था कि उनके धर्म-परिवर्तन की प्रेरणा आध्यात्मिक जिज्ञासा नहीं, कोई इहलौकिक लोभ अथवा प्रेम था।

आधुनिकता की बदनामी का दूसरा कारण यह हुआ कि उसके प्रतीक हमारे अंग्रेज शासक थे, जिनसे हमें मोहब्बत नहीं, घृणा थी।

आधुनिकता के विरुद्ध भारतीय समाज ने जो कठोर प्रतिक्रिया अभिव्यक्त की थी, उसका प्रमाण हम उन्नीसवीं सदी में देख चुके हैं। आधुनिकता के छिछलेपन को देखकर भारत इतना नाराज हुआ कि यूरोप को स्वीकार करने के बदले उसने एक दूसरी ही राह पकड़ ली। हिन्दू कहने लगे कि हमारी संस्कृति बहुत पुरानी है, हमारा साहित्य सर्वश्रेष्ठ है और धर्म के बारे में हम जितना जानते हैं, उससे अधिक जानकारी का दावा यूरोप के लोग नहीं कर सकते, अतएव वे हमसे चाहे तो धर्म सीख लें, हम उनकी विचार-पद्धति को कबूल नहीं करेंगे और मुसलमान कहने लगे कि जो शिक्षाएँ हमें यूरोप के लोग देने आए हैं, वे हमारे धर्म ग्रंथों में पहले से ही मौजूद हैं। नई दुनिया से हमें कुछ भी नहीं लेना है।

लेकिन भारत उस समय भ्रम में था। नई दुनिया की हमने बहुत सारी बातें स्वीकार कर ली हैं और बहुत-सी बातों को स्वीकार करने की हमारी तैयारी जारी है। औद्योगिकीकरण यूरोप और अमरीका की देन है। भारत में नगरों की जो संख्या और प्रधानता बढ़ने लगी है, वह आधुनिकता का परिणाम है। कॉलेजों और यूनिवर्सिटियों का आज का रूप बाहर से आया है, साक्षरता का विकास आधुनिकता के धक्के से हो रहा है। हमारे प्रजातंत्र की पद्धति यूरोप और अमरीका से ली गई है। व्यक्तिवाद की प्रेरणा इस देश में यूरोप और अमरीका की देखा-देखी बढ़ रही है और सम्मिलित परिवार की परिपाटी पर जो खतरे मँडरा रहे हैं, वे भी आधुनिकता की ही देन है। नारियों की मर्यादा-वृद्धि आधुनिकता के कारण हो रही है और यदि आधुनिकता की प्रेरणा हमारे भीतर काम नहीं करती होती, तो हम हिन्दू कोड को कानून का रूप नहीं दे सकते थे।

कुछ बातों में आधुनिकता ने हमारी सहायता परोक्ष रूप से भी की है। जिन प्रवृत्तियों को आज हम आधुनिक कहते हैं, वे बुद्ध में दिखाई पड़ी थीं, भक्त और संत कवियों में दिखाई पड़ी थीं। उन्हें आधुनिकता ने कुछ तेज कर दिया और हम अस्पृश्यता को कानूनी अपराध घोषित करने में सफल हुए। इसी प्रकार हमारे संविधान में जो यह शर्त रखी गई है कि नर-नारी के बीच कोई असमानता नहीं बरती जाएगी तथा उन्नति के अवसर सभी जातियों के लोगों को, भेदभाव के बिना, उपलब्ध रहेंगे, वह शर्त वैसे देखिए तो मनुस्मृति के खिलाफ पड़ती है, लेकिन उस शर्त को जनता ने इसलिए कबूल कर लिया कि पिछले सौ-डेढ़ सौ वर्षों के भीतर उसके कट्टरता के बहुत-से भाव बदल गए हैं या ढीले पड़ गए हैं और उसका मन धीरे-धीरे नवीन हो रहा है।

जहाँ तक आधुनिकता के स्थूल पक्ष का सवाल है, मुझे इसमें कोई सन्देह नहीं कि भारत उसे स्वीकार करने को उद्यत हो गया है। कल-कारखाने इस देश में भी बेशुमार बढ़ने वाले हैं और नगर भी दिनोंदिन अधिक बड़े और संख्या में विशाल होते जाएँगे और इनका जो स्वाभाविक परिणाम लोगों के आपसी सम्बन्धों पर, उनकी आदतों और रिवाजों पर, उनकी नैतिक भावना पर यूरोप और अमरीका में पड़ा है, वह यहाँ भी पड़ेगा। साक्षरता भी एक दिन काफी हो जाएगी और उन लोगों की संख्या में भी वृद्धि होगी, जो गम्भीर पुस्तकें न पढ़कर अखबार, सनसनीखेज उपन्यास और पैंफ्लेट ज्यादा पढ़ेंगे अथवा रेडियो और टेलीविजन से अपना मन बहलाएँगे। प्रत्येक नरमुंड के पीछे होनेवाली आय यहाँ भी बढ़ेगी और यह देश भी एक दिन बेरोजगारी का मसला हल कर लेगा।

किन्तु ये तो स्थूल बातें हैं, आधुनिकता की असली व्याप्तियाँ इनसे ज्यादा बारीक हैं। आधुनिकता और आधुनिकीकरण–मॉडर्निटी और मॉडर्नाइजेशन–में भेद है और यह भेद लगभग वैसा ही है, जैसा भेद हम संस्कृति और सभ्यता में मानते हैं। मोटर, महल, हवाई जहाज और कल-कारखाने–ये सभ्यता के उपकरण हैं। संस्कृति इनसे कहीं बारीक चीज का नाम है। सभ्यता वह है जो हमारे पास है, संस्कृति वह है जो हम खुद हैं। मॉडर्नाइजेशन सभ्यता है, मॉडर्निटी संस्कृति है। जहाँ तक मॉडर्नाइजेशन का प्रश्न है, भारत को आधुनिक बनना ही पड़ेगा और इस क्षेत्र में भारत के आधुनिक होने से भारतीयता नष्ट ही हो जाएगी, ऐसा मेरा विचार नहीं है। गरचे धोती, कुरता, अचकन और चादर को हम भारतीयता से सम्बद्ध मानते आए हैं, किन्तु भारत की जो आत्मा है, भारत का जो असली धर्म है, वह पोशाकों में नहीं बसता, उसका निवास भारतीयों के मन में है, चिन्तन की पद्धति में है, सृष्टि को देखनेवाली दृष्टि में

है। अगर जीवन और सृष्टि को देखनेवाली भारतीय दृष्टि बच गई अथवा आधुनिकता से उसका तालमेल बैठ गया, तो वह स्वप्न पूरा हो जाएगा, जिसे राममोहन राय ने देखा था; विवेकानन्द, गांधी और अरविन्द ने देखा था अर्थात हम पाश्चात्य जगत् के सर्वश्रेष्ठ तत्त्वों को अपनी संस्कृति के सर्वश्रेष्ठ तत्त्वों से एकाकार करने में समर्थ हो जाएँगे।

किन्तु संसार को देखनेवाली भारत की वह कौन-सी दृष्टि है, जो उसकी विशेषता है और जिसका आधुनिकता से विरोध पड़ता है? इस प्रश्न का उत्तर बहुत लम्बा हो सकता है, क्योंकि संसार के सभी आधुनिक चिन्तक अथवा वैज्ञानिक नास्तिक नहीं हैं, न उनमें से सब-के-सब धर्म के विरुद्ध हैं। धर्म के आनुष्ठानिक रूप सर्वत्र निन्दित हो चुके हैं और आज के जो महान चिन्तक धार्मिक हैं, वे मन्दिरों, मस्जिदों और गिरजाघरों में चलनेवाली रीतियों के प्रति उदासीन हैं। धार्मिक वे इस अर्थ में हैं कि उनके भीतर वे प्रश्न जीवित हैं, जो प्रश्न धर्म-संस्थापकों के भीतर उठा करते हैं। आदमी क्या चीज है? जन्म के पहले वह कहाँ रहता है? मृत्यु के उपरान्त वह कहाँ चला जाता है? यह संसार किसी योजना के अधीन है अथवा वह अकस्मात् उछलकर हमारे सामने आ गया है? ईश्वर हो सकता है या नहीं? अगर वह है, तो उसका सबूत क्या है? अगर वह नहीं है, तो इसका क्या प्रमाण है?

एक-एक कर वे ही सवाल, जिन्हें बुद्ध ने अव्याकृत कोटि में डाल दिया था! किन्तु वे अव्याकृत रहे नहीं। आज भी चिन्तकों के मन में वे ही सवाल उठते हैं, किन्तु श्रद्धा पहले पुरजोर थी और बुद्धि अपने को सम्बुद्धि से हीन समझती थी। इसलिए पहले के चिन्तकों को उत्तर कुछ-न-कछ मिल जाता था और उस उत्तर से वे आनन्द और सन्तोष भी पाते थे, किन्तु अब श्रद्धा लगभग अनादृत और बुद्धि मनुष्य का सर्वस्व है, किन्तु बुद्धि की पहुँच एक सीमा तक ही है। उससे आगे वह नहीं जा सकती। बुद्धिवाद, असल में इन्द्रियवाद है। जो सूँघा जा सकता है, छुआ जा सकता है, सुना और देखा जा सकता है, बुद्धि उसी का विश्वास करती है, किन्तु आदमी के भीतर ऐसी गहराइयाँ भी हैं, जहाँ इन्द्रियों की पहुँच नहीं है और मन भी जहाँ किसी बड़े मन की सहायता के बिना नहीं जा सकता। भाषा जितनी भी है, मन ने अपने उपयोग के लिए बनाई है। बड़े मन की भाषा कहीं है नहीं, जिसके आधार पर तर्क किसी निर्णय पर पहुँच सके। अतएव बुद्धि ने यह आग्रह पकड़ लिया है कि सत्य वही है, जिसे मैं समझ सकती हूँ। जो मेरी समझ में नहीं आता, वह या तो कुछ नहीं है अथवा असत्य है।

बुद्धिवाद भारत में भी था, लेकिन यूरोप में वह स्थूल हो गया। पश्चिम के चिकित्साशास्त्र ने सर्जरी में जितनी उन्नति की है, उतनी उन्नति वह काय-चिकित्सा में नहीं कर सका है। कारण यह है कि यूरोप शरीर का विशेषज्ञ है। शरीर के भीतर जो मन अथवा आत्मा बसती है, उसे भी वह उन्हीं औजारों से नापना चाहता है, जिनसे शरीर के नापने का रिवाज है। इसीलिए मन और आत्मा के धरातल पर सफलता उसे कम मिली है। इसीलिए यूरोप और अमरीका में सर्जरी के मुकाबले काय-चिकित्सा का विकास कुछ कम हुआ है। हैजा, कालाजार, टायफायड, चेचक, मलेरिया और राजयक्ष्मा—ये बीमारियाँ उन्मूलित या पराजित हो गईं, लेकिन अब उन्माद अधिक लोगों को होने लगा है तथा रक्तचाप, मधुमेह, हार्ट और उन्निद्रा की बीमारियाँ बड़े जोर से बढ़ रही हैं। विज्ञान को किसी विद्या की खोज करनी चाहिए, जो मन और आत्मा से जन्म लेनेवाली बीमारियों की रोकथाम करे, क्योंकि आदमी केवल शरीर नहीं है, वह मन भी है, आत्मा भी है और बीमारियाँ सभी जगहों पर उत्पन्न होती हैं।

जिस बात का प्रमाण मैंने सर्जरी और काय-चिकित्सा की चर्चा चलाकर दिया है, उसी का प्रमाण मैं एक और संकेत करके देना चाहता हूँ। जब से आणविक विस्फोट सम्भव बना है, वैज्ञानिक यह देखकर चकित और विषण्ण हैं कि जो नियम न्यूटनीय विज्ञान के आधार थे, वे अब इलेक्ट्रॉनों पर लागू नहीं होते हैं। एटम से ऊपर के धरातल तक न्यूटनीय विज्ञान अब भी सही हैं, किन्तु एटम के भीतरवाली दुनिया न्यूटन के नियमों की अवहेलना कर रही है। न्यूटनीय विज्ञान में हर कार्य किसी कारण के अनुसार चलता है। आणविक विज्ञान यह समझ ही नहीं पा रहा है कि इलेक्ट्रॉन कारण-कार्य-नियम की परवाह क्यों नहीं करते हैं। न्यूटनीय विज्ञान की कल्पना थी कि एटम भी कोई ठोस चीज है, किन्तु जब एटम तोड़ा गया, तब पता यह चला कि वह इलेक्ट्रॉन और प्रोटॉन का मिलान है और इलेक्ट्रॉन ठोस तत्त्व नहीं, केवल ऊर्जा या तरंग है यानी हम जिसे ठोस जगत् समझते थे, वह ठोस नहीं है; वह गैस है, तरंग है, ऊर्जा है। यह बात मुझे शंकर के मायावाद के समान लगती है। असल में यहाँ कुछ भी ठोस नहीं है। हम पोलेपन के भीतर किसी ठोस चीज का सपना देख रहे हैं। वास्तव में हमारा पाँव जिस चीज पर पड़ा है, वह रज्जु है। अपने मानसिक भ्रम के कारण हम उसे सर्प समझ रहे हैं।

बुद्धि मन की गहराइयों तक नहीं जा सकती। वह स्वभाव से ही स्थूल है। विज्ञान का विकास, आदि से अन्त तक, बुद्धिवाद के मार्गदर्शन में हुआ है। इसीलिए वह एटम से ऊपर तक जिस आत्मविश्वास के साथ बोलता था, उस

आत्मविश्वास के साथ एटम से नीचे पहुँचने पर नहीं बोल सकता। इसीलिए सर्जरी आगे और काय-चिकित्सा पीछे चल रही है। इसीलिए विज्ञान निर्जीव जगत् में जितना सत्य साबित हुआ है, उतनी सफलता उसे सजीव जगत् में नहीं मिली है। इसीलिए वह आदमी के शरीर का जितना अच्छा ज्ञाता है, उतना ज्ञान उसे मनुष्य के मन का नहीं है और इसीलिए वह आत्मा के विषय में कोई भी बात कभी भी नहीं जान सकेगा।

जब विज्ञान नहीं था, बुद्धिवाद तब भी था, लेकिन उस समय उसकी प्रबलता नहीं थी। उस समय चिन्तकों का मार्ग श्रद्धा का मार्ग था, धर्म का मार्ग था, रहस्यवाद का मार्ग था, लेकिन श्रद्धा, धर्म और रहस्यवाद भी पूर्वग्रही थे। उनके पूर्वग्रह का रूप यह था कि चिन्तन की जो धारा धर्म के विरुद्ध चलती दिखाई देती थी, उसे वे आगे बढ़ने नहीं देते थे। इसीलिए रहस्यवादियों ने आत्मा के बारे में जितनी जानकारी प्राप्त की, उतनी जानकारी उन्हें शरीर के बारे में नहीं मिल सकी।

मेरा खयाल है, बुद्धिवाद भी पूर्वग्रह से मुक्त नहीं है। चिन्तन की जो धारा अगम और अज्ञात की ओर चलने लगती है, उसे बुद्धिवाद प्रोत्साहन नहीं देता। इसीलिए वह शरीर का ज्ञान तो पूरा प्राप्त कर लेता है, किन्तु आत्मा की बातें तथा अगम और अज्ञात के रहस्य उसकी समझ में नहीं आते; किन्तु भौतिकी के भीतर अब जो नवीनतम चिन्तनधारा चलने लगी है, उससे यह आभास मिलता है कि वास्तविकता का असली स्वरूप केवल बुद्धि से जाना नहीं जा सकता। बुद्धिवाद से वास्तविकता के वे ही अंश प्रकाशित और सम्पुष्ट होते हैं, जो इन्द्रियानुभूति और तर्क के नियमों की अवहेलना नहीं करते। एक समय ऐसा भी आ सकता है, जब वास्तविकता इन्द्रियानुभूति और तर्क के नियमों से समझी नहीं जा सके और तब बुद्धिवाद भी पराजित हो जाए।

मनुष्य अनेक पूर्वग्रहों को फाड़कर आज की स्थिति तक पहुँचा है। बुद्धिवाद भी पूर्वग्रह का ही एक रूप है, लेकिन बुद्धिवाद सबसे अच्छा पूर्वग्रह है या सबसे खराब अथवा वह पूर्वग्रह बिलकुल नहीं है, इसका प्रमाण आगे चलकर मिलेगा।

अदृश्य के प्रति आस्था और परलोक के अस्तित्व में विश्वास, इसे मैं भारतीय सृष्टि-बोध की रीढ़ मानता हूँ। मूल में यही विश्वास भारत का अटल, मौलिक विश्वास रहा है और भारत में धर्म और नैतिकता का विकास इसी विश्वास के अधीन हुआ है। यह ध्यान देने की बात है कि भारत केवल आस्तिक दर्शन का गढ़ नहीं है। सांख्य सेश्वर भी है और निरीश्वर भी। जैन

और बौद्ध मत ईश्वर की सत्ता में विश्वास नहीं करते, न वे यही स्वीकार करते हैं कि सृष्टि की रचना किसी अदृश्य देवता ने की है, लेकिन इस एक बात में भारत के आस्तिक और नास्तिक, दोनों ही प्रकार के दर्शन एक समान विश्वास करते हैं कि परलोक सत्य है, अदृश्य योनियों का अस्तित्व है और मरने के बाद जीव का जन्म भी होता है। जन्मान्तरवाद का खंडन यहाँ केवल चार्वाक ने किया था, किन्तु उसके अनुयायी इस देश में थे या नहीं, यह रहस्य अज्ञात है।

और यह विश्वास केवल भारत का ही विश्वास नहीं है, वह समस्त प्राचीन संसार का विश्वास है, यद्यपि जन्मान्तरवाद में केवल हिन्दू और बौद्ध ही विश्वास करते हैं। इसलिए आधुनिकता के प्रसंग में भारत के समक्ष जो कठिनाई है, वह कठिनाई केवल भारत की ही नहीं, समस्त संसार की समझी जानी चाहिए। मुख्य प्रश्न यह नहीं है कि आधुनिकता की सम्पूर्ण विजय के बाद भारत, भारत रहेगा या नहीं। मुख्य प्रश्न यही हो सकता है कि आधुनिकता के आक्रमण से प्राचीन जगत् के इस विश्वास की रक्षा की जा सकती है या नहीं कि सब कुछ यहीं समाप्त नहीं हो जाता, कुछ चीजें मरने के बाद भी शेष रहती हैं; सब कुछ वहीं तक नहीं है, जहाँ तक विज्ञान का औजार पहुँचता है, कुछ चीजें ऐसी भी हैं, जो गोचर जगत् के परे और इन्द्रियों की पहुँच के पार हैं।

भारत की विशेषत यह है कि वह समस्त संसार की लड़ाई अकेला लड़ रहा है। जब से विज्ञान की बढ़ती हुई, प्रायः सभी देशों में अतीत और वर्तमान के बीच संघर्ष छिड़ गया और प्रायः सभी देशों में अतीत वर्तमान से हार गया। केवल भारत में वह आज भी जोरों से युद्ध कर रहा है और संसार जो भारत की ओर एक अस्पष्ट आशा से देख रहा है, उसका भी कारण भारत की अतीतप्रियता ही है। नये ज्ञान के प्रति भारत हमेशा ही उदार रहा है। नये धर्मों, नई संस्कृतियों और नई विचारधाराओं को अपनाकर भारत भी परिवर्तित होता रहा है, लेकिन विचित्रता की बात यह है कि वह जितना ही बदलता है, उतना ही अपने आत्मस्वरूप के अधिक समीप पहुँच जाता है। यही विलक्षणता भारत का अपना गुण है और इसी गुण के कारण भारत से लोग यह आशा लगाए बैठे हैं कि आधुनिकता को अपना लेने के बाद भी भारत, भारत रहेगा और संसार के सामने एक नया नमूना पेश करेगा।

सृष्टि-बोध की आधुनिक कल्पना उस कल्पना से भिन्न है, जो प्राचीन भारत में रही थी अथवा जो सारे प्राचीन विश्व में थी। आधुनिक कल्पना यह है कि सृष्टि अपने नियमों से आप चालित है और उन्हीं नियमों के परिणामस्वरूप

धरती पर पेड़-पौधे, जीव-जन्तु और मनुष्य उत्पन्न हुए हैं। मनुष्य जब से उत्पन्न हुआ है, वह प्रकृति को अपने अनुकूल बनाने के लिए उससे संघर्ष कर रहा है। बाधाएँ तो उसके सामने बहुत आती हैं, मगर सफलता पाने से उसका आत्मविश्वास बढ़ता जाता है। आरम्भ में प्रकृति के रुद्र रूपों से घबराकर वह प्रार्थना करता था, अपनी रक्षा और कल्याण के लिए देवताओं की दया का आह्वान करता था। अब वह ऐसी प्रार्थनाओं में विश्वास नहीं करता। वह बीमार होने पर अपने को देवी-देवताओं के भरोसे नहीं छोड़ता, बल्कि दवाइयाँ खाता और अपना इलाज करवाता है।

इसी प्रकार उस पर जब मुसीबतें आती हैं, तब उनके लिए वह ईश्वर को दोष नहीं देता, बल्कि मुसीबतों से लड़ने की वह कोशिश करता है। बुद्धि को वह अपना सबसे बड़ा प्रकाश मानता है और वह जो भी काम करता है, बुद्धि के ही प्रकाश में करता है। इसमें अगर उससे कोई नैतिक पाप हो जाए तो यह उसकी अपनी जिम्मेदारी है। पुण्य का काम वह इसलिए नहीं करता कि इसके बदले उसे स्वर्ग या मोक्ष मिलेगा, बल्कि इस भाव से कि यह उसका कर्तव्य है और पाप से वह इसलिए नहीं बचता कि नरक का त्रास उसे सताता है, बल्कि इसलिए कि पाप सामाजिक दृष्टि से बुरी चीज है। साथ ही पाप करने के बाद आदमी को पछताना भी पड़ता है। (पाप करके आदमी को क्यों पछताना पड़ता है, इसका कारण मनुष्य मनोविज्ञान में खोज रहा है, लेकिन बातें अभी ठीक से उसकी समझ में नहीं आई हैं।) नैतिकता को आधुनिक मनुष्य स्वर्ग या नरक की सीढ़ियाँ नहीं समझता, बल्कि उन्हें अपने वैयक्तिक स्पंदनों से सम्बद्ध मानता है, अपनी उत्तेजनाओं और प्रेरणाओं से उत्पन्न समझता है। वह किसी भी अदृश्य शक्ति में विश्वास नहीं करता—न ईश्वर में, न देवताओं में, न ज्योतिष अथवा भृगु या अरुण-संहिता के सिद्धान्त में। वह नहीं मानता कि जो आदमी सुख में है, वह पूर्वजन्म में पुण्यात्मा रहा होगा; न वह यही मानता है कि जो निर्धन, रोगी और कंगाल हैं, वे पूर्व जन्म में पापी रहे होंगे। नया मनुष्य अपने भाग्य में नहीं, बाहुबल और बुद्धि में विश्वास करता है और वह यह मनसूबा रखता है कि वह अपनी योग्यता के अनुसार ऊँची-से-ऊँची जगहों तक जा सकता है। नया आदमी यह भी नहीं मानता कि राजगद्दी मनुष्य ईश्वर की कृपा से प्राप्त करता है। वह समझता है कि देश में डिक्टेटर पैदा हो जाए, तो उसका तख्ता वह उलट सकता है; समाज में शोषक बढ़ जाएँ, तो उनकी नींवें वह हिला सकता है, क्योंकि यहाँ जो कुछ भी है, मनुष्य के साहस, श्रम और बुद्धि के अधीन है और अदृश्य का हस्तक्षेप कहीं नहीं है।

नये मनुष्य की सृष्टि-सम्बन्धी जो कल्पना है, वह प्राचीन जगत् की कल्पना से भले ही भिन्न हो, किन्तु जहाँ तक आदमी के कर्तव्य और सदाचार की बात है, प्राचीन जगत् की कल्पना उसमें कोई खलल नहीं डालती। प्राचीन जगत् की कल्पना मनुष्य के कर्तव्य-भाव को कुंठित नहीं करती, उसके उल्लास को नहीं दबाती, न उसे यह सिखलाती है कि जो कुछ मिलनेवाला है, वह तुम्हें ईश्वर से मिलेगा, अतएव तुम हाथ पर हाथ धरकर बैठे रहो। जो लोग हाथ पर हाथ धरकर बैठे हुए हैं, उनसे पूछिए कि क्या वे ईश्वर के भरोसे बैठे हुए हैं? उत्तर मिलेगा–नहीं, सिर्फ इसलिए कि हमारे पास साधन नहीं है, उद्यम की शक्ति नहीं है। अब उद्यम और साधन का नहीं होना भाग्य के भरोसे बैठे रहने का परिणाम है अथवा किन्हीं अन्य कारणों का, इसका निर्णय आसानी से नहीं किया जा सकता। प्राचीन विश्व निरुद्यमी लोगों का विश्व नहीं था। अगर वह निरुद्यमियों और भाग्यवादियों का संसार हुआ होता, तो जिन लोगों ने उस समय बड़े-बड़े काम किए, उनका आविर्भाव ही नहीं होता। भाग्य के विरुद्ध पुरुषार्थ की महिमा आदमी को कुछ आज ही ज्ञात नहीं हुई है। कर्ण के मुख से एक प्राचीन कवि ने कहलाया था :

दैवायत्तं कुले जन्म मदायत्तं तु पौरुषम्।

आधुनिकता के जो औद्योगिक और सामाजिक पक्ष हैं, प्रवृत्तिमूलक और पुरुषार्थ-बोधक पक्ष हैं, उन्हें हम स्वीकार करेंगे और सर्वत्र स्वीकार करेंगे। जहाँ तक बुद्धिवाद और वैज्ञानिक दृष्टि का प्रश्न है, हम उनकी भी उपयोगिता स्वीकार करते हैं, किन्तु इन बातों को स्वीकार करते समय हमें इसका भी ध्यान रखना है कि हम जो नया विश्व बनाएँ, वह प्राचीन और मध्यकालीन विश्व से, सचमुच ही, श्रेष्ठ हो–केवल सुख, सुविधा, स्वतंत्रता और भोग की दृष्टि से ही श्रेष्ठ नहीं हो, बल्कि उसमें शान्ति और सन्तोष का भी प्राचुर्य हो।

मध्यकालीन जगत् में केवल दोष-ही-दोष नहीं थे। वह गहरे अंधकार के साथ उज्ज्वल प्रकाश का भी समय था। यह ठीक है कि उस समय मनुष्य अपने परिवेश को कम जानता था, मगर इसीलिए वह अपनी आलोचना भी थोड़ी ही करता था। जब दुनिया अँधेरी थी, आसमान साफ था। जब दुनिया रोशनी से भर गई, आसमान पर अँधियाली छा गई। पहले मनुष्य को सत्य वहाँ दिखाई देता था, जहाँ सचमुच उसका वास नहीं था। अब जो सत्य है, उस पर भी आदमी का विश्वास टिकता दिखाई नहीं देता है। मध्यकालीन युग तिमिरग्रस्तता का शिकार नहीं था, वह आनन्द और सन्तोष से प्रकाशित काल था, जब आदमी चीजों में विश्वास करता था और खुशी की रोशनी में जीता था। लन्दन

के घंटाघर की आवाज उस समय संसार-भर के लोग भले ही न सुनते हों, लेकिन अपने पड़ोसियों के कराहने की आवाज उन्हें सुनाई देती थी। उस समय आँसू आज की अपेक्षा ज्यादा बहते थे और अधिक सहजता से बहते थे। आज काम तभी किए जाते हैं, जब वे पेट के लिए जरूरी हो जाएँ, मगर उस समय के कारीगर काम करते समय आमदनी की बात नहीं सोचते थे। और यह कितनी अच्छी बात थी कि उस समय कारीगर के बनाए सामान ही बेचे जाते थे, खुद कारीगर नहीं बिकता था।

इतने पर भी यह नहीं कहा जा सकता कि मध्यकालीन समाज में अतृप्ति नहीं थी। अतृप्ति थी, मगर वह किसी और दिशा में थी। वह समय भी असन्तोष का समय था, आन्दोलन का काल था। संसार ईश्वरमय है, यह बात तो मध्यकालीन चिन्तक जानते थे, लेकिन ईश्वर को पाने की राह क्या है, इसे लेकर उनके भीतर एक मंथन चला करता था। ऊपर से नदी शान्त थी, नीचे विचार खौल रहे थे। मध्यकालीनता का युग साधना का युग है, सिद्धि का नहीं। वह अन्वेषण का समय है, प्राप्ति का नहीं। और तब आधुनिकता ने प्रवेश किया। नतीजा यह हुआ कि जो जगत् ईश्वर-प्रेरित समझा जाता था, उसकी शासिका बुद्धि बन गई। इसीलिए जो संसार पहले रहस्य था, अब वह समस्या बन गया। अदृश्य पर चिन्तन करने से दर्शन उत्पन्न हुआ था। दृश्य पर चिन्तन करते-करते विज्ञान का उदय हुआ। पुरानी सभ्यता कल्पना और विचार के संयोग से बनी थी। नई सभ्यता विज्ञान और टेक्नोलॉजी से तैयार हुई। टेक्नोलॉजी के अभाव से पुरानी सभ्यता में जो कमी थी, उस कमी की पूर्ति उसने आदर्शों से युक्त वातावरण की रचना करके की थी। उस समय के लोग सुखी कम, सन्तुष्ट अधिक थे। प्रकृति को जीतने से अधिक उन्हें अपने-आपको जीतने की चिन्ता थी। नई सभ्यता को भी मालूम है कि उसकी योजना पूरी नहीं है, मगर जो चीज उसने मनुष्य से छीन ली है, उसकी पूर्ति वह शारीरिक सुखों के अधिकाधिक विकास करके कर रही है, मानो वह मनुष्य से यह कहना चाहती हो कि आध्यात्मिक जिज्ञासा बिलकुल फालतू चीज है! सुख असल में वही है, जो किसी-न-किसी इन्द्रिय से प्राप्त किया जाता है। जब बाहर मैंने इतने सामान मुहैया कर रखे हैं, तब भीतर झाँकने की जरूरत क्या है?

जब संसार रहस्य था, मनुष्य में विनम्रता थी। जब से वह समस्या बन गया, आदमी उद्धत और अधीर हो गया है।

सबसे बड़ा ढिंढोरा आधुनिकता इस बात का पीटती है कि बुद्धिवाद के तीखे औजार से उसने मनुष्य की सभी जंजीरें काटकर उसे सभी दासताओं से

मुक्त कर दिया है, जो दावा एक तरह से ठीक है। अफसोस की बात यह है कि मनुष्य को यही मालूम नहीं कि इस मुक्ति को लेकर वह क्या करे। बुद्धिवाद, टेक्नोलॉजी और विज्ञान द्वारा सिद्ध मुक्ति उस गरुड़ की मुक्ति नहीं है, जो डैने खोलकर आकाश में उड़ता है, बल्कि उस कुत्ते की मुक्ति है, जो जंजीरों से छूटकर सड़क पर आ गया है और ट्राफिक में कुचल जाने के भय से इधर-उधर भाग रहा है। खुला कुत्ता जो भी चाहे, कर सकता है; जहाँ भी चाहे, जा सकता है, लेकिन उसे यह कौन बताए कि उसे कहाँ जाना चाहिए और चारों ओर के खतरों से अपनी रक्षा कैसे करनी चाहिए? विज्ञान शक्ति देता है, यह बात सत्य है; किन्तु इस शक्ति का उपयोग आदमी किस चीज के लिए करे, इस सवाल का जवाब विज्ञान को मालूम नहीं है। मालूम होता, तो आणविक शक्ति का उपयोग आदमी, आदमी के संहार के लिए नहीं करता।

आधुनिकता का हम विरोध नहीं, स्वागत करते हैं। हमारा ध्येय केवल यह है कि विज्ञान और टेक्नोलॉजी से हमें जो शक्ति प्राप्त हुई है, उसका उपयोग हम एक ऐसी दुनिया बनाने के लिए करें, जो वैज्ञानिक और रहस्यवादी, दोनों के लिए अनुकूल हो। ऐसा नहीं है कि दुनिया में वैज्ञानिक कम और रहस्यवाद ज्यादा हुआ करते हैं। प्रत्येक युग में दोनों की संख्या बहुत थोड़ी रही है। आधुनिकता अगर मनुष्य को केवल शरीर मानती है, तो भारत का इस बात में उससे स्पष्ट विरोध है, क्योंकि हम आत्मा और शरीर, दोनों के अस्तित्व में विश्वास करते हैं, और इसलिए हमारा मनसूबा है कि हम, आधुनिक हो जाने पर भी, भारतीय यानी कुछ-कुछ प्राचीन रहेंगे और इसलिए प्राचीन रहेंगे कि आधुनिकता के साथ जहर की जो थोड़ी लपेट लगी है, उसे केवल प्राचीनता का कूपजल ही धो सकता है। आधुनिकता से मनुष्य का सुख तो बढ़ा है, लेकिन उसकी शान्ति घट गई है; बल, बुद्धि और अहंकार तो बढ़ा है, मगर करुणा और विनम्रता घट गई है। यह अभाव, किसी-न-किसी रूप में, धर्म के वापस आने से दूर होगा। इसलिए हम चाहते हैं कि आधुनिकता ने भौतिकी और ज्योतिष का जो रूखा, सूखा, ऊजड़ विश्व बसा रखा है, उसमें हम जहाँ-तहाँ रहस्य के भी कुछ मन्दिर खड़े कर दें।

अन्त में मैं आज उपाधियों से भूषित होनेवाले स्नातकों और स्नातिकाओं को अपना आशीर्वाद देता हूँ और यह कामना करता हूँ कि उनका जीवन और चरित्र ऐसा हो, जिसे देखकर जनता अपनी अध्यात्मप्रियता की रक्षा करते हुए आधुनिक होने का दृष्टांत पा सके।[1]

---

1. 7 फरवरी, 1966 को बरेली कॉलेज, बरेली, के तेरहवें दीक्षांत-समारोह में दिया गया भाषण।

शेक्सपियर

शेक्सपियर का युग साहित्य के विशेष नक्षत्रों का युग था। जिस साल शेक्सपियर का जन्म हुआ, उसी साल माइकेल एंजेलो का देहान्त हुआ था। इधर भारत की ओर देखें, तो शेक्सपियर गोस्वामी तुलसीदास जी के समकालीन थे। शेक्सपियर की मृत्यु सन् 1616 में हुई, जब वे 52 साल के थे। अजब संयोग की बात कि उसी साल 'डान कियोटी' के लेखक सर्वांतीस का भी देहान्त हुआ। तुलसीदास जी सौ-सवा सौ साल जीकर सन् 1623 ई. में स्वर्ग सिधारे। और इन सभी कलाकारों के विषय में यह बात मजे में कही जा सकती है कि वे किसी एक युग के कलाकार नहीं थे। जब वे जीवित थे, तब अपने समकालीनों के साथ उनका कोई साम्य नहीं था। जब वे मरे, तब उनका उत्तराधिकार किसी को भी प्राप्त नहीं हुआ।

शेक्सपियर की जीवनी के बारे में हमें ज्यादा जानकारी नहीं है, जैसे हम तुलसीदास जी के भी विषय में कोई बात निश्चय के साथ नहीं जानते। तब भी जो बातें अनुमान के साथ जानी जा सकी हैं, वे ये हैं कि शेक्सपियर का जन्म स्टेटफोर्ड-आन-एवोन में हुआ था। कुछ दिनों तक उन्होंने गाँव के ही ग्रामर स्कूल में शिक्षा पाई थी और आरम्भ या बाद में उन्होंने किसी स्कूल में पढ़ाया भी था। एक बार उन्होंने किसी नवाब का एक हिरन चुरा लिया था, जिससे यह अनुमान लगाया जाता है कि उनकी संगति अच्छे लोगों के साथ नहीं थी। विवाह उन्होंने एक ऐसी महिला से किया, जिसकी उम्र शेक्सपियर की उम्र से आठ साल अधिक थी। कहा यह भी जाता है कि उन्हें दुनियादारी का भी अच्छा तजुर्बा था और अपनी कमाई से उन्होंने एक अच्छी कोठी और कुछ जायदाद भी खरीदी थी।

जिन दिनों शेक्सपियर का जन्म हुआ, उन दिनों इंग्लैंड में काव्यात्मक नाटकों की धूम मची हुई थी। उनसे पहले अंग्रेजी में मार्लो जैसे नाटककार हो चुके थे, जिन्होंने 'फाउस्ट' की कथा पर एक नाटक की रचना की थी। लंदन में

उस समय 20 नाट्यशालाएँ थीं और नाटक की कम्पनियाँ गाँवों में भी काम करती थीं। ऐसी ही किसी कम्पनी में शेक्सपियर ने पहले अन्य लेखकों के नाटकों के संशोधन का काम शुरू किया; फिर वे धीरे-धीरे खुद मौलिक नाटक लिखने लगे। वे नाटक केवल लिखते ही नहीं, कुछ अभिनय भी करते थे, गरचे अभिनय वे साधारण पात्रों का ही करते थे। लिखने का काम उन्होंने केवल 20 वर्ष किया। उसके बाद अवकाश ग्रहण करके वे अपने घर में रहने लगे और वहीं उनका देहान्त हुआ।

यूरोप में आधुनिक युग का आरम्भ उस समय से माना जाता है, जब अमरीका का पता चला। इसलिए शेक्सपियर का आविर्भाव आधुनिक युग की आरम्भिक घटनाओं में से एक महत्त्वपूर्ण घटना है। शेक्सपियर के जन्म के पूर्व ही बारूद की ईजाद हो चुकी थी, वेधशालाएँ कायम होने लगी थीं, अक्षरों के टाइप ढलने लगे थे और आदमी ने ग्लोब बना लिया था। कोलम्बस, वास्को डि गामा और ड्रेक के अनुसंधानों से मनुष्य के मस्तिष्क में एक प्रकार का बौद्धिक कोलाहल आरम्भ हो गया था और आदमी की कल्पना पुराने क्षितिजों को पार करके एक नये आकाश में विहार करने लगी थी।

कवि लेखन का कार्य अपनी आत्मा को देखकर नहीं करता, अपने काल को देखकर करता है; वह अपनी ही प्रसन्नता के लिए नहीं लिखता, अपने युग के सन्तोष के लिए लिखता है। कवि के भाव उसके युग की हवा में उड़ते रहते हैं, उसके समकालीन समाज के हृदय में गूँजते रहते हैं, मगर सभी लोग इन भावों के गुंजन को नहीं सुन सकते। जो उन्हें सुन सकता है, समझ सकता है और ठीक से पहचानकर उन्हें समुचित भाषा का लिबास पहना सकता है, वही अपने काल का गायक, अपने युग का कवि कहलाता है। शेक्सपियर के नाटकों में से सबसे अधिक धूम 'मैकबेथ' की रही है। यह मत ठीक है कि 'मैकबेथ' के समान तूफानी नाटक इस भूमंडल पर कोई और नहीं है, किन्तु वैयक्तिक चरित्र के रूप में शेक्सपियर का सबसे विलक्षण निर्माण 'मैकबेथ' नहीं, 'हैमलेट' है। 'हैमलेट' की कल्पना प्राचीन काल के लेखक नहीं कर सकते थे। प्राचीनों का खयाल था कि आदमी या तो धार्मिक होता है या अधार्मिक; वह अच्छा होता है या बुरा, किन्तु रिनासांस के प्रकाश में जब आदमी के भीतरी रूपों का अध्ययन आरम्भ हुआ, तब पता यह चला कि आदमी न तो अच्छा होता है, न बुरा। अच्छा और बुरा उसे परिस्थितियाँ बनाती हैं और रिनासांस के प्रकाश में ही मनुष्य ने यह भी समझा कि वह बुद्धिमान कम, भावनाशील अधिक है। वह जिन प्रवृत्तियों से चालित होता है, उनका न तो उसे सम्यक् ज्ञान है, न उन

प्रवृत्तियों पर वह अपना नियंत्रण रख सकता है। इसीलिए वह शक्तिशाली होता हुआ भी बेबस और बुद्धिमत्ता के रहते हुए भी बुद्धिहीन है।

जिस दृष्टि से आदमी को देखते-देखते शेक्सपियर ने 'हैमलेट' की सृष्टि की, लगभग उसी दृष्टि से आदमी को समझकर मार्लो ने 'फाउस्ट' लिखा था, सर्वांतीस ने 'डान कियोटी' की कल्पना की थी और टर्सो डी मोलिना ने 'डान जुआन' लिखा था और उसी दृष्टि से सृष्टि को समझकर मोनतेन ने फ्रांस में अपना सन्देहवादी दर्शन गढ़ा था। यह कोई आकस्मिक बात नहीं है कि ये सभी लेखक घट-बढ़कर आपस में समकालीन थे। 'डान कियोटी' के लेखक ठीक उसी साल मरे, जिस साल शेक्सपियर का देहान्त हुआ तथा मार्लो की मृत्यु 1593 ई. में हुई और मोनतेन की मृत्यु 1592 ई. में। टर्सो डी मोलिना भी इसी के आसपास स्वर्गीय हुए होंगे।

मार्लो के फाउस्ट की मानसिक उड़ान अगर कुछ कम हुई होती तो आदमी वह अच्छा हुआ होता। अगर उसकी कल्पना-शक्ति कुछ शिथिल हुई होती, अगर साहस और जोश उसमें कम रहा होता, तो पुण्य के भाव उसमें अधिक सुदृढ़ हुए होते। किन्तु सद्गुणों के एकांगी विकास के कारण 'फाउस्ट' दुखान्त नाटक का नायक बन गया। और टर्सो का 'डान जुआन' फाउस्ट के ही प्रेम-पक्ष का अतिरंजित आख्यान है। जहाँ तक डान कियोटी के व्यक्तित्व का सवाल है, डान कियोटी उस सनातन कवि का प्रतीक है, जो प्रत्येक मनुष्य के भीतर छिपा रहता है। डान कियोटी की रचना लेखक ने अपने समय के नाइटों पर व्यंग्य कसने को की होगी, किन्तु यह कृति एक विचित्र प्रकार की ट्रैजी-कॉमेडी बन गई। डान कियोटी ने जो कुछ भी किया, अच्छे भावों से प्रेरित होकर किया। किन्तु, वास्तविकता हमेशा उसे धोखा देती रही। नतीजा यह हुआ कि डान कियोटी ने वास्तविकता को आदर नहीं, उपेक्षा की वस्तु समझ लिया और यही चीज उसकी बर्बादी का कारण हुई। दुनिया के बारे में जो विचार मार्लो, टर्सो और सर्वांतीस के हैं, लगभग वैसे ही विचार फ्रांसीसी दार्शनिक मोनतेन के भी हैं। उनका विश्वास न तो कल्पना में है, न वास्तविकता में। वे संसार की हर चीज को देखते हैं, हर चीज को समझते हैं और सब पर हँसते हुए आगे निकल जाते हैं। मोनतेन उस गमगीन दार्शनिक के प्रतीक हैं, जिसकी सारी पूँजी उसकी निरपेक्ष हँसी होती है, जिसके बल पर वह सारी वेदनाओं को झेलकर आगे निकल जाता है।

यही वह पृष्ठभूमि है, जिस पर शेक्सपियर के 'हैमलेट' को कुछ दूर तक समझा जा सकता है। जो आदमी अपने पुण्य के कारण बर्बाद होता है, दुखान्त

नाटक का असली पात्र वही है। हैमलेट जवान है, सुशील है, तेजस्वी और पुण्यवान है। मगर उसके भीतर कोई चीज है, जो उसे निर्णय नहीं लेने देती; जो उसे यह बताती है कि कर्म स्थूल वस्तु है, मनुष्य को केवल चिन्तन करना चाहिए। हैमलेट सर्वोत्तम मनुष्य भी है और सबसे बुरा आदमी भी। उसका निर्माण पारे से हुआ है, अतएव उसकी कोई भी अदा स्थिर नहीं रहती।

फिर भी, हैमलेट अनोखा हमें जितना भी लगे, वह बिलकुल अपरिचित व्यक्ति नहीं है। प्राचीन काल में हैमलेट की कल्पना नहीं की जा सकती थी, क्योंकि उस समय आदमी की जानकारी कम, मगर उसके मिजाज में स्थिरता अधिक थी। हैमलेट का असली समय वह है, जिसमें हम जी रहे हैं। ज्यों-ज्यों आदमी के ज्ञान में वृद्धि होती है, त्यों-त्यों चिन्तक-वर्ग का हाल बुरा होता जाता है। यह युग उन मनीषियों का है, जो या तो फाउस्ट के सगोत्री होने के कारण मिट रहे हैं अथवा मिजाज से हैमलेट होने के कारण विनाश को प्राप्त हो रहे हैं; या तो उच्चाभिलाषाओं के कारण टूट रहे हैं या इस कारण बर्बाद हो रहे हैं कि जो बातें उन्हें पसन्द नहीं हैं, उनसे वे समझौता नहीं कर सकते। वे संसार को केवल भावना से जीतना चाहते हैं, केवल विचारों से बदलना चाहते हैं, लेकिन दुनिया केवल कर्मवादियों को पूजती है। केवल चिन्तन में बसने वाला आदमी धरती को अपने अधिकार में नहीं ला सकता। उलटे वह धोखा खाता है।

क्रिया को छोड़ चिन्तन में फँसेगा,
उलट कर काल तुझको ही ग्रसेगा।

फिर भी, 'हैमलेट' की रचना करके शेक्सपियर ने अपना जो सन्देश दिया है, वह अद्भुत है। लोग जिसे कोरा भावनाशील समझते हैं, उसकी निन्दा करने को उसे हैमलेट कह देते हैं। मगर वे यह बात भूल जाते हैं कि 'हैमलेट' अगर नहीं लिखा गया होता, तो शेक्सपियर की गैलरी प्रभाहीन रह गई होती। हैमलेट उस व्यक्ति का प्रतीक है, जो संसार पर आधिपत्य जमाकर उसे दबाना या बर्बाद करना नहीं चाहता। उसके भीतर वैराग्य है, उसके भीतर करुणा है, उसके भीतर सहने की प्रवृत्ति है और ये सारे गुण संसार के लिए आवश्यक हैं।

लेकिन जब हम 'मैकबेथ' को देखते हैं, तब एक दूसरी ही दुनिया हमारे सामने आती है, जिसमें ज्ञान और भावना के लिए कोई स्थान नहीं है; जो केवल फरेब की दुनिया है, जालसाजी, धोखा और विश्वासघात का संसार है। 'मैकबेथ' की भूमि ज्ञान नहीं, ठोस कर्म की है और कर्म का जो रूप इसमें निखरा है, उसे देखते हुए हर आदमी हैमलेट के साथ हामी भरने को तैयार होगा कि कर्म आदर

नहीं, अनादर की वस्तु है। शेक्सपियर ने 'हैमलेट' लिखकर ज्ञान की अनुपयोगिता का वर्णन किया है और 'मैकबेथ' लिखकर उसने यह घोषणा की है कि जब कर्म अपनी अति पर पहुँचता है, तब वह सीधे नरक का मार्ग बन जाता है। तो मनुष्य क्या करे? उत्तर शायद मोनतेन के पास है–सबको देखो, सबको समझो और सब पर हँसते हुए आगे निकल जाओ।

शेक्सपियर का शायद यह विश्वास था कि पूर्ण मनुष्य की कल्पना निस्सार है। पूर्ण मनुष्य कभी भी पैदा नहीं होता। उनके सभी चरित्र उस अपूर्णता और कमजोरी की झलक दिखा जाते हैं, जो अक्सर मनुष्यों में देखी जाती है। इस मामले में वे वाल्मीकि और तुलसीदास के बिलकुल विपरीत हैं, क्योंकि वाल्मीकि और तुलसीदास ने ऐसे मनुष्य की भी कल्पना की है, जो ईश्वर का समकक्ष है।

एक ही शेक्सपियर ने आदमी के कितने रूपों का सफल प्रतिनिधित्व किया है, यह देखकर आश्चर्य होता है। युद्ध का वर्णन वे सेनापति की तरह करते हैं। अदालतों का दृश्य वे वकील की तरह लिखते हैं और राजा-रानियों का हाल वे इस सफाई से लिखते हैं, मानो वे खुद कोई दरबारी सामंत रहे हों! हैमलेट के स्वभाव का चित्रण उन्होंने उच्च कोटि के मनोविज्ञानवेत्ता की तरह किया है और राजा लियर की प्रक्षिप्तता उन्होंने इस बारीकी और स्वाभाविकता से चित्रित की है, मानो वे खुद पागल रहे हों! बड़ों का वर्णन बड़प्पन के साथ और छोटों का चित्रण उनके सहज लाघव के साथ करके उन्होंने यह बता दिया है कि मनुष्य की प्रत्येक भावदशा का उन्हें पूर्ण ज्ञान था। यह कहना तनिक भी अतिशयोक्तिपूर्ण नहीं है कि विधाता के बाद सबसे अधिक मूर्तियाँ शेक्सपियर ने ही गढ़ी हैं। शेक्सपियर की इस सफलता से चमत्कृत होकर आलोचक उन रहस्यों का पता लगाना चाहते हैं, जिनके प्रयोग से शेक्सपियर ने यह कामयाबी हासिल की होगी। मगर असली रहस्य कभी उनके हाथ नहीं आएगा। जीनियस जिस सीढ़ी से सफलता के शिखर तक पहुँचते हैं, उसे खींचकर वे अपने ही साथ वापस ले जाते हैं।

नई आलोचना की एक जिज्ञासा यह भी होती है कि अपनी पुस्तकों में खुद लेखक कहाँ छिपा हुआ है। मगर शेक्सपियर कहीं एक जगह पकड़ाई नहीं देते। अपनी रचनाओं के भीतर वे ठीक उसी प्रकार से छिपे हुए हैं, जैसे परमेश्वर अपनी सृष्टि में छिपा रहता है। शेक्सपियर ने 37 नाटक और 154 सॉनेट लिखे और इतना लिखने पर भी वे बिलकुल तटस्थ लेखक हैं। ऐसे लेखक होशियारी से नहीं बनते, कोशिश और चालाकी से नहीं तैयार होते, वे कुदरती तौर पर बने-बनाए पैदा होते हैं। उनके विषय में हम जितना ही जानते

हैं, उतना ही यह विश्वास जोर पकड़ता है कि जानने की बहुत-सी बातें अभी और बाकी हैं। लगता है, शेक्सपियर एक खूँटी हैं, जिस पर प्रकृति ने अपने समग्र भेदों को टाँग दिया है।

शेक्सपियर की प्रशंसा जिन शब्दों में की गई है, उन शब्दों का प्रयोग किसी और लेखक या कवि के लिए नहीं किया गया है। कोलरिज ने उन्हें अनंत मस्तिष्कोंवाला मनुष्य कहा है। पोप ने उन्हें अनुपम कीर्ति का उत्तराधिकारी बताया था। पोप ने यह भी कहा था कि शेक्सपियर और प्रकृति दो नहीं, एक ही हैं और गेटे पर जब शेक्सपियर का जादू सवार हुआ, तो वे बोल उठे थे : 'प्रकृति! प्रकृति! बस, मेरी तो यही पुकार है। शेक्सपियर के मनुष्य जितने प्राकृतिक हैं, उतना प्राकृतिक और कुछ भी नहीं है।' शेक्सपियर के नाटक दुर्लभ ज्योतियों की मंजूषा हैं, जिनके भीतर मानवता का इतिहास, काल के अदृश्य धागे पर, हमारी आँखों के आगे नृत्य करता है। लेकिन शेक्सपियर की सबसे बड़ी प्रशंसा मैथ्यू आर्नाल्ड ने कही है : 'Others abide our question. Thou art free.' अर्थात संसार के और लेखक हमारे प्रश्नों के दायरे में हैं, मगर तुम उस दायरे से आजाद हो। तुम उस ऊँचाई पर हो, जो ज्ञान के शिखर से भी आगे है।

मनुष्य का मन उसके अन्तर्मन की अपेक्षा कमजोर है। मनुष्य की बुद्धि दुर्बल, उसकी भावनाएँ और आवेग बलवान हैं। हम जो कुछ भी अच्छा या बुरा, असम्भव या अकरणीय कर्म कर बैठते हैं, उसकी प्रेरणा हमारे चेतन नहीं, अवचेतन से आती है। अवचेतन की वे प्रवृत्तियाँ जो अंधी और गूँगी हैं, हमारे कब्जे में नहीं हैं; हम अपनी इच्छा के अनुसार उन्हें चला नहीं सकते; वे ही हमें चलाती हैं और हमसे ऐसे कर्म करवा डालती हैं, जिन्हें हमारी बुद्धि नहीं समझ सकती। शेक्सपियर इसी अन्तर्मन या अवचेतन के कवि थे। उनका उद्देश्य आदर्श-निरूपण नहीं, मनुष्य की इन्हीं अपरिचित वृत्तियों का चित्रण था। उनके नाटक, नाटक नहीं, खेल हैं और खेल होने के कारण ही वे हमें इतने रोचक लगते हैं। उनके नाटक हमारी जिन्दगी का खाका स्वप्न के रंगों में खींचते हैं, हमारा ही चेहरा हमें वे मुखौटा लगाकर दिखलाते हैं। कर्म में उनका विश्वास नहीं था और चिन्तन को भी वे निस्सार समझते थे, इसीलिए मेरा खयाल है, शेक्सपियर अपने और किसी भी पात्र की अपेक्षा हैमलेट के अधिक समीप हैं। हैमलेट का दोष क्या था? उसने जिन्दगी के सपने इतनी सफाई से देखे थे कि जीवन में रहना उसके लिए असम्भव हो गया। यही हाल शेक्सपियर का भी हुआ होगा। उनकी कब्र का यह शोक-अभिलेख बहुत ही उचित है कि हम उस

तरह की सामग्री हैं, जिससे स्वप्न बनाए जाते हैं : 'We are such stuff as dreams are made of.'

जब शेक्सपियर का अध्ययन गहराई से किया जाने लगा, तब यह देखकर एक समय लोग चकित रह गए थे कि विश्व का यह सर्वश्रेष्ठ कलाकार मौलिक नहीं है। उसने दूसरों से केवल कथावस्तु ही नहीं ली है, बल्कि पंक्तियाँ भी उठाई हैं, पंक्तियों के भाव भी लिये हैं। मेरा खयाल है, अगर यह बात सच भी हो, तो इससे शेक्सपियर की महत्ता में कमी नहीं आती। मौलिकता एक ऐसी चीज है, जिसके अभाव से महाकवियों की शक्ति और छोटे कवियों की दुबर्लता में वृद्धि होती है। अगर मौलिकता की कसौटी ही महत्ता की कसौटी हो, तो तुलसीदास जी कहीं के नहीं रहेंगे, क्योंकि रामायण की बहुत-सी सर्वोत्तम पंक्तियाँ वे हैं, जो संस्कृत में लिखी जा चुकी थीं। साहित्य का एक स्वरूप यह भी है कि उसकी रचना व्यष्टि नहीं, समष्टि करती है। साहित्य में भी चिराग चिरागों से जलते हैं। नदी जब समतल पर आती है, उसके पहले बहुत-से सोते और नाले उसमें मिल गए होते हैं। उधार लिये बिना साहित्य में कोई बड़ा काम न तो पहले हुआ है, न आगे होगा। जो लोग मौलिकता के नाम पर कवि पर पड़े प्रभावों की खोज करते हैं, उन्हें तन्दुरुस्त आदमी की तन्दुरुस्ती का रहस्य उन सब्जियों, भेड़ों, बकरों और मुर्गों में खोजना चाहिए जिन्हें वह खाकर पचा चुका है।

दुनिया बहुत पुरानी हो चुकी है। इसमें अच्छे चिन्तक भी इतनी अधिक संख्या में हो चुके हैं कि सर्वथा नई कही जानेवाली बातों का अभाव हो गया है। एक ही तरह के भाव अनेक लोग लिखते हैं, किन्तु यश उनमें से किसी एक को मिलता है। मैदान में गेंद तो एक ही रहती है, बड़ाई उसकी है जो खास अदा और तेजी से उसमें किक मार सके।

साहित्य का सारा इतिहास प्रभावों के आदान-प्रदान का इतिहास है। तुलसीदास ने प्रसन्नराघव से उधार लिया, अश्वघोष ने कालिदास से, अलेक्जेंडर ने फिलिप से, आगस्टीन ने सेंट पाल से, शिलर ने शेक्सपियर से और शेक्सपियर ने प्लूटार्क से; और कहा जा सकता है कि शापेनहार ने कांट से उधार लिया है तथा सर इकबाल पर नीत्शे का कर्ज है और जब यह उधारबाजी नहीं चलती, तब साहित्य का बाजार मंद पड़ जाता है। जब भी साहित्य में गतिरोध उत्पन्न होता है, तब समझना चाहिए कि लेखकों का अध्ययन बन्द हो गया है अथवा ऐसे माल तक उनकी दृष्टि नहीं जा रही है, जो उड़ाने के योग्य हो। और उधारबाजी का यही रिवाज लेखकों को मशहूर भी करता है। सुकरात

का यह सौभाग्य था कि उसे अफलातून के समान साहसी चोर मिला, जिसे माल हड़पने में तनिक भी हिचकिचाहट नहीं थी और इसी अफलातून ने सुकरात को दुनिया-भर में मशहूर कर दिया।

चावल, दाल और नमक तथा लकड़ी बहुत लोग जुटा सकते हैं, मगर खिचड़ी पकाने की सही कला कोई-कोई ही जानता है। खास कर साहित्य में आग नाम की चीज किसी-किसी के ही पास होती है। जिसके पास जागरूक आत्मा है, वही उक्तियों को उनके सही प्रसंग में देख सकता है तथा उनका ऐसा विलक्षण प्रयोग कर सकता है कि वे उसी की हो जाएँ। शेक्सपियर ने अपने युग में उपलब्ध ज्ञान की सभी राशियों का उपयोग किया, इसीलिए साहित्य के मन्दिर में कीर्ति की जितनी भी घंटियाँ टँगी हैं, शेक्सपियर का नाम सभी घंटियों पर बज रहा है।

कविता में परिवेश और मूल्य

परिवेश वह वातावरण है, जिसमें साहित्य लिखा जाता है और मूल्य वे नैतिक मान्यताएँ हैं, साहित्य जिनका समर्थन या विरोध करता है। परिवेश एक तरह से काल का वह अंश है, जो समकालीन अथवा वर्तमान है। मूल्य समकालीन भी हो सकते हैं, किन्तु साधारणतः वे पुराने ही होते हैं। परिवेश से तात्कालिकता की गंध आती है। मूल्य तात्कालिक नहीं, दीर्घायु होते हैं। परिवेश के दायरे में केवल झोंपड़ी और महल, खेती और कारखाने, दुर्भिक्ष और युद्ध, विलासिता और वैराग्य, मन्दिर और रेडियो ही नहीं होते, उसके दायरे में समकालीन भावनाएँ और विचार भी होते हैं। अतएव साहित्य में परिवेश का प्रश्न, असल में, परम्परा और समकालीनता का प्रश्न बन जाता है।

और मूल्य आचरण के सिद्धान्तों को कहते हैं। मूल्य वे मान्यताएँ हैं, जिन्हें मार्ग-दर्शक ज्योति मानकर सभ्यता चलती रही है और जिनकी उपेक्षा करनेवालों को परम्परा अनैतिक, उच्छृंखल या बागी कहती है, किन्तु कभी-कभी ऐसा भी होता है कि पुराने मूल्यों को मिटाकर उनकी जगह पर नये मूल्यों की प्रतिष्ठा करनेवाले व्यक्ति भगवान बन जाते हैं। अतएव साहित्य में मूल्यों का विवेचन, असल में, नैतिकता और परम्परा का विवेचन बन जाता है।

प्राचीन आलोचनाओं में आलोचक न तो यह देखता था कि कवि ने अपने काल का प्रतिनिधित्व किया है या नहीं, न उसे यही चिन्ता होती थी कि कवि ने अपनी कृति में परम्परा का कहाँ तक पालन और कहाँ तक उसका अतिक्रमण किया है। भारत में तो जन्मान्तरवाद और कर्मफलवाद का साम्राज्य था। अतएव कवि प्रायः यही मानकर चलते थे कि सुख और दुःख पूर्वकृत कर्मों के फल हैं। इसलिए जो सुखी है, वह ठीक है और जो दुखी है, वह भी ठीक है। दोनों अपने-अपने पूर्वकृत कर्मों के फल भोग रहे हैं। भारतीय समाज में अन्याय का अभाव नहीं था। शूद्र और स्त्रियों के लिए वेद विवर्जित थे। अन्त्यजों के स्पर्श से भी पाप चढ़ता था, किन्तु संस्कृत के महाकवियों में से एक भी ऐसा नहीं हुआ, जो यह कहने का साहस करे कि यह अन्याय है और मैं इसका विरोध करता हूँ।

तब भी संस्कृत के ये कवि महान हैं, क्योंकि जो कुछ उन्होंने लिखा है, पूरी कलाकारिता के साथ लिखा। कवित्व पौधा है, परिवेश और मूल्य ऋतुओं के समान हैं। विशेष प्रकार के परिवेश और मूल्यों के अधीन भी विरचा गया साहित्य सभी परिवेशों, सभी मूल्यों का स्पर्श करता है। कोई भी कलाकार वास्तविकता को पूरी तरह बर्दाश्त नहीं करता। इसी प्रकार वास्तविकता की सर्वथा उपेक्षा किसी भी कलाकार के लिए सम्भव नहीं है। कला काल से जन्म लेकर काल का अतिक्रमण करती है। अजंता के चित्र आज से भिन्न परिवेश में रचे गए थे। भुवनेश्वर की मूर्तियाँ आज से अलग वातावरण में गढ़ी गई थीं। मगर वे आज भी सुन्दर हैं और उनके सौन्दर्य के बारे में आज भी सभी प्रकार के लोगों के बीच आश्चर्यजनक एकता है। सौन्दर्यबोध मूल्य है और कला के प्रसंग में मूल्य काल से बड़ा दिखाई देता है।

मगर यह कहना भी युक्तिसंगत नहीं है कि मूल्य हमेशा काल से बड़ा ही होता है। असल में मूल्य भी काल का ही अंग है और जब काल का प्रभाव बढ़ने लगता है, तब साहित्य पर उस युग के मूल्य का प्रभाव भी साथ-साथ पड़ता है।

साहित्य में काल की महिमा की घोषणा मार्क्स ने की थी, लेकिन मार्क्स ने जो नियम निकाला, वह प्राचीन साहित्य पर भी लागू होता है। प्रत्येक काल अपने कवि की प्रतीक्षा करता है, क्योंकि काल के हृदय में दर्द और बेचैनी की जो रागिनी बजती है, वह औसत लोगों को सुनाई नहीं देती, केवल कवि ही उसे सुन सकता है। काल अपने कवि की प्रतीक्षा केवल इसलिए करता है कि कवि उसकी मूक-से-मूक भावनाओं को भी अभिव्यक्ति दे देता है। वैज्ञानिक, दार्शनिक और समाजशास्त्री काल की जिस गुह्य भावना को नहीं समझ सकते, उसी भावना को अभिव्यक्ति देने के कारण कवि अपने युग का प्रतिनिधि समझा जाता है। युगकवि के आगमन के साथ यह बात स्पष्ट हो जाती है कि काल विशेष की अनुभूतियों में कौन-से विकार अथवा परिवर्तन उत्पन्न हुए हैं।

राम-कथा एक ऐसा विषय है, जिस पर वाल्मीकि के समय से लेकर आज तक के कवि कुछ-न-कुछ लिखते ही रहे हैं, किन्तु त्रेता युग से लेकर आज तक राम-कथा पर जो कुछ लिखा गया, वह एक ही मूल्य के अधीन नहीं है।

उदाहरण के लिए हम शम्बूक-वध की कथा को ले सकते हैं। वाल्मीकि ने लिखा है कि शम्बूक शूद्र होने के कारण तपस्या का अधिकारी नहीं था। अतएव जब वह तपस्या करने लगा, तब उसके पाप से एक ब्राह्मण के बेटे की मृत्यु हो गई। ब्राह्मण ने राम से जाकर कहा कि मैंने कोई पाप नहीं किया है, अतएव पापी तुम हो अथवा तुम्हारे राज्य में कोई पाप कर रहा है, जिसके

फलस्वरूप मेरे बेटे की मृत्यु हो गई है। वसिष्ठ ने राम को समझाया कि ब्राह्मण के बेटे की मृत्यु किसी शूद्र तपस्वी की तपस्या के कारण हुई है। अतएव ब्राह्मण का बेटा तब जिएगा, जब उस शूद्र मुनि का वध कर दिया जाए। वाल्मीकि ने यह भी लिखा है कि राम ने वन में जाकर शम्बूक का वध कर दिया और उसके फलस्वरूप ब्राह्मण का बेटा जी उठा। वाल्मीकि की दृष्टि में राम ने जो कुछ किया, वह धर्म का ऊँचा दृष्टांत था। इसीलिए जब शम्बूक मरा, देवताओं ने आकाश से पुष्पों की वर्षा की।

लेकिन यही कथा जब सातवीं सदी में भवभूति लिखने लगे, तब उनके मन में राम के इस कृत्य को लेकर शंका उत्पन्न हो गई, क्योंकि वाल्मीकि के समय का परिवेश और मूल्य भवभूति के समय के परिवेश और मूल्य से भिन्न था। वाल्मीकि ने जो कुछ लिखा था, वह यह मानकर लिखा था कि वर्णाश्रम-धर्म सोलह आने ठीक है और उसकी अवहेलना करनेवाले को दंड मिलना ही चाहिए, किन्तु वाल्मीकि के बहुत बाद भारत में महात्मा गौतम बुद्ध का जन्म हुआ और बुद्धदेव ने समाज में ऐसी क्रान्ति फैलाई कि सब लोगों के हृदय में वर्णाश्रम-धर्म के अनेक पक्षों को लेकर शंका उत्पन्न हो गई। यह परिवेश का परिवर्तन था, मूल्यों की क्रान्ति थी, जिसका प्रभाव साहित्य पर आगे चलकर पड़ा।

बुद्धदेव को यदि हम लेखक मान लें, तो यह बात स्पष्ट हो जाती है कि लेखक हर समय स्थापित धर्म और समाज का अनुगमन ही नहीं करता, उसके खिलाफ विद्रोह भी करता है। बागी को समाज में अक्सर नास्तिक समझने का रिवाज रहा है। मगर बागी इनकार कम, अवज्ञा अधिक करता है। विद्रोह की भावना न रही, तो रचनाओं की ताजगी खत्म हो जाती है और साहित्य एकरस तथा गतानुगतिक हो जाता है।

राम के चरित्र के विषय में हम जो शंकाएँ आज कर सकते हैं, वे ही शंकाएँ भवभूति के हृदय में उत्पन्न हुई थीं। अतएव उन्होंने राम के मुख से ही राम की निन्दा करवा दी। 'उत्तर रामचरित' में जब राम समाधि में बैठे हुए शूद्र मुनि शम्बूक का वध करने को जाते हैं, तब राम का हाथ नहीं उठता। अतएव वे अपने हाथ को सम्बोधित करके कहते हैं :

रे हस्त दक्षिण, मृतस्य शिशोर्द्विजस्य
जीवातवे विसृज शूद्रमुनौ कृपाणम्।
रामस्य गात्रमसि निर्भरगर्भखिन्न
सीताविवासनपटोः करुणा कुतस्ते?

अर्थात ओ मेरे दाहिने हाथ, ब्राह्मण के मरे हुए बेटे को जिलाने के लिए शूद्र मुनि के ऊपर कृपाण उठा। तू तो उस राम का अंग है, जिसने निष्कलंक और कठोरगर्भा सीता का परित्याग किया है। तुझमें करुणा कहाँ से आ गई?

वाल्मीकि से भवभूति किस बात को लेकर भिन्न हैं? स्पष्ट ही, जो मूल्य वाल्मीकि के समय प्रचलित थे, वे मूल्य भवभूति के समय प्रचलित नहीं थे। काल ने झकझोरकर समाज के श्रेष्ठ चिन्तकों में एक प्रकार की उदारता और न्याय-बुद्धि उत्पन्न कर दी थी। अतएव भवभूति के लिए यह असम्भव हो गया कि वे शम्बूक-वध और सीता-परित्याग का समर्थन कर सकें। मूल्य-परिवर्तन काल-परिवर्तन का ही दूसरा नाम है और इसी परिवर्तन का प्रभाव साहित्यकारों पर स्वाभाविक रूप से पड़ता है।

भूवभूति के विषय में कहा जा सकता है कि वे संस्कृत कवियों में सबसे आधुनिक थे अर्थात आधुनिकता की जो प्रवृत्ति साहित्य में अब जोर पकड़ रही है, उसका कुछ क्षीण आभास हम भवभूति में स्पष्ट रूप से देखते हैं। रोमांटिक कवियों में शेली ने सबसे पहले अपने पाठकों से असन्तोष प्रकट किया था और यह कहा था कि हमें ऐसे पाठक चाहिए, जो कविता के विषय से अधिक उसकी शैली को महत्त्वपूर्ण मानते हों। भवभूति ने जो यह कहा कि :

उत्पत्स्यते च मम कोऽपि समानधर्मा
कालोह्ययं निरबधिः विपुला च पृथ्वी।

उस श्लोकार्ध के पीछे कवि की कौन-सी भावना थी? क्या वे भी शेली की तरह ऐसे पाठकों की खोज में थे, जो विषय की अपेक्षा शैली की महिमा को अधिक मानते हों? अथवा मूल्यों के बारे में उनकी जो आस्था थी, वे उस आस्था का समर्थन चाहते थे? उत्तर बहुत सफाई के साथ नहीं दिया जा सकता, किन्तु यह अनुमान लगाया जा सकता है कि लेखक जब मूल्यों के प्रति विद्रोह करता है, तब भी उसे नये पाठकों की आवश्यकता अनुभूत होती है।

गोस्वामी तुलसीदास जी की रामायण, वैसे तो, परम्परा का पालन करती हुई दिखाई देती है, किन्तु काल और परिवेश का प्रभाव इस रामायण पर भी है। गोस्वामी जी पंडित और कालज्ञ कवि थे। अतएव उन्होंने रामायण का वह अंश लिखा ही नहीं, जिसमें शम्बूक-वध और सीता-वनवास की कथा आती है। मेरा अनुमान है कि तुलसीदास जी ने इन कथाओं को इसलिए छोड़ दिया कि शम्बूक के वधिक और सीता का त्याग करने वाले राम तुलसी के युग को सर्वतोभावेन ग्राह्य नहीं हो सकते थे। यह नकारात्मक प्रमाण है। स्वीकारात्मक प्रमाण यह है कि तुलसीदास बालि-वध को भी कदाचित राम का चिन्त्य कृत्य

मानते थे। बालि को मारने के समय राम और बालि के बीच जो संवाद होता है, उसमें बालि के एक प्रश्न का उत्तर राम दे देते हैं, किन्तु बालि जब दूसरा प्रश्न करता है कि :

धरम हेतु अवतरेउ गुसाईं,
मारेउ मोहि व्याध की नाईं।

तब राम से उसका कोई उत्तर नहीं चलता और प्रच्छन्न पश्चात्ताप के स्वर में वे कह उठते हैं :

अचल करौं तनु, राखहु प्राना।

यहाँ तुलसीदास जी ने अपनी ईमानदारी का निर्वाह बड़ी कठिनाई, बल्कि लगभग कठोरता के साथ किया है, किन्तु इससे यह स्पष्ट हो जाता है कि काल का अतिक्रमण करनेवाले कवि पर भी अपने समय का प्रभाव पड़े बिना नहीं रहता।

एक रामायण खड़ी बोली में भी है, जिसका नाम 'साकेत' है और जिसकी रचना स्वर्गीय श्री मैथिलीशरण गुप्त ने की थी। मैथिलीशरण जाहिर तौर पर, परम्परावादी कवि थे और अपने को वाल्मीकि और तुलसीदास से भली भाँति बाँधकर रखना चाहते थे, किन्तु जिस युग में वे 'साकेत' की रचना कर रहे थे, उसने उन्हें तुलसीदास से कुछ अलग कर दिया। मैथिलीशरण सनातनधर्मी कवि थे, किन्तु उनके राम स्वामी दयानन्द से प्रभावित दीखते हैं। जिन दिनों मैथिलीशरण 'साकेत' की रचना में लगे थे, उन दिनों उत्तरी भारत का आकाश ऋषि दयानन्द के नारों से गूँज रहा था। उन नारों में से एक नारा 'क्रीण्वंतो विश्वमार्यम्' भी था। 'साकेत' के राम जब यह कहते हैं कि :

उच्चारित होती चले वेद की वाणी,
गूँजे गिरि, गह्वर, सिन्धु पार कल्याणी।

तब हमें आर्यसमाज के उसी नारे की याद हो आती है। मूल्य-परिवर्तन और काल-परिवर्तन से साहित्य कैसे परिवर्तित होता है, 'साकेत' में इसका एक प्रमाण और है। गीता में कहा गया है कि भगवान का अवतार धर्म की स्थापना और अधर्म के नाश के लिए होता है, किन्तु 'साकेत' के राम ऐसा कोई भी दावा नहीं करते। वे स्वामी दयानन्द और स्वामी विवेकानन्द के प्रवृत्तिमार्गी दर्शन से प्रभावित दीखते हैं। उन पर यूरोप से आनेवाली इस विचारधारा का भी प्रभाव है कि परलोक की आराधना में लोक की उपेक्षा नहीं की जानी चाहिए :

सन्देश स्वर्ग का नहीं भूमि पर लाया,
मैं भूतल को ही स्वर्ग बनाने आया।

साहित्य की प्रगति जीवन की प्रगति से भिन्न नहीं होती। चूँकि जीवन बदलता है, इसलिए साहित्य भी बदल जाता है। कुछ शुद्धतावादी लेखकों का मत है कि साहित्य परिवेश और मूल्य, दोनों से ऊपर उठ सकता है, दोनों से तटस्थ रह सकता है, किन्तु इसे हम अपवाद ही कहेंगे और इसमें कोई सन्देह नहीं कि अपवाद कभी-कभी नियमों से भी अधिक जीवित और सुरम्य होते हैं, किन्तु साधारण नियम यही है कि परिवेश साहित्य को प्रभावित करता है, उसके मार्ग में अवरोध भी डालता है। स्वामी दयानन्द के उपदेशों के कारण उत्तर भारत में जो पवित्रतावादी विचारधारा फैली, यह उसी का प्रभाव था कि द्विवेदीयुगीन हिन्दी कविता नीरस और खुलकर सोद्देश्य हो गई। यूरोप में जब रिफार्मेशन का दौरदौरा हुआ, कला में नैतिकता की वृद्धि हुई, किन्तु सौन्दर्य कला से बहिष्कृत हो गया। इसी तरह बौद्ध और जैन मतों से प्रभावित साहित्य में भी हम सौन्दर्य के बदले पुण्य का ही प्राचुर्य पाते हैं।

परिवेश और मूल्य से ऊपर उठने की आधुनिक प्रवृत्ति भी काल का ही परिणाम है। जब समाज में मूल्य का बोलबाला था, आदमी निःसंग नहीं था। निर्णय लेते समय वह मन-ही-मन मूल्यों से राय-मशविरा कर लेता था, किन्तु अब ज्ञान इतना बढ़ गया है कि आदमी हर चीज को शंका से देखने लगा है। यहाँ तक कि वह अब इस सवाल पर भी गम्भीरता से विचार करने लगा है कि जीवन जीने के योग्य है या नहीं। असली बात यह है कि आदमी ने मूल्यों को विघटित मान लिया, मगर दायित्व उस पर अब भी सवार है, निर्णय उसे अब भी लेने पड़ते हैं, किन्तु निर्णय लेते समय मूल्य और मान्यताओं से मार्गदर्शन पाना उसके लिए असम्भव हो गया है। यही वह स्थिति है, जिसे आदमी ऐंगिश, नियति अथवा एबसर्डिटी कहता है।

यह स्थिति ज्ञान की अतिवृद्धि से उत्पन्न हुई है। ज्ञान जब-जब कर्म से विच्छिन्न हुआ है, जीवन और साहित्य, दोनों में निराशा की वृद्धि हुई है। आज के चिन्तक उसी दौर से गुजर रहे हैं। आदमी को पृथ्वी, परिवेश और प्रायः सृष्टि से विच्छिन्न करके उसे केवल चेतना का बन्दी बना देने से बहुत-सी दिक्कतें पैदा हुई हैं। आदमी, शायद, जीने का आदी नहीं रहा, इसलिए उसकी दुनिया उसकी ही चेतना में कैद हो गई है।

किन्तु हमें यह भी याद रखना चाहिए कि काल और मूल्य प्रभावशाली होते हुए भी अनुल्लंघनीय नहीं हैं। प्रत्येक सच्चे कवि का स्वभाव कुछ-कुछ विद्रोही का स्वभाव होता है। कवि विद्रोही इसलिए होता है कि वह मनुष्य की अतृप्तियों से परिचित होता है और तृप्ति के मार्ग की बाधाओं को वह जानता

है। इसलिए वह परम्परा से संघर्ष करता है, आचरण-शास्त्र की आज्ञाओं की अवज्ञा करता है तथा मूल्यों की खामियों पर उसकी नजर पड़ती है। परम्परा और विद्रोह, जीवन में दोनों का स्थान है। परम्परा घेरा डालकर पानी को गहरा बनाती है। विद्रोह घेरों को तोड़कर पानी को चौड़ाई में ले जाता है। परम्परा रोकती है, विद्रोह आगे बढ़ना चाहता है। इस संघर्ष के बाद जो प्रगति होती है, वही समाज की असली प्रगति है।

[दिसम्बर, 1967 ई.]

निराला जी को श्रद्धांजलि

गांधी जी का जब देहान्त हुआ, तब कहते हैं कि देश के कई बड़े नेता उनके शव के पास रातभर जागते रहे थे। उन नेताओं में से एक मौलाना आजाद भी थे। उस घटना के कई दिनों बाद मौलाना का भाषण हुआ, जिसमें उन्होंने कहा था कि मैं जब रातभर गांधी जी के शव के पास जाग रहा था, एक सवाल मेरे मन के भीतर बार-बार पैदा होता था। वह सवाल यह था कि कहीं गांधी जी के खून का छींटा मेरे हाथ में भी तो नहीं है।

मैं साहित्य का एक अदना-सा कार्यकर्ता हूँ, साहित्य-शकट का मामूली-सा पुर्जा, जिसके होने या न होने से साहित्य का कोई खास कल्याण या अकल्याण नहीं होनेवाला है, लेकिन निराला जी की मृत्यु के बाद ऐसा सवाल मेरे भीतर भी पैदा हुआ। कहीं ऐसा तो नहीं है कि निराला जी ने जो वेदनाएँ झेलीं, उनका एक दूरस्थ कारण मैं भी हूँ? सम्भव है, ऐसे सवाल हमारे अन्य पूज्य और प्रिय साहित्यकारों के भीतर भी पैदा हुए हों!

यह सवाल इसलिए उठता है कि निराला जी ने घोर अभाव का जीवन व्यतीत किया। जब हम लोग अपने लिए और अपने बाल-बच्चों के लिए रोटी-दाल जुटाने के काम में मशगूल थे, निराला जी का ध्यान कहीं और केन्द्रित था। वे साहित्य में नई जमीन तोड़ने के काम में लगे हुए थे, नई दिशाओं के उद्घाटन में तल्लीन थे। वे ऐसा साहित्य लिखना नहीं चाहते थे, जिससे अर्थ की प्राप्ति हो और अधिक लोगों के बीच लोकप्रियता उपलब्ध हो। अर्थ और शीघ्र सुयश की प्राप्ति उन्हें होती है, जो साहित्य की स्थापित भूमि में उसकी चौहद्दी के भीतर काम करते हैं। लेकिन जिनका जन्म चौहद्दी को ढकेलकर आगे ले जाने को होता है, साहित्य को बढ़ाकर वहाँ तक ले जाने को होता है, जहाँ की भूमि अभी जोती नहीं गई है, उन्हें अर्थ तो मिलता ही नहीं, सुयश भी काफी विलम्ब से मिलता है। लेकिन साहित्य के जरिये निराला जी साहित्य की ही सेवा करना चाहते थे। उनके भीतर यह भाव बिलकुल नहीं था

कि साहित्य का एक धर्म यह भी है कि वह अपने सेवकों को जिलाये, सांसारिक अभावों से उनकी रक्षा करे।

निराला जी जो तपस्या कर रहे थे, उसकी गाँसें लोगों को नहीं लगी थीं, यह बात नहीं है। उन गाँसों की चुभन कइयों को महसूस हुई थी और उन लोगों ने थोड़ी-बहुत कोशिश भी की थी कि महाकवि का अर्थाभाव दूर हो जाए। जहाँ तक मुझे ज्ञात है, कुछ कोशिश उत्तर प्रदेश की सरकार ने भी की थी और भारत सरकार ने भी, लेकिन निराला जी के चारों ओर सुख की भूमि उत्पन्न नहीं की जा सकी।

प्रश्न उठता है कि हममें से यदि कुछ अधिक लोग सचेष्ट हुए होते, तो सुख की वह भूमि तैयार की जा सकती थी या नहीं? हमारे भीतर यह कर्तव्य-भाव उदित नहीं हुआ, हमने कोई चेष्टा नहीं की, इसलिए पछतावे से भागने का भी हमारे पास कोई रास्ता नहीं है, लेकिन मेरा अपना मत है कि समाज चाहे जो भी करता, निराला जी सुख की किसी भी स्थिति को स्वीकार नहीं करते, न उसे ज्यादा दिनों तक टिकने दे सकते थे। जो मनुष्य सबके दुखों से दुखी है, वह अपने लिए विशेष प्रकार के सुख को अंगीकार नहीं करेगा। जो व्यक्ति भविष्य को खींचकर समीप लाने की चिन्ता से बेचैन है, उसे इतनी फुरसत कहाँ कि वह दोनों शाम की रोटियों का भी इंतजाम करे? निराला जी की गृहस्थी भगवान ने छीन ली थी; किन्तु उन्हें एक पुत्र तो था। मगर पुत्र के लिए भी उनके भीतर वह ममता नहीं थी, जो पिता को परेशान रखती है।

निराला जी की वेदना उनकी व्यक्तिगत वेदना नहीं थी। निराला जी का अभाव उनका व्यक्तिगत अभाव नहीं था। अपने-आपको उन्होंने सारे युग के अभाव का प्रतीक बना लिया था। सारे युग की वेदना को उन्होंने अपने माथे पर ओढ़ लिया था। समुद्र को बेचैन देखकर भावुक मनुष्य यह सोच सकता है कि अगर समुद्र समुद्र नहीं होता, तो उसमें बेचैनी नहीं होती, गर्जन नहीं होता, न उसमें तरंगों का जोर होता। लेकिन वह क्यों नहीं सोचता कि समुद्र सूखने पर रेगिस्तान बन जाता है? प्रकृति के कोष से जो असन्तोष लेकर आता है, यह चाहे जैसी भी हालत में रहे, असंतुष्ट ही रहेगा।

घर हमारा जो न रोते भी तो वीरां होता,
बह्र गर बह्र न होता तो बयाबां होता।

भारतीय साहित्यकारों की अवस्था बहुत बुरी है। एशिया के कुछ और भी पिछड़े हुए देश हैं, जहाँ के साहित्यकारों की अवस्था अच्छी नहीं है, लेकिन एक बात में इस पृथ्वी मंडल पर सबसे अभागे साहित्यकार हम भारत के

साहित्यकार हैं। अरब, बर्मा, श्याम, चीन और जापान में साहित्य को वाहवाही केवल साहित्यकार ही नहीं देते, केवल जनता ही नहीं देती, उन देशों के अफसर और नेता, विद्वान और पत्रकार भी अपनी भाषा से प्रेम करते हैं और उस भाषा में जो साहित्य लिखा जाता है, उस पर वे अपनी प्रतिक्रिया व्यक्त करते हैं। किन्तु हम भारतीय साहित्यकार ऐसे अभागे हैं कि हमारे देश के जो श्रेष्ठ लोग हैं, वे हमें नहीं जानते और जानते भी हों तो हमारी कृतियाँ वे नहीं पढ़ते हैं।

पता नहीं, यह बीमारी कब दूर होगी! विश्वविद्यालयों से जो सबसे अच्छे लोग निकलते हैं, वे सरकारों में लगते हैं, विश्वविद्यालयों में लगते हैं, व्यापार और कारखानों में लगते हैं। वे आज के सबसे सचेष्ट नागरिक हैं, समाज के सबसे चेतन जीव हैं। लेकिन इन लोगों का विश्वास अपनी भाषाओं में नहीं है, न वे अपनी भाषाओं के लेखकों और कवियों का आदर करते हैं। मन-ही-मन वे अपने को समाज से ऊपर समझते हैं। उन्हें भ्रम हो गया है कि जो चीजें अंग्रेजी में नहीं छपतीं, वे उनके पढ़ने के योग्य नहीं हैं। उनकी मान्यता यह भी दीखती है कि सबसे अच्छे आदमी वे हैं, जो अंग्रेजी में काम करते हैं। इससे साहित्य की दोहरी हानि हो रही है। एक तो यह कि समाज के सर्वाधिक शिक्षित वर्ग की आलोचना सुनने का साहित्यकारों को अवसर नहीं मिलता। दूसरी यह कि भारतीय भाषाओं में पाठकों की संख्या तेजी से नहीं बढ़ रही है।

निराला जी के मन में जो आक्रोश था, वह इस कारण भी था कि विश्वविद्यालयों ने उनका समुचित सत्कार नहीं किया और देश के शिष्ट वर्ग ने उनके साहित्य को नहीं पढ़ा। निराला जी का सारा जीवन इस उपेक्षा को चुनौती देता रहा। निराला जी के अर्द्ध-मृत शरीर से भी यह चुनौती बराबर उठती रही और बराबर उन्होंने इस भाव को उत्तेजित किया कि लेखक समाज का सर्वश्रेष्ठ प्राणी है और सारी उपेक्षाओं को झेलकर उसका काम सच्चे साहित्य की सृष्टि करना है। सच्चा साहित्य राजा या प्रजा, किसी की भी खुशामद करने को नहीं लिखा जाता है। निराला जी की उक्ति प्रख्यात है कि साहित्य का फूल हमेशा अपने ही डंठल पर फूलता है यानी कवि की जवाबदेही सबसे पहले अपने-आपके प्रति होती है। निराला जी के असन्तुष्ट जीवन से जो चिनगारियाँ छिटकीं, वे अनेक दिशाओं में चमक रही हैं। निराला जी के पीछे-पीछे जो साहित्य चला, वह दिनोंदिन अधिक गम्भीर होता जा रहा है।

साहित्यकार की मर्यादा और स्वाभिमान की रक्षा के लिए उन्होंने जितना कुछ झेला, जितना कुछ सहा, उसके कारण उनका व्यक्तित्व अत्यन्त उजागर हो

गया। वे अपने जीवनकाल में ही लगभग एक पौराणिक चरित्र हो गए थे और उनके व्यक्तित्व के विभिन्न पहलुओं को लेकर उनके जीवनकाल में हिन्दी में जितना कुछ लिखा गया, उतना जीवित साहित्यकारों के विषय में कम लिखा जाता है। समाज के तथाकथित शिष्ट लोग निराला जी के जीवन और साहित्य, दोनों से अपरिचित थे, किन्तु जनता के बीच निराला जी के नाम से एक विलक्षण उत्साह संचरित होता था और जनता को ही इस बात पर भी आश्चर्य होता रहा कि साहित्य की जिस समस्या ने निराला जी को कष्टपूर्ण जीवन बिताने पर बाध्य किया, उस समस्या से साहित्य को मुक्त रखने का उपाय क्या है? शिष्ट समुदाय बड़े मजे में है। उसे न तो यह मालूम है कि साहित्यकार की भी कोई समस्या होती है, न वह इस समस्या के समाधान के लिए चिन्तित या बेचैन है।

निराला जी को लोग पागल समझते थे, लेकिन मेरा खयाल है, वे पागल नहीं थे। उनके चेतन और अवचेतन के बीच की दीवार टूट गई थी। मनोविज्ञान का सिद्धान्त है कि हमारी चेतना के सात हिस्से पानी के भीतर छिपे हुए हैं, केवल आठवाँ हिस्सा ऊपर तैरता है, जिसे हम मन की संज्ञा देते हैं। निराला जी की चेतना के अधिक अंश पानी के ऊपर आ गए थे। उनके भीतर जाग्रत और स्वप्न के बीच की रेखा मिट गई थी। वे स्वप्न का पर्दा हटाकर जाग्रत में आ जाते थे और उसी सहजता से जाग्रत का पर्दा गिराकर स्वप्न में लौट जाते थे। मन से अन्तर्मन तक उनके लिए एक ही मैदान था। इसीलिए उनकी रचनाओं में ऐसी पंक्तियाँ भी मिलती हैं, जिनके भीतर सुर्रियलिज्म की कुछ थोड़ी झाईं मौजूद है।

एक प्रकाशक उनके यहाँ रायल्टी का चेक लेकर आए। निराला जी ने कहा, मैं रसीद पर दस्तखत नहीं करूँगा। जब प्रकाशक ने यह कहा कि महाराज, रुपए तो आप लेंगे, फिर रसीद पर दस्तखत कौन करेगा, तो निराला जी ने उत्तर दिया कि मेरी ओर से दस्तखत देश का प्रधानमंत्री करेगा। जाहिर में यह पागल की ही बात समझी जाएगी। लेकिन उसके आशय पर पहुँचिए तो यह पागल का प्रलाप नहीं, एक असन्तोष का विस्फोट था। निराला जी, असल में, कहना यह चाहते थे कि कल्याणकारी राज्य में जब इंजीनियर, ठेकेदार, मुंसिफ और मजिस्ट्रेट का जिम्मा सरकार ले रही है, तब साहित्य की भी जिम्मेदारी वह क्यों नहीं ले सकती?

हममें से जो लोग सुखी हैं, निश्चिन्त हैं, वे अपने भीतर जरा डूबकर देखने की कोशिश करें कि हम सुखी और निश्चिन्त क्यों हैं? हम सुखी इस कारण हैं

कि मनुष्य की समस्याओं पर सोचना हमने छोड़ दिया है। एक आनन्ददायी जड़ता है, जिसने हमें अपने आलिंगन में बाँध लिया है और हम अंधकार में बेसुध और निस्पंद पड़े हैं, क्योंकि जड़ता बड़ी ही आनन्ददायिनी चीज होती है। वह अपने आलिंगन का पाश हमें तोड़ने नहीं देती। लेकिन जो भी व्यक्ति इस अंधकार से छुटकारा चाहेगा, उसे सबसे पहले इस जड़ता से छुटकारा पाना चाहिए। निराला जी वीर थे, क्योंकि उन्होंने इस जड़ता को तोड़कर अपने-आपको अन्धकार से बाहर खींच लिया था।

अन्धकार से अपने को बाहर खींचनेवाले लोग अभागे हुए हैं। होल्डरलीन और नीत्शे इसी अन्धकार से निकलने की कोशिश में पागल हो गए थे। वान गौग और नेर्वाल, दोनों ही अन्धकार से बाहर आना चाहते थे और दोनों ही पागल होकर मरे। बादलेयर आजीवन कर्ज, दरिद्रता और रोग से पीड़ित रहे। रैम्बू और मेलार्मे भी आजीवन भाँति-भाँति के कष्टों की ज्वाला में दग्ध होते रहे। निराला जी भी इसी मार्ग से विक्षिप्तता में पहुँचे और बंगला के तेजस्वी कवि नजरुल इस्लाम आज भी पागल होकर जी रहे हैं।

जो व्यक्ति अपने को अंधकार से निकालकर बाहर आना चाहता है, वह इतिहास से भी बाहर निकल जाता है और समाज के किसी भी ढाँचे में वह ठीक से नहीं समा सकता। फिर भी, सौभाग्यशाली वे हैं, जो असफल होकर मरते हैं, क्योंकि दुनिया को रोशनी बड़ी सफलताओं से नहीं, बड़ी असफलताओं से प्राप्त होती है। सफल व्यक्ति यह मौका ही नहीं पाता कि झाँककर वह अपने भीतर की गहराई में देख सके। यह शक्ति असफल मनीषियों में होती है। इसी शक्ति ने निराला जी को अन्तरदर्शी बना दिया था। इसी शक्ति के कारण वे इतिहास से निकलकर पुराण बन गए।

निराला जी के जीवन से कुछ शिक्षाएँ निकलती हैं, जिन्हें हमें साहित्य के वक्ष पर अंकित कर देना चाहिए। पहली शिक्षा यह है कि व्यक्ति के स्वभाव की असंगति कोई चीज नहीं है। उजले और काले रंग का भेद किताबों के पन्नों में ही दिखाई देता है। वास्तविक जीवन में सारे रंग एकाकार हैं।

दूसरी शिक्षा यह है कि आकांक्षाओं का अति विकास आखिर में आकांक्षाहीनता में पर्यवसित होता है।

तीसरी शिक्षा यह है कि आदमी का घर वहाँ नहीं होता, जहाँ वह निवास करता है, बल्कि वहाँ, जहाँ उसे सहानुभूति और हमदर्दी मिलती है।

चौथी शिक्षा यह है कि साहित्य की बहुत-सी मान्यताएँ केवल अफवाह हैं। मगर जनता इन्हीं अफवाहों पर जीना चाहती है। प्रतिभाशाली व्यक्ति

प्रतिभाशाली इसलिए समझे जाते हैं कि वे इन अफवाहों का खंडन करते हैं, उनकी जड़ें उखाड़कर फेंक देते हैं।

और पाँचवीं शिक्षा यह है कि कविता के सर्वोच्च शिखर तक पहुँचने का मार्ग राजमार्ग नहीं है। एक हद तक इस शिखर की ओर बहुत-से लोग चलते हैं, किन्तु वे शिखर तक नहीं पहुँच पाते। साहित्य के शिखर तक वही पहुँच सकता है, जो अपने सांसारिक सुखों की कुर्बानी दे सके, जरूरत पड़े तो अपनी संज्ञा और चेतना को भी बलिवेदी पर चढ़ा दे। स्पष्ट ही यह बलिदान गृहस्थ नहीं दे सकता और जो यह कुर्बानी देता है, वह सच्चे अर्थों में संन्यासी और संत है।

[11 फरवरी, 1962 ई.]

मराठी के कवि केशवसुत और समकालीन हिन्दी कविता

मराठी के कवि केशवसुत का जन्म सन् 1866 ई. में तथा देहान्त सन् 1905 ई. में हुआ। कहते हैं, उनकी पहली कविता सन् 1885 ई. में छपी थी, जिस साल भारतेन्दु हरिश्चन्द्र का देहान्त हुआ। इस प्रकार हिन्दी में केशवसुत के समकालीन कवि राजा लक्ष्मण सिंह चौहान (मृत्यु सन् 1896 ई.), जगन्नाथ दास रत्नाकर (जन्म सन् 1866 ई.), देवीप्रसाद पूर्ण (जन्म सन् 1873 ई.), नाथूराम शंकर (जन्म सन् 1859 ई.), बालमुकुन्द गुप्त (जन्म 1865 ई.), अयोध्यासिंह उपाध्याय 'हरिऔध' (जन्म सन् 1865 ई.), महावीर प्रसाद द्विवेदी (जन्म सन् 1863 ई.) तथा प्रतापनारायण मिश्र, बदरीनारायण चौधरी, प्रेमघन, ठाकुर जगमोहन सिंह, पं. अंबिकादत्त व्यास, श्रीधर पाठक (जन्म 1880) तथा स्वयं भारतेन्दु जी माने जाएँगे।

उन्नीसवीं सदी के पूर्वार्द्ध तक हिन्दी कविता की भाषा ब्रजभाषा रही थी। कविता के अच्छे-से-अच्छे मुहावरे, अभिव्यक्ति की खूबियों की कुंजी और कवि-कल्पना को आकार देनेवाली मँजी हुई पद्धतियाँ उसी भाषा में थीं, लेकिन जब कविता की भाषा बदलकर खड़ी बोली हो गई, ब्रजभाषा में संचित युगों के अनुभव और मुहावरों की पूँजी कवियों के लिए त्याज्य हो गई, उन्हें सब कुछ नये ढंग से शुरू करना पड़ा।

खड़ी बोली में लिखना कोई आसान काम नहीं था। खड़ी बोली का प्रयोग हिन्दी के मध्यकालीन कवियों ने भी किया था। नामदेव, कबीर, दादू, सीतल, ग्वाल और कहीं-कहीं भूषण में हम खड़ी बोली का काफी पुट देखते हैं, लेकिन हिन्दी कवियों के मन में कहीं यह चोर समाया हुआ था कि खड़ी बोली मुसलमानों की भाषा है। अतएव, जब वे खड़ी बोली लिखने लगते थे, तब उनकी प्रवृत्ति अरबी-फारसी शब्दों से कुछ अधिक प्रयोग की हो जाती थी।

भारतेन्दु जी ने अपनी सारी कविताएँ ब्रजभाषा में लिखी थीं। उसके बाद दूसरे नम्बर पर उनका प्रेम उर्दू की गजलों पर था। भारतेन्दु का एक उपनाम 'रसा' भी था। उन्होंने 'रसा' नाम से अनेक गजलें लिखी थीं। खड़ी बोली में हिन्दी कविता रचने की कुछ थोड़ी कोशिश उन्होंने जरूर की, मगर अपनी ही लिखी हुई खड़ी बोली की कविताएँ उन्हें पसन्द नहीं आईं। कविता की स्वाभाविक भाषा वे ब्रजभाषा को मानते थे, फिर भी हिन्दी में खड़ी बोली काव्य का आरम्भ उन्हीं से माना जाता है।

केशवसुत के समय हिन्दी में जो कवि काम कर रहे थे, उनके सामने यह बहुत बड़ी बाधा थी। हिन्दी कविता के योग्य खड़ी बोली भाषा पहले से तैयार नहीं थी। और उर्दूवालों ने अपने उपयोग के लिए खड़ी बोली का जो रूप तैयार कर लिया था, वह हिन्दीवालों की रुचि से मेल नहीं खाता था। उर्दू में तब तक बहुत बड़े-बड़े शायर हो चुके थे, जो उर्दू-भाषी समाज के लाड़ले थे, बादशाहों और नवाबों के प्यारे तथा हिन्दू श्रोताओं को भी प्रिय थे, किन्तु उनका सारा-का-सारा साहित्य गजल का साहित्य था और ये गजलें भारतीय संस्कृति की धारा से हटते-हटते बहुत दूर चली गई थीं। अगर उर्दू के कवियों ने खड़ी बोली के भीतर से भारत की सामासिक संस्कृति को अभिव्यक्ति दी होती, अगर उर्दू कविता को घसीटकर ईरान की ओर ले जाने के बदले कवियों ने उसे भारतीयता से संलग्न रखा होता, तो सम्भव है, जब हिन्दी कवि खड़ी बोली की ओर बढ़ रहे थे, उस समय उन्हें उर्दू के प्रयोग से लाभ उठाने में झिझक नहीं होती, किन्तु उर्दू तब तक अभारतीयता से ओत-प्रोत हो चुकी थी। अतएव उसके प्रयोगों से लाभ उठाने का लोभ किसी भी हिन्दी कवि को नहीं हुआ। गद्य में उर्दू के मुहावरों को अपनाने का लोभ शिवप्रसाद सितारे-हिन्द को अवश्य हुआ था, किन्तु जनता ने सितारे-हिन्द का साथ न देकर साथ हरिश्चन्द्र का दिया। शिवप्रसाद जी को सरकार की ओर से सितारे-हिन्द का खिताब मिला था। जनता सरकार की इस चालाकी को समझ गई और उसने हरिश्चन्द्र को अपनी ओर से भारतेन्दु की उपाधि दे डाली।

केशवसुत के समकालीन हिन्दी कवियों की भाषा असमर्थ है। उनका सारा श्रम खड़ी बोली की आत्मा को भारत की आत्मा के साथ जोड़ने पर लगा हुआ है। वे भाषा को सँवारना चाहते हैं, मगर भाषा ठीक से सँवर नहीं पाती है। कवियों के दिमाग में ब्रजभाषा के मुहावरे भरे हुए हैं, शब्दों को तोड़ने-मरोड़ने की वे पद्धतियाँ भरी हुई हैं, जिनका ब्रजभाषा में चलन था। इसलिए खड़ी बोली का शुद्ध रूप उनकी भाषा में नहीं उतर पाता है। मगर यह स्पष्ट है कि भारत

की जो संस्कृति ब्रजभाषा में पली थी, इन कवियों की कविताओं में वह खड़ी बोली की नई पोशाक धारण कर लेती है।

लोग हिन्दी में भी पूछते हैं कि भारतेन्दु की ठीक पीठ पर आनेवाली पीढ़ी ने अच्छी कविताएँ क्यों नहीं लिखीं? घनानन्द (मृत्यु 1739 ई.), बोधा (मृत्यु लगभग 1800 ई.) तथा पद्माकर (मृत्यु 1833 ई.) हिन्दी कविता की बहुत अच्छी विरासत छोड़कर मरें थे। बोधा और घनानन्द में कुछ रोमांटिक प्रवृत्ति का भी झीना आभास दिखाई पड़ा था। भारतेन्दु के बाद यह विरासत पनपी क्यों नहीं? इसका एक ही उत्तर है कि भाषा का माध्यम बदलने के कारण कविता की आत्मा ठिठुर गई, किन्तु एकाध पीढ़ी तक कविता ने जो क्षति सही, वह इस लाभ के सामने बिलकुल नगण्य है कि हिन्दी कवियों ने अपने सांस्कृतिक उत्तराधिकार को, ज्यों-का-त्यों, खड़ी बोली में उतार दिया। ध्यान देने की बात यह है कि यह कार्य उन्होंने साम्प्रदायिक जोश में आकर नहीं किया, हिन्दुत्व की रक्षा का आन्दोलन उठाकर नहीं किया। भारतीय संस्कृति नवीन कलेवर धारण करना चाहती थी, अतएव खड़ी बोली अत्यन्त स्वाभाविक ढंग से हिन्दी कविता की भाषा बन गई।

खड़ी बोली की लँगड़ाहट और तुतलाहट, दोनों का परिष्कार उस पीढ़ी ने किया, जो पं. महावीर प्रसाद जी द्विवेदी के पीछे-पीछे मैदान में आई। ये कवि थे पं. रामचरित उपाध्याय (जन्म 1872 ई.), श्री गयाप्रसाद जी शुक्ल 'सनेही' (जन्म 1883 ई.), श्री मैथिलीशरण जी गुप्त (जन्म 1886 ई.), पं. माखनलाल चतुर्वेदी (जन्म 1888 ई.) और पं. रामनरेश त्रिपाठी (जन्म 1889 ई.), किन्तु ये लोग उस समय बालक या किशोर रहे होंगे, जब केशवसुत मराठी में जमकर लिख रहे थे।

नवीनता की दृष्टि से तुलना करने पर केशवसुत आगे और उनके समकालीन हिन्दी कवि बहुत पीछे दिखाई देते हैं। हाँ, यदि कवित्व की दृष्टि से देखें तो बाबू जगन्नाथ रत्नाकर ऐसे कवि हैं, जिनकी गिनती पद्माकर, बिहारीलाल, देव या मतिराम, किसी भी बड़े कवि के साथ मजे में की जा सकती है। वे एक तरह से ब्रजभाषा के अन्तिम कवि हैं, किन्तु ब्रजभाषा ने अपना अन्तिम कवि भी ऐसा उत्पन्न किया, जो उसके बड़े-से-बड़े कवियों के जोड़ का था। साहित्य का कोई भी नियम सर्वत्र एक समान काम नहीं करता। जिन प्रवृत्तियों का समय खत्म हो चुका है, समर्थ कवियों में प्रकट होकर वे प्रवृत्तियाँ भी अद्भुत चमत्कार दिखा सकती हैं। रत्नाकर जी ने 'उद्धव-शतक' की रचना प्रायः छायावाद युग में आकर की थी, जब ब्रजभाषा का उस युग के

साथ कोई भी तालमेल नहीं रह गया था।[1] किन्तु समय से बेमेल होने पर भी 'उद्धव-शतक' अत्यन्त उच्च कोटि का काव्य निकला। शायद नये कवियों का यह कहना ठीक है कि कवि के लिए काल का बन्धन नहीं होता है। शायद शुद्ध कविता अपने समय से निरपेक्ष होकर भी विलक्षण हो सकती है। शायद कला का कारीगरी वाला गुण उसके अन्य सभी गुणों की अपेक्षा सचमुच ही अधिक शक्तिशाली होता है।

लेकिन अपने युग में केवल कारीगरी को लेकर चमकनेवाले कवि केवल रत्नाकर जी ही हुए। वे अपने समय के एक मात्र शुद्ध कवि थे, बाकी उनके सभी समकालीन कवि सोद्देश्य थे। वैसे हिन्दी का रीतिकाल मुख्यतः शुद्ध कविता का ही काल रहा था, जब कविगण केवल सौन्दर्य का चित्रण करना अधिक पसन्द करते थे, किन्तु उस काल में सोद्देश्य कविताएँ भी लिखी जाती थीं, जो अक्सर नीति की कविताएँ होती थीं, किन्तु खड़ी बोली में नवयुग का आरम्भ सोद्देश्यता की प्रधानता के साथ हुआ। यूरोप के साथ सम्पर्क से देश में जो सांस्कृतिक जागरण उत्पन्न हुआ, उससे प्रेरित कवि पराधीनता की पीड़ा महसूस करने लगे, अकाल और दुर्भिक्ष की बातें करने लगे, नारियों की दुरवस्था की अनुभूति से पीड़ित होने लगे तथा समाज-सुधार की बीसियों बातें उनकी दृष्टि में प्रमुख हो उठीं।

यह परिवर्तन दृष्टिबोध का परिवर्तन था। नवयुग से पूर्व के कवि मुख्यतः शृंगार और भक्ति के कवि रहे थे। कविता या तो वे अपने आराध्य का गुणगान करने को रचते थे अथवा नारी-सौन्दर्य का चित्रण करने को या प्रेम की लीलाओं के आख्यान के लिए। जहाँ तक वीर रस की कविताओं का सम्बन्ध था, ये कविताएँ अक्सर आश्रयदाता राजाओं की प्रशंसा में लिखी जाती थीं अथवा वे अतिरंजित और अवास्तविक होती थीं। नवयुग के प्रवेश के साथ कवियों का ध्यान समाज की ओर चला गया और उनकी कविताएँ कुछ अनगढ़ होती हुई भी अधिक वास्तविक हो उठीं।

भावों के क्षेत्र में परिवर्तन के साथ इस समय कुछ परिवर्तन हम शैली के भी क्षेत्र में देखते हैं। पुरानी हिन्दी कविता में प्रबन्ध और मुक्तक ही लिखे जाते थे, किन्तु अब एक नई विधा का प्रचार बढ़ने लगा। वह विधा किसी खास विषय पर स्वतंत्र पद्य-निबन्ध की विधा थी। प्रेमघन जी ने दादा भाई नौरोजी के ब्रिटिश पार्लियामेंट के सदस्य होने पर कविता लिखी थी, महारानी विक्टोरिया की हीरक-जयंती पर कविता लिखी थी। प्रतापनारायण जी की कविता बुढ़ापे पर

---

1. श्री रुद्र काशिकेय ने एक लेख में यह दिखलाया है कि रत्नाकर जी 'उद्धव-शतक' के छन्दों की रचना 1893 ई. से करते आ रहे थे।

मिलती है। इसी प्रकार बालमुकुन्द गुप्त की 'भैंस का स्वर्ग' कविता उन दिनों काफी चाव से पढ़ी गई थी।

जिन कवियों का ध्यान कवित्व की ओर अधिक, उपदेश की ओर कम था, उनमें से पं. श्रीधर पाठक और रायदेवी प्रसाद जी पूर्ण के नाम विशेष रूप से उल्लेखनीय हैं। साहित्य में जब नया स्वप्न मँडराने लगता है, तब उसे भाषा में उतारने के लिए केवल मौलिक रचनाएँ ही नहीं की जातीं, कुछ ऐसे अनुवाद भी किए जाते हैं, जो उस स्वप्न तक जाने में साहित्य की सहायता करें। यह प्रवृत्ति इस समय दो रूपों में प्रत्यक्ष हुई। राजा लक्ष्मणसिंह चौहान तथा लाला सीताराम ने अनेक संस्कृत ग्रंथों में अनुवाद किए। लक्ष्मणसिंह का 'शकुन्तला' का अनुवाद लगभग कालजयी अनुवाद है, जिससे अच्छा अनुवाद आज तक प्रकाश में नहीं आया है। आगे चलकर इसी कोटि का श्रेष्ठ अनुवाद सत्यनारायण कविरत्न ने 'भवभूति' का भी किया। स्वयं पं. श्रीधर पाठक जी की भी सबसे बड़ी सेवा अनुवादों के ही क्षेत्र में हुई। उन्होंने गोल्डस्मिथ की दो प्रबन्ध-कविताओं के बड़े ही श्रेष्ठ अनुवाद खड़ी बोली में प्रकाशित किए, जो आज तक सुपाठ्य समझे जाते हैं।

उन्नीसवीं शताब्दी के अन्तिम चरण की हिन्दी कविताएँ नवीन तो हैं, किन्तु उनमें कवित्व की मात्रा किंचित् हीन है और कवित्व का जिस कवि में अद्वितीय उभार है, उसमें नवीनता है ही नहीं। यदि नवीनता की अनुभूति रत्नाकर जी को हुई होती, तो सम्भव है, रोमांटिक धारा का प्रारम्भ हिन्दी में उसी समय हो गया होता और हिन्दी में नवीनता के वे दिग्गज कवि हुए होते, क्योंकि अपने समय के वे सबसे प्रतिभाशाली कवि थे, किन्तु जो स्थिति है, उसे देखते हुए यही कहना पड़ता है कि केशवसुत के साथ मराठी कविता में जिस नवीनता का उभार आया, उस कोटि की नवीनता तत्कालीन हिन्दी कविता में नहीं थी।

केशवसुत को मैं रोमांटिक कवि मानता हूँ। रोमांटिक कविता सभी देशों में विद्रोह के प्रति सहानुभूतिशील रही है। केशवसुत भी विद्रोहप्रिय कवि थे। रोमांटिक कविता रूढ़ियों की विरोधिनी होती है। केशवसुत भी रूढ़ियों के विरुद्ध थे। रोमांटिक कवि सौन्दर्य और प्रेम के पुजारी होते हैं। केशवसुत भी सौन्दर्यस्रष्टा और प्रेम के कवि थे। रोमांटिक कविता कवि के व्यक्तित्व को अनूठा समझती है। केशवसुत भी कवि के व्यक्तित्व को विलक्षण समझते थे। और सबसे बढ़कर रोमांटिक कविता भाव-विह्वलता की कविता होती है और केशवसुत सच्चे अर्थों में भाव-विह्वल कवि थे। यही वह गुण है, जिसके अभाव

की पीड़ा हिन्दी कविता सन् 1885 ई. से लेकर 1915 ई. तक बर्दाश्त करती रही, जिसके कारण इन तीस वर्षों की कविता को हम इतिवृत्तात्मक कहते हैं। केशवसुत जिस भाव-विह्वलता के कवि थे, उस भाव-विह्वलता का हिन्दी में प्रवेश सन् 1915 ई. के बाद सम्भव हुआ।

किन्तु यह क्यों हुआ कि जिस समय बंगला में रवीन्द्रनाथ और मराठी में केशवसुत का जन्म हुआ, उस समय हिन्दी में निराला और पन्त नहीं जनमे, बल्कि जन्म पं. नाथूराम शर्मा शंकर तथा श्री मैथिलीशरण जी गुप्त का हुआ? ऐसा क्यों हुआ कि जब बंगला और मराठी में भाव-विह्वल कविताएँ लिखी जाने लगीं, तब भी हिन्दी के कवि भावाकुलता से दूर रहे, सौन्दर्य के मुक्त चित्रण में उन्हें संकोच होता रहा तथा उनकी प्रेम की वाणी रससिक्त नहीं हो सकी? ऐसा क्यों हुआ कि जब केशवसुत यह लिख रहे थे कि 'मैं ब्राह्मण नहीं हूँ, हिन्दू नहीं हूँ, मेरा कोई पंथ नहीं है? वे लोग पतित हैं जो देश की एकात्मकता को खंडित कर रहे हैं :

ब्राह्मण नाही, हिन्दु हि नाही, न मी एक पंथा चा,
तेच पतित की जे आंखंडती प्रदेश साकल्य चा।

और जब रवीन्द्रनाथ यह लिख रहे थे कि 'यहाँ आर्य हैं, अनार्य हैं, द्रविड़ और मंगोल वंश के लोग हैं; शक और हूण, पठान और मोगल—सभी लोग यहाँ एक ही शरीर में समाये हुए हैं :

हेथाय आर्य हेथा अनार्य, हेथाय द्राविड़, चीन,
शक-हूण-दल, पठान-मोगल एकदेहे होलो लीन;

तब हिन्दी में पं. प्रतापनारायण मिश्र 'हिन्दी, हिन्दू, हिन्दुस्तान' का नारा लगा रहे थे। यह नारा पहले-पहल बंगाल में उठा था और उसके जनक स्वयं बंकिमचन्द्र थे। कुछ यह कारण भी था कि ईसाइयत और यूरोपीय बुद्धिवाद ने भारत में जब हिन्दुत्व और इस्लाम पर आक्रमण किया, तब हिन्दुत्व और इस्लाम एक होकर यूरोप के खिलाफ नहीं उठे। हिन्दू अपनी रक्षा के लिए वेद की ओर दौड़े और मुसलमान कुरान की ओर। अतएव, हिन्दू हिन्दुत्व की रक्षा चाहने लगे और मुसलमान इस्लाम की। इस मुस्लिम-राष्ट्रीयता की गूँज हम हाली के मुसद्दस में भी पाते हैं :

वो दीने-हेजाजी का बेबाक बेड़ा
निशाँ जिसका अक्साये-आलम में पहुँचा,
किये पै सिपर जिसने सातों समुन्दर,
वो डूबा दहाने में गंगा के आ कर।

और हिन्दू-राष्ट्रीयता की गूँज 'भारत-भारती' में भी है, जहाँ कवि ने मुस्लिम शासन के अंत पर हर्ष प्रकट किया है :

अन्यायियों का राज्य भी क्या अचल रह सकता कभी?
आखिर हुए अँगरेज शासक, राज्य है जिनका अभी।

मगर हिन्दू-राष्ट ्रीयता और मुस्लिम-राष्ट्रीयता से ऊपर उठकर एकमात्र भारतीय राष्ट्रीयता को विकसित करने का भाव भी उन्नीसवीं सदी से ही पनपता चला आ रहा था। इस राष्ट्रीयता के समर्थक परमहंस रामकृष्ण, बंगाल के ब्रह्मसमाज और बम्बई के प्रार्थना-समाजी रहे थे। केशवसुत की प्रशंसा इसलिए भी की जानी चाहिए कि उन्होंने बृहत् मानवता की इस कल्पना को पहचान लिया और उसे अपनी हार्दिक भक्ति अर्पित की। एक-राष्ट्र की कल्पना का प्रवेश हिन्दी साहित्य में भी हुआ, किन्तु वह तब हुआ, जब प्रथम विश्वयुद्ध के आस-पास नवयुग की चेतना हिन्दी प्रान्तों में भी फैलने लगी।

इसके कारण मुख्यतः सांस्कृतिक थे। यूरोप से आनेवाले झकोरे जिस वेग से भारत के समुद्री तटों पर बहे, उस वेग के साथ वे उन क्षेत्रों में नहीं पहुँचे, जो देश के भीतरी भाग थे। भारत और यूरोप का सम्पर्क उन्नीसवीं सदी में दो दौरों से गुजरा था। पहले दौर में भारतवासी यूरोप से घबराए हुए थे और इसी घबराहट में उन्होंने यूरोप की नजर में ऊँचा उठने को ब्रह्मसमाज और प्रार्थना-समाज की स्थाना की थी, किन्तु शीघ्र ही भारत का आत्मविश्वास जाग्रत हो उठा और ऐसे नेता उत्पन्न हो गए, जिन्होंने यह कहना आरम्भ किया कि भारत यूरोप से हीन नहीं, श्रेष्ठ है। यूरोपवाले अपने जिन गुणों पर नाज करते हैं, वे सारे-के-सारे गुण भारत में पहले से ही मौजूद हैं। संस्कृति के पहले दौर के नेता राममोहन राय, केशवचन्द्र सेन, महादेव गोविन्द राणाडे और आगरकर थे। उसके दूसरे दौर के नेता स्वामी दयानन्द, लोकमान्य तिलक और स्वामी विवेकानन्द हुए। महाराष्ट्र और बंगाल की जनता ने संस्कृति के दोनों ही दौरों से प्रभाव ग्रहण किया, किन्तु हिन्दीभाषी क्षेत्रों में सांस्कृतिक जागरण का प्रभाव केवल आर्यसमाज के द्वारा पहुँचा।

स्वामी दयानन्द सांस्कृतिक जागरण के बड़े ही निर्भीक नेता थे। एक तरह से वे जाग्रत हिन्दुत्व की वीर भुजा थे और जहाँ केशवचन्द्र और राणाडे पाश्चात्य सभ्यता के साथ थोड़ा समझौता करके चलने को तैयार थे, वहाँ स्वामी दयानन्द तनिक भी झुकने को तैयार नहीं थे। उन्होंने आर्यसमाज की स्थापना बम्बई में ही की थी और इस सम्भावना पर भी कुछ विचार किया था कि आर्यसमाज का प्रार्थना-समाज के साथ मिलकर चलना सम्भव है या नहीं;

किन्तु प्रार्थना-समाज ईसाइयत और यूरोपीय बुद्धिवाद का सामना ब्रह्मसमाज की ही नीति से करना चाहता था। अतएव स्वामी जी उसके विरुद्ध हो गए।

स्वामी जी वीरता और ब्रह्मचर्य के बहुत बड़े हामी थे। चरित्रबल के निर्माण पर उनका बहुत जोर था। उन्होंने ऐसे सभी साहित्य को वर्जित बताया, जिसमें पौराणिक बातें होती हैं अथवा जो साहित्य शृंगार-भाव का प्रचार करता है। वे तपे-तपाए, संयमी और चरित्रवान युवक तैयार करना चाहते थे और उन भावों तथा विचारों को बिलकुल ही प्रश्रय देने को तैयार नहीं थे, जिनसे रसिकता को प्रेरणा मिलती है अथवा भक्ति और पौराणिकता को प्रोत्साहन प्राप्त होता है। यह अंशतः उन्हीं के पवित्रतावादी उपदेशों का प्रभाव था कि द्विवेदी-युग में हिन्दी के कवि नारी के कामिनी-रूप की ओर कटाक्ष से भी देखने का साहस नहीं कर सके। स्वामी जी वीर पुरुष और वीर रमणी के समर्थक थे। अतएव इस काल के साहित्य में या तो हम वीर क्षत्राणियों का यशोगान सुनते हैं अथवा सती, साध्वी रमणियों का आख्यान। इस समय के काव्य में जो नीरसता दिखाई देती है, वह अंशतः इस कारण कि कविगण सिद्ध भाषा को छोड़कर एक नई भाषा का प्रयोग कर रहे थे और विशेषतः इस कारण कि आर्यसमाज के प्रचारों के कारण हिन्दी-क्षेत्र में सर्वत्र पवित्रतावादी संस्कार छा गया था। साहित्य का प्रयोजन आनन्द नहीं, उपदेश हो गया। अतएव इस समय जो साहित्य तैयार हुआ, वह सुन्दर बहुत कम, स्वस्थ अधिक था। सन् 1885 से लेकर सन् 1915 ई. तक की हिन्दी कविता रसिक नहीं, कर्तव्यनिष्ठ सद्गृहस्थ की कविता है।

आधुनिकता का वरण

भारत में आधुनिकता का प्रवेश उन्नीसवीं सदी में हुआ था और उसके व्याख्याता राजा राममोहन राय, केशवचन्द्र, स्वामी विवेकानन्द, स्वामी दयानन्द, लोकमान्य तिलक, रवीन्द्रनाथ ठाकुर आदि भारतीय थे। उस समय आधुनिकता बड़े वेग से आई थी, किन्तु दो कारणों से उसका प्रवाह बहुत मंद हो गया। एक तो इसलिए कि उसके प्रतीक अंग्रेज अफसर और ईसाई धर्म-प्रचारक थे, जिनसे जनता को चिढ़ थी। दूसरे, कलकत्ता के हिन्दू युवकों ने आधुनिकता के नाम पर चारित्रिक उच्छृंखलता का ऐसा भयानक परिचय देना शुरू किया कि समाज आधुनिकता को घोर सन्देह से देखने लगा।

स्वतंत्रता के बाद से आधुनिकता की गति फिर से कुछ तेज हो गई है और उसका प्रचार इस बार अंग्रेज नहीं, सरकारी और गैर-सरकारी क्षेत्रों के भारतीय लोग ही कर रहे हैं। मगर इस बार भी जनता का एक भाग–शायद बड़ा भाग–कुछ चौंका हुआ है। इन भारतीयों को चिन्ता लगी हुई है कि भारत यदि आधुनिकता हो गया, तो भारत की प्राचीन संस्कृति विनष्ट हो जाएगी।

ऐसे भारतीयों से मैं पूछना चाहता हूँ कि आप अपनी संस्कृति के किन तत्त्वों की रक्षा करना चाहते हैं?

भारतीय समाज मुक्त नहीं, बन्द समाज है। यहाँ के लोग विदेशियों और विधर्मियों से घुलना-मिलना नहीं चाहते, न उन्हें अपने साथ घुलने-मिलने का अवसर देना चाहते हैं। अपने इसी भाव की रक्षा के लिए हिन्दुओं ने समुद्र-यात्रा को पाप मान लिया था। क्या हम यह चाहते हैं कि विदेशियों और विधर्मियों से घुलना-मिलना अब भी पाप समझा जाए?

जब भारतीय समाज मुक्त समाज था, यहाँ काय-चिकित्सा के साथ-साथ शल्य-चिकित्सा का भी विकास हुआ था। सुश्रुत-संहिता शल्य-चिकित्सा का ही ग्रंथ है। उसमें अश्मरी, अर्श, उदर रोग और मूढ़ गर्भ तक के ऑपरेशन की विधियाँ लिखी हुई हैं और शवच्छेद तक की क्रिया का विधान है। शल्य-यंत्र एक

सौ के लगभग गिनाए गए हैं, किन्तु जब भारतीय समाज का पतन होने लगा, इस देश के वैद्य घाव, रक्त और पीव छूने से घृणा करने लगे, मूत्र और पुरीष की जाँच की विद्या भूल गए और शल्य-चिकित्सा का भारत में पतन हो गया। वस्तिकर्म का आयुर्वेद में बहुत ही ऊँचा स्थान था, किन्तु शाह आलम को जब एक फिरंगी डॉक्टर ने एनीमा भेजा, तो उसके प्रयोग की विधि दरबार के किसी भी हकीम या वैद्य को मालूम नहीं थी। इसी प्रकार गोआ के एक गवर्नर को जब फिस्चूला हुआ, तब उसका इलाज एक डच डॉक्टर ने किया था। ये बातें भारत में इसलिए हुईं कि यहाँ के लोग नकली पवित्रता के मोह में इस कदर गिरफ्तार हो गए कि उन्होंने अपने आयुर्वेद विज्ञान को नष्ट कर दिया।

बन्द समाज का एक लक्षण यह भी है कि वह अपने सदस्यों को भी उन्नति की दीर्घा में ऊँचा उठने की खुली छूट नहीं देता है। बन्द समाज के इस अत्याचार को शूद्रों, हरिजनों और नारियों ने शताब्दियों से झेला है। क्या हम यह चाहते हैं कि इन अत्याचार-पीड़ित लोगों को द्विजों के साथ समता अब भी न दी जाए?

आधुनिकता के साथ वह कौन-सा दोष लगा है, जिससे संस्कृतिवादी लोग भड़कते हैं? साक्षरता का निस्सीम प्रचार आधुनकिता है। प्रति मुंड आय की वृद्धि आधुनिकता है। कल-कारखानों का विकास आधुनिकता का लक्षण है। आधुनिकता बेरोजगारी को बर्दाश्त नहीं करने का नाम है। बाप-दादे की कमाई पर बेटा मौज करे, यह मध्यकालीन रिवाज है। आधुनिक समाज में हर आदमी अपनी रोजी आप कमाता है। यहाँ तक कि औरतें भी घर से बाहर निकलकर काम करती हैं। ज्योतिषी से पूछकर हर काम करना मध्यकालीन संस्कार है। भारत के मध्यकालीन राजे पलटन के साथ ज्योतिषियों और तांत्रिकों की भी फौज रखते थे। आधुनिक मनुष्य अपनी बुद्धि में विश्वास करता है, अपने बाहुबल का सहारा रखता है।

इनमें से कौन-सी बातें हैं, जो अग्राह्य हैं अथवा जिन्हें स्वीकार करने से भारत की प्राचीन संस्कृति नष्ट हो जाएगी? और धर्म की मिथ्या भावना यानी रूढ़ियाँ और अंधविश्वास अगर भारत की उन्नति के पथ में रोड़े अटकाते हैं, तो करना क्या चाहिए? हम पुरोहितों, तांत्रिकों और ज्योतिषियों के पाँव पकड़े अकर्मण्य बैठे रहें अथवा अंधविश्वास को छोड़कर उन्नति की राह पकड़ें?

मुझे आधुनिकता के किसी भी उपकरण की स्वीकृति में धर्म या संस्कृति की बाधा कहीं भी नहीं दीखती। औद्योगिकीकरण के क्रम में धर्म और संस्कृति की बाधाएँ जहाँ हों, वहाँ धर्म और संस्कृति को ही नया रूप लेना होगा। जो

लोग धर्म की रक्षा के लिए समुद्र के पार नहीं जाते थे, जो लोग छुआछूत के भय से देश के भीतर भी रेल की यात्रा भूखे-प्यासे रहकर करते थे अथवा जो लोग हर जगह अपने साथ ब्राह्मण रसोइए लिये चलते थे, उनकी सभ्यता खत्म हो चुकी। अब नई सभ्यता के भीतर उन्हें जीने का भी अधिकार नहीं है अथवा अगर है, तो जिन लोगों के भगवान भात की हाँड़ी में बसते हैं, वे हाँड़ी लिये अपने घरों में बैठे रहेंगे।

जब उद्योग फैलते हैं, नगरों की प्रधानता में वृद्धि होती है और अनेक देशों, अनेक धर्मों और अनेक संस्कृतियों के लोग परस्पर मिलने लगते हैं या नगरों, मोहल्लों और आस-पास के फ्लैटों में साथ रहने लगते हैं, तब उसका प्रभाव मनुष्यों के नैतिक रिवाजों और आचारों पर भी पड़ता है। धर्म वह है, जो इस मानव-मिलन से उत्पन्न नवीन स्थितियों को अपने भीतर पचा सके। जो धर्म अब भी घोंघे के समान सिकुड़कर, अपने भीतर समाकर अपनी रक्षा करना चाहता है, वह धर्म बचनेवाला नहीं है, न उसे बचाया जाना उचित है।

आधुनिकता पर भारत को उतनी ही शंका करने का अधिकार है, जितनी शंका उस पर अन्य देशों के आस्तिक लोग करते हैं। वैसे आस्तिक वह है, जो ईश्वर की सत्ता में विश्वास करता है, किन्तु भारत में व्यापक रूप से वे सभी लोग आस्तिक माने जाते हैं, जो ईश्वर की सत्ता में विश्वास करें या न करें, किन्तु जो लोग आत्मा के अस्तित्व और जन्मांतरवाद में विश्वास अवश्य करते हैं। इस दृष्टि से भारत में नास्तिक केवल चर्वाक-पंथी लोग थे।

मूल प्रश्न यह है कि सृष्टि-विषयक हमारा दृष्टिबोध क्या है? क्या हम यह मानते हैं कि वास्तविकता उतनी ही दूरी तक है, जितनी दूर तक का अनुभव हमें इन्द्रियों से प्राप्त होता है अथवा जितनी दूर तक विज्ञान की छड़ी पहुँच सकती है; अथवा वह विज्ञान से आगे भी पहुँचती है? हमारा जीवन मृत्यु के साथ ही समाप्त हो जाता है या मृत्यु के बाद भी जीवन की कड़ी कायम रहती है? केवल लोक ही सत्य है अथवा लोक और परलोक, दोनों सत्य हैं?

समाज में जो लोग आज यह मानकर आचरण कर रहे हैं कि पुलिस से छिपकर जो कुछ भी किया जाता है, वह पाप नहीं होता, वे सभी लोग परले दरजे के नास्तिक हैं, क्योंकि उनकी दृष्टि में केवल लोक सत्य है, परलोक झूठा है। आदमी जब यह मानकर चलता है कि जिन्दगी मृत्यु के साथ खत्म नहीं होती, वह मृत्यु के बाद भी कायम रहती है, तब उसके आचरण कुछ और प्रकार के होते हैं। सच्चे परलोकवासियों की जिस समाज में अधिकता होगी, उस समाज में पुलिस की जरूरत कम पड़ेगी और चूँकि आदमी, आदमी को हर

जायज अधिकार खुद दे दिया करेगा, इसलिए उस समाज में जजों और मजिस्ट्रेटों की तादाद भी थोड़ी ही रहेगी।

अच्छा समाज वह है, जिसमें कानून कम होते हैं और कानून मनवाने वाली फौज भी छोटी होती है।

भारत जिन मूल्यों के लिए लड़ रहा है, वे मूल्य केवल भारत के नहीं, सारे संसार के हैं। हम आधुनिकता की ताकत और प्राचीनता के सन्तोष को मिलाना चाहते हैं। विज्ञान के बल से संसार के उन्नतिशील देश और भी अधिक शक्तिशाली होते जा रहे हैं, किन्तु ज्यों-ज्यों उनकी सम्पदा और शक्ति बढ़ती जाती है, उनके सन्तोष और शान्ति का ह्रास होता जाता है। हमें भारत में वह मार्ग निकालना है, जिससे विज्ञान को अपनाकर भी हम उसके दास न बन जाएँ। हमारी सम्पदा और शक्ति अवश्य बढ़े, लेकिन हम रुपये के पीछे पागल न हो जाएँ।

राममोहन राय से लेकर महात्मा गांधी तक भारत के जो भी महान विचारक हुए हैं, उनकी कल्पना यह थी कि भारत को अपनी संस्कृति के सर्वश्रेष्ठ अंश को भी बचाना है और पाश्चात्य संस्कृति के भी सर्वोत्तम भाग को स्वीकार करना है। भारत की विशेषता अध्यात्म और पाश्चात्य जगत् की विशेषता विज्ञान है। हम इन्हीं दो तत्त्वों का समन्वय करना चाहते हैं।

एक हाथ में कमल, एक में धर्मदीप्त विज्ञान
लेकर उठनेवाला है धरती पर हिन्दुस्तान।

इलियट का हिन्दी अनुवाद

कविता का अस्पष्ट हो जाना, उसके अर्थ का कहीं-कहीं धूमिल रह जाना, ये बातें काव्य के इतिहास के लिए नई नहीं, पुरानी हैं बल्कि हिन्दी में तो धुँधले सौन्दर्य की प्रशंसा में 'अध उघरे सुख देत'—यह कहावत भी चलती है।

किन्तु रैम्बू, मेलार्मे और, बाद को, रिल्के ने जो कविताएँ लिखीं, उनमें धूमिलता का पुट इतना गहरा उतरा कि पारम्परीण काव्य के प्रेमी उससे हताश हो उठे। उनकी और उनकी परम्परा के कितने ही अन्य कवियों की रचनाओं के बारे में विश्व-भर में दो प्रकार के मत हैं। एक मत तो उनका है, जो साहित्य के गम्भीर अध्येता और समकालीन आलोचना का नेतृत्व करनेवाले लोग हैं। इनमें से अधिकांश पंडितों का मत है कि कविता की सार्थकता तो अब इसी प्रकार की कविताओं से कायम रह सकती है, किन्तु इनसे भिन्न जो कविता के सामान्य पाठक हैं, वे नई कविता की अस्पष्टता से नाराज हैं। पंडितों से भर मुँह बोलने की शक्ति तो उनमें नहीं है, किन्तु वे यदि इन कविताओं को पढ़ना न चाहें, तो पंडित बेचारे क्या करेंगे? जहाँ तक मुझे मालूम है, काव्य-पाठकों के एक बड़े समुदाय ने समकालीन कविता पढ़ना छोड़ रखा है।

काव्य और जनता के बीच जिस युग में इतनी बड़ी खाई बन गई हो, उस युग में भी जिस कवि का नाम पुस्तकालय से निकलकर सड़क पर पहुँच जाए, उसे महाकवि मानने से इनकार नहीं किया जा सकता। श्रीयुत इलियट अपने युग के महाकवि हैं और उनका प्रभाव संसार की अनेक भाषाओं के कवियों पर पड़ा है। हिन्दी में भी ऐसे अनेक तेजस्वी युवक काम कर रहे हैं, जिनकी मनोदशा इलियट की मनोदशा से मिलती-जुलती है और जो इलियट तथा उनके समान अन्य कवियों को सामने रखकर कविता के क्षेत्र में नई राहें निकाल रहे हैं।

मुझे बड़ी प्रसन्नता है कि महाकवि इलियट की कविताओं का एक संग्रह हिन्दी में प्रकाशित किया जा रहा है। इस प्रकाशन की यह विशेषता भी ध्यान

में लाने योग्य है कि इन कविताओं का अनुवाद तो श्री विष्णु खरे ने किया है, किन्तु उसका प्रकाशन उड़ीसा से हो रहा है। पिछली बार जब मैं कटक गया था, एक मित्र मुझे मनमोहन हाउस ले गए, जो संस्था उड़िया भाषा में प्रकाशन का काम करती है। इस संस्था के मालिक श्री प्रफुल्लचन्द्र दास ने बताया कि उन्होंने नोबल पुरस्कार विजेताओं के ग्रंथों के अनुवाद उड़िया में प्रकाशित किए हैं। और यह देखकर तो मैं दंग रह गया कि ग्रंथ केवल उपन्यास ही नहीं थे, उनमें पश्चिमी जगत् के समकालीन महाकवियों की कविताओं के भी अनुवाद थे। मैंने प्रफुल्ल बाबू को यह कहकर बधाई दी कि जो काम भारत की अनेक भाषाओं में अभी आरम्भ भी नहीं हुआ, उसे आप उड़िया भाषा में इतनी दूर तक बढ़ा ले गए, इससे स्पष्ट होता है कि आपकी भाषा का निकटवर्ती भविष्य बहुत ही उज्ज्वल है।

अब तो मनमोहन हाउस ने यह भी दिखा दिया कि केवल उड़िया ही नहीं, राष्ट्रभाषा हिन्दी का भी निकटवर्ती भविष्य उज्ज्वल है। हिन्दी के जिन अभावों पर हिन्दी के प्रकाशकों का ध्यान नहीं है, उनसे शायद वे प्रकाशक दूर रहेंगे, जो अहिन्दी क्षेत्रों में काम करते हैं।

अनुवाद को, कुछ दूर तक, मैंने मूल से मिलाकर देखा है। कविता के अनुवाद का काम तो यों ही महाभयानक काम है। जो मूल का आनन्द ले सकता है, वह कविता के अनुवाद को देखकर बराबर नाक-भौं सिकोड़ लेता है; और जो केवल अनुवाद पढ़ता है, वह भी मुँह बिचकाकर बोल उठता है : 'अच्छा, ये ही हैं जिनका उतना नाम सुना था!' फिर भी, मेरा खयाल है, यह अनुवाद अच्छा उतरा है। इससे सबसे अधिक सन्तोष उन्हें मिलेगा, जो अनुवाद को मूल से मिलाकर पढ़ेंगे। पुस्तक के अन्त में जो नोट दिये गए हैं, वे अत्यन्त उपयोगी हैं।

चार काव्य-संग्रह

इधर हाल में हिन्दी में कई अच्छे काव्य-संग्रह प्रकाशित हुए हैं, जिनमें से आज मैं केवल चार की चर्चा करूँगा। इनमें से पहली पुस्तक 'धूप के धान' श्री गिरिजाकुमार माथुर की रचना है तथा दूसरी पुस्तक 'प्रणय-पत्रिका' डॉक्टर हरिवंशराय बच्चन की। बाकी दो पुस्तकें 'विश्वास बढ़ता ही गया' और 'पर, आँखें नहीं भरीं' डॉक्टर शिवमंगल सिंह सुमन की लिखी हुई हैं।

सुमन जी की गिनती प्रगतिवादी संप्रदाय के प्रतिनिधि कवियों में की जाती है और श्री गिरजाकुमार उस धारा के कवि समझे जाते हैं जिसका प्रचलित नाम प्रयोगवाद पड़ गया है। हमारे ये दो कवि कई दृष्टियों से महत्त्वपूर्ण हैं और इस महत्त्व का सबसे बड़ा कारण यह है कि ये दोनों कवि वादी कम, कवि अधिक हैं।

प्रगतिवादी कविता जिन लक्षणों के कारण निन्दित हुई, वे लक्षण सुमन की कविता में कम रहे हैं और इन दो संग्रहों में भी वे अल्पमात्रा में ही मिलते हैं। नाम तो उनका 'एशिया की आग' जैसी रचनाओं को लेकर चमका, किन्तु वर्तमान दोनों संग्रहों को मिलाकर यह अनल-तत्त्व कम, प्रेम और विरह का जल-तत्त्व ही अधिक है। 'विश्वास बढ़ता ही गया' में ऐसी रचनाएँ कुछ अधिक अवश्य हैं, जिनसे कवि के प्रगतिवादी रूप पर प्रकाश पड़ता है, किन्तु, 'पर आँखें नहीं भरीं' की तुलना में 'विश्वास बढ़ता ही गया' का पलड़ा कुछ ऊपर उठा हुआ है, यद्यपि 'युगांतरकारी कवि निराला के प्रति' नामक कविता, जिसे मैं सुमन जी की सर्वश्रेष्ठ कृति मानता हूँ, इसी संग्रह में सम्मिलित है।

अनेक मनोदशाओं से होकर गुजरने के कारण एक ही कवि अनेक प्रकार की कविताएँ रच सकता है, किन्तु इस विविधता से उसका वह रूप नहीं छिप सकता, जो उसका असली रूप है और जो उसकी प्रत्येक भाव-दशा के भीतर से झलक मारता है। इस दृष्टि से विचार करने पर मुझे ऐसा लगता है कि सुमन जी सन्देशवाही कवि किसी झकोर में पड़कर बन जाते हैं, अन्यथा उनका वास्तविक रूप सौन्दर्यवादी कवि का ही रूप है और इसीलिए वे काव्यरसियों के प्यारे भी हैं। उनके भीतर छायावाद का वह रोमांटिक तत्त्व जीवित है, जिसने एक समय

बच्चन जी की कविताओं में रस भरा था तथा जो प्रत्येक उदीयमान कवि की रचनाओं पर मोहकता का रंग छिड़क देता है। उनकी यह रसिकता, उनका यह स्निग्ध भाव इस बात का प्रमाण है कि कुछ अन्य कवियों की भाँति उनकी सरसता दोपहर होते-होते न सूखेगी। 'तुमको सूरज ने कभी छुआ तो होगा', 'क्या किसी साँस की रगड़ ज्वाल में बदली'—इन पंक्तियों में जो लाक्षणिकता है, वह भी इस बात का संकेत देती है कि सुमन जी की प्रतिभा परिचित क्षितिजों के पास धूनी रमाकर बैठ जाने को तैयार नहीं है। वह अभी नये क्षितिजों का निर्माण कर सकती है। 'पर आँखें नहीं भरीं' की गणना हिन्दी के अच्छे काव्य-संग्रहों में की जा सकती है।

बच्चन जी की अच्छी-अच्छी इतनी कविताएँ हम पढ़ चुके हैं कि उनकी 'प्रणय-पत्रिका' कुछ सूनी-सूनी सी लगती है। टेकों में तो रस अब भी विद्यमान है, किन्तु अन्तराएँ अधिकतर रची-रचाई दीखती हैं। बच्चन जी की भाषा में लाक्षणिकता की मात्रा पहले भी न्यून थी। उनकी कविताओं में जो रस था, वह अनुभूतियों से आता था। 'प्रणय-पत्रिका' में अनुभूति की वेधकता पाठकों को प्रभावित नहीं करती। अधिकांश में, 'प्रणय-पत्रिका' के गीत, बच्चन जी के पहले के गीतों की छाया मात्र हैं। ऐसा दीखता है, मानो कवि नये उन्मेष के अभाव में अपने पूर्व रूप का अनुकरण कर रहा हो, किन्तु जब रससिद्ध कवि अपना अनुकरण आप करता है, तब भी कुछ रस तो वह दे ही जाता है। वह रस 'प्रणय-पत्रिका' में भी है, किन्तु जिस भावधारा में 'निशा-निमंत्रण' और 'आकुल अन्तर' के गीत अपना चमत्कार दिखा चुके हैं, उसमें 'प्रणय-पत्रिका' कागज की नाव के समान लगती है। कविता की सारी शक्ति उसकी भाषा में होती है और 'प्रणय-पत्रिका' की भाषा स्वच्छ और परिमार्जित होने पर भी प्रकाशहीन है। इस पुस्तक को पढ़कर ऐसा भासित होता है कि बच्चन जी के सामने प्रेम और विरह की जो भूमि थी, कवि उसके चप्पे-चप्पे को छान चुका है और उसमें कवि को अब कोई नवीनता नहीं मिलती है। इससे यह संकेत भी मिलता है कि कविता में नये प्रयोगों की आवश्यकता क्यों महसूस की जा रही है।

कवित्वमयी भाषा से मेरा क्या तात्पर्य है, इसे स्पष्ट करने के लिए मैं कहना चाहता हूँ कि श्री गिरिजाकुमार के 'धूप के धान' की भाषा कवित्वपूर्ण है। कोमल शब्दों की योजना-मात्र से कविता की भाषा नहीं बनती। रवि बाबू ने ठीक ही ऐसी भाषा को कवित्वमयी न कहकर, ललितलवंगी कहा है। एक समय ललितलवंगी भाषा से भी कविता आदरणीय हो जाती थी, किन्तु वह समय चला गया और इसलिए चला गया कि सहृदयों की रुचि अब अधिक परिमार्जित और गहरी हो गई है। अब वह अनुप्रासों की सजीवता और छंदों की संगीतमयता से तृप्त नहीं होती,

प्रत्युत कवित्व का प्रमाण वह प्रत्येक शब्द में खोजती है। कविता की भाषा रूखी होने पर भी कलरवपूर्ण और रंगीन हो सकती है। छंद पूरा करने के लिए जब ऐसे शब्द चुने जाते हैं, जो संकेत नहीं देते, चिनगारियाँ नहीं फेंकते, तब ऐसे शब्दों को भरती के ही शब्द कहना चाहिए। कवि की जो सबसे बड़ी शक्ति है, वह न तो छंद-रचना में परखी जा सकती है, न ऊँचे-ऊँचे विचारों को बाँधने में। उसकी जाँच विशेषणों के प्रयोगों में होती है या फिर ऐसे शब्दों के प्रयोग में, जिनके बैठने की अदा से ही कविता चमक उठती है। अंग्रेजी कवियों में यह गुण सबसे अधिक कीट्स में है। हिन्दी कवियों में से इस गुण का सबसे अधिक प्रमाण पंत जी ने दिया है। 'दूर उन खेतों के उस पार जहाँ तक गई नील झंकार' तथा 'सर सर सर सर रेशमी वायु' में सारी कविता नील झंकार और रेशमी वायु में सिमटकर बैठी हुई है। शब्दों से जब ज्योति छिटकती हो, संकेत ध्वनित होता हो अर्थात शब्द जब इस प्रकार बैठते हों, मानो उनके पंख निकल आए हों और वे उड़ने को तैयार हों, तभी यह कहा जा सकता है कि कविता की भाषा सचमुच कवित्वपूर्ण है, किन्तु वह गुण जितना ही अनुपम है, उतना ही दुर्लभ और दुष्प्राप्य भी। जब तक भीतर के तार चढ़े हुए न हों और प्रतिभा के उन्मेष से रोम-रोम न थिरक रहा हो, तब तक ऐसी भाषा सत्कवि भी नहीं लिख सकता। और जो कवि ऐसी भाषा लिख सकता है, उसे सत्कवि न मानना, कविता के सबसे ऊँचे गुण से अपना अपरिचय घोषित करना है।

'धूप के धान' में कवित्वमयी भाषा के विलक्षण प्रयोगों के इतने अधिक उदाहरण वर्तमान हैं कि मैं तो उन्हें देखकर चकित रह गया। इस संग्रह की कविताओं में कुछ दोष भी हैं, किन्तु वह अलग बात है, किन्तु जहाँ तब काव्य की भाषा का सम्बन्ध है, मैं नूतन काव्य-साहित्य में किसी भी ऐसी पुस्तक का नाम नहीं ले सकता, जिसमें लक्षणा और सम्यक् विशेषणों का इतना अधिक प्रयोग हुआ हो और ऐसी सफलता के साथ। 'यह कपूरी लौ उठी', 'सभ्यता का रंग केतन', 'अब ब्रह्म घड़ी का ठंडा-सा आलोक जगा', 'हलकी हो गई हवा की तिमिर दबी साँसें', 'कच्ची मिट्टी का ठंडापन', 'इस धूसर साँवर धरती की सोंधी उसाँस', 'या कालान्तर में पथराए भाव हमारे', 'उजली बाँहों-सी दीवारें', 'सोंधे तन गंध भरे आँचल' और 'ब्लाउज महीन चटकीले', 'जिनमें थे पड़ गए पहनने से चिह्न रंगीन गठे अंगों के सभी कोमल-कठोर उतार-चढ़ाव', 'दूर पर छै की गजर डूब रही', 'यह दो हजार वर्षों की छाँह हवाओं में', 'हैं कसे धनुष के वक्र-ओठ', 'सर्दियों की धूप उजले ऊन की मृदु शॉल पहने'। उद्धरण कहाँ तक दिये जाएँ, सारी पुस्तक ही ऐसे उदाहरणों से भरी पड़ी है। मुझे तो इस संग्रह की अधिकांश पंक्तियाँ अपने भीतर प्रकाश से जगमगाती दीखती हैं और कवि की

उस तन्यता पर श्रद्धा होती है, जिसमें रहकर उसने इतनी ज्योतिर्मयी भाषा का निर्माण किया है। 'धूप के धान' की कविताओं को देखकर इस बात का आभास मिलता है कि प्रयोगवादी कवि कविता में किस सौन्दर्य को उतारने के प्रयास में है। यदि इस संग्रह की कविताएँ प्रयोगकालीन हैं, तो इस शैली का सिद्ध रूप कैसा होगा, यह सोचकर मन आशा से भर जाता है।

आलोचक अभी भी प्रयोगवादी कवियों पर अलग-अलग विचार न करके उन्हें गुच्छ-रूप में ही देखते हैं, किन्तु मेरा खयाल है, गिरिजाकुमार गुच्छ से ऊपर आ गए हैं और उनकी रचनाओं का विधिवत अध्ययन करने से नई कविता के कितने ही सुन्दर रूप प्रत्यक्ष हो जाएँगे।

'धूप के धान' की दूसरी विशेषता यह है कि वह नये प्रयोग की रचना होने पर भी परम्परा से बहुत दूर नहीं है। इसकी प्रायः सभी कविताएँ छंद में हैं, यद्यपि छंद कहीं तो नपे-तुले और तुकों के साथ हैं और कहीं वे मुक्त प्रवाह का अनुसरण करते हैं।

शायद हापकिन्स ने कहा था कि कविता का सारा सौन्दर्य ऐसा होता है, जिसे हम चर्म-चक्षुओं से देख सकते हैं। गिरिजाकुमार की कविताएँ इस सूक्ति का समीचीन उदाहरण हैं। कल्पना में उन्होंने स्वयं जो कुछ देखा है, चित्र बनाकर उसके दर्शन उन्होंने अपने पाठकों को भी करा दिये हैं। वे सचमुच ही, लैंडस्केप के कवि हैं अर्थात उनकी कविता में अंकित छवि दृश्य रूपों की छवि है, जो आँखों से देखी जा सकती है। इसके सिवा, कविता में उनकी स्पर्श और घ्राण इन्द्रियाँ भी अत्यन्त जागरूक रहती हैं। स्पर्श, घ्राण और दृष्टि– गिरिजाकुमार की कविताएँ इन तीन इन्द्रियों की कविताएँ हैं, किन्तु यही बात उनकी श्रुतिचेतना के बारे में नहीं कही जा सकती।

विचित्र बात है कि गिरिजाकुमार की सबसे बड़ी शक्ति यदि भाषा के काव्यात्मक प्रयोग में है, तो भाषा के क्षेत्र में ही उनकी सबसे बड़ी दुर्बलता भी छिपी हुई है। कलाकारिता और सुदृढ़ प्रेरणा के कारण वे ऐसी पंक्तियों पर पंक्तियाँ लिखते चले जाते हैं, जिनमें आनेवाले शब्द अपनी लाक्षणिकता से सहृदयों का मन मोहित कर लेते हैं, किन्तु कदाचित् असावधानता के कारण वे ऐसे शब्द भी ले जाते हैं, जो बेमेल हैं। यह उदारता गजल किस्म की उदारता है। उदाहरण के लिए, 'गतिवान मंजिलें पार हुईं' में या तो मंजिल को नहीं लाना चाहिए था या फिर 'गतिवान' के बदले किसी ऐसे शब्द को लाना था, जो मंजिल से मेल खाता। 'शक्तिवान मेहनत की बाँहों', 'दीगर मुल्क' और 'कातिक का रसवान महीना' में भी कुछ ऐसे ही बेमेल प्रयोग की झलक दीखती है।

हिन्दी साहित्य पर गांधी जी का प्रभाव

महर्षि रमण सच्चे अर्थों में शूद्ध, बुद्ध, कूटस्थ, आत्मज्ञानी पुरुष थे और गीता-प्रतिपादित अकर्म का वे समर्थन करते थे। स्वतंत्रता-प्राप्ति के पूर्व एक बार राजेन्द्र बाबू और जमनालाल जी बजाज उनके दर्शन करने को रमणाश्रम गए थे। कई बातें कर लेने के बाद जमनालाल जी ने महर्षि से पूछा : 'किन्तु, भगवन्! स्वराज्य का कार्य तो परोपकार का कार्य है। यह तो अकर्म माना जा सकता है।'

महर्षि ने कहा : 'हाँ, यदि वह उस भाव से किया जाए, जिस भाव से उसे गांधी जी कर रहे हैं। गांधी जी का जीवन समर्पित जीवन है। वे अपने लिए कुछ भी नहीं चाहते। स्वराज्य का काम उनके लिए ईश्वर की आराधना का काम है।'

गांधी जी जब तक जीवित रहे, उनके असली स्वरूप तक बहुत थोड़े लोग पहुँचे थे। अपने देश में तो खैर, इतनी बात थी कि गांधी जी का संत-रूप जनता की आँखों से कभी भी ओझल नहीं था, मगर यूरोप के लोग गांधी जी को केवल राजनीतिक विद्रोही समझते थे और सल्तनत के बागियों में जो गुण और देशों में देखे गए थे, यूरोपवाले बिना कुछ समझे-बूझे गांधी जी के भीतर भी उन्हीं गुणों की कल्पना कर लेते थे।

मगर खुद गांधी जी को इस बारे में कोई सन्देह नहीं था कि वे क्या कर रहे हैं। सन् 1924 ई. में उन्होंने लिखा था कि 'मेरा चरम ध्येय आत्मा का मोक्ष है। मेरी देश-सेवा उसी मोक्ष की साधना है। पृथ्वी का नश्वर साम्राज्य प्राप्त करने की इच्छा मुझमें है नहीं। मैं तो उस स्वर्गीय साम्राज्य की प्राप्ति के लिए प्रयास कर रहा हूँ, जिसका नाम मोक्ष है। मुक्ति और शान्ति का जो शाश्वत लोक है, मैं उसी की ओर जाना चाहता हूँ। मेरी देश-भक्ति इस यात्रा में एक पड़ाव भर है। राजनीति को मैं धर्म से रहित नहीं मानता। जो राजनीति धर्म-रहित है, वह यमराज का फंदा है, क्योंकि उससे आत्मा का हनन होता है।'

गांधी जी ने स्वदेशी और चरखे का प्रचार किया, अछूतोद्धार का आन्दोलन चलाया, खुद जेल गए औरों को जेल भिजवाया, नमक-सत्याग्रह किया, 'भारत

छोड़ो' आन्दोलन चलाया और अंग्रेजों के लिए यह असम्भव बना दिया कि वे भारत को अपने अधीन रख सकें। मगर इन सभी बड़े कामों से भी कहीं बड़ा काम उन्होंने यह किया कि भारत की आत्मा के प्रति उन्होंने सारे संसार में श्रद्धा उत्पन्न कर दी। ओसवाल्ड स्पैंगलर की 'डिक्लाइन ऑव द वेस्ट' नामक किताब गांधी जी के पूर्णाविर्भाव के पहले निकली थी। इसीलिए स्पैंगलर ने लिख दिया कि 'संसार को सांस्कृतिक विनाश से बचाने की आशा भारत से भी लगाना बेकार है। मगर आर्नाल्ड ट्वायनबी को सम्पूर्ण गांधी-युग देखने का अवसर सुलभ रहा। इसलिए सन् 1952 ई. में उन्होंने भविष्यवाणी की कि 21वीं सदी में जब धर्म का पूर्ण स्थान टेक्नोलॉजी ले लेगी, भारत की महिमा उस समय परखी जाएगी। जिस भारत को लोगों ने जीत लिया था, वह भारत अपने विजेताओं पर विजय प्राप्त करेगा।'

'विजय' और 'पराजय' बहुत अच्छे शब्द नहीं हैं, न गांधी जी विश्व-विजय की ओर भारत को ले जाना चाहते थे। झंडा-गीत की 'विजयी विश्व तिरंगा प्यारा' पंक्ति उन्हें सदोष दिखाई पड़ी थी। उन्होंने ही सुधरवाकर उसे 'प्रेमिक विश्व तिरंगा प्यारा' करवा दिया था। गांधी जी ने भारत की जिस शक्ति को पुनरुज्जीवित किया है, वह खड्ग की शक्ति नहीं, सादगी, सहिष्णुता, प्रेम और सौहार्द की शक्ति है। ट्वायनबी साहब की दृष्टि इसी शक्ति पर पड़ी है और फ्रांस के मनीषी मंत्री मालरो की दृष्टि भी भारत की इसी शक्ति पर थी, जब उन्होंने कहा कि वर्तमान सभ्यता के टूटने पर नई सभ्यता की संजीवनी चीन से नहीं आएगी, मगर भारत से उसकी आशा हम लगा सकते हैं, अगर भारतवर्ष यूरोप और अमरीका की नकल करके अपने को नष्ट न कर दे।

गांधी जी केवल राजनीति के विद्रोही नहीं थे, केवल समाज के नेता नहीं थे, केवल जननायक और देशभक्त नहीं थे–वे यांत्रिक सभ्यता की एक खुली चुनौती भी थे। वे मानवता के उस अतीत के प्रहरी भी थे, जो इतनी मारों के बाद भी नहीं मरा है। वे सुख में पले हुए शरीर को आत्मा की याद दिलाने आए थे। वे मनुष्यों से यह कहने को आए थे कि आज भी कल्याण का मार्ग यही है कि हम अपनी जरूरतों में इजाफा न करें, उन्हें कम-से-कम रखें।

अपने देश में ययाति नामक एक राजा हुए हैं। वे बड़े ही विचित्र राजा थे। जब भोग करते-करते वे बूढ़े और अशक्त हो गए, भोग की तृषा उनमें तब भी मौजूद थी। अतएव उन्होंने अपने बेटे से जवानी उधार ली और जो सुख वे पहले भोग चुके थे, उसका उपभोग उन्होंने एक बार और किया, लेकिन सत्य की अनुभूति होते ही वे बदल गए और उन्होंने एक सूक्ति कही, जो सत्ययुग में

भी सत्य थी और आज थी और आज भी सत्य है। वह सूक्ति यह है कि 'संसार में जितने भी यव, धन-धान्य, सुवर्ण और जितनी भी नारियाँ हैं, वे एक व्यक्ति के लिए भी पर्याप्त नहीं हैं। अतएव इच्छाओं का शमन ही धर्म का मार्ग है।' गांधी जी यह बताने को आए थे कि ययाति का पहले रूप गलत, दूसरा रूप ठीक था।

गांधी की व्याख्या करते-करते बहुत लोग उनकी तुलना मार्क्स से करने लगते हैं, मगर वे भूल जाते हैं कि मार्क्स और गांधी के बीच एक भेद है। मध्यकालीन संतों का मत था कि मनुष्य का सबसे बड़ा ध्येय निजी मोक्ष है और निजी मोक्ष प्राप्त करने का सर्वोत्तम साधन संन्यास है। मार्क्स ने कहा : 'यह बात गलत है। मोक्ष व्यक्ति का नहीं, समाज का होना चाहिए।' तब गांधी जी आए और उन्होंने बताया : 'मोक्ष तो व्यक्ति का ही होता है, मगर उसका रास्ता संन्यास नहीं, समाज-सेवा का कार्य है।'

किन्तु गांधी जी का यह रूप उनके अपने देशवासियों की भी समझ में नहीं आया। भारत भी, अन्त में स्वार्थी ही निकला। जिस गांधी ने भारतवर्ष को स्वराज्य दिलाया था, उस गांधी को तो इस देश ने राष्ट्रपिता बनाकर रख लिया, किन्तु जो गांधी उससे बड़ा गांधी था, उसे हमने निर्वासित कर दिया, क्योंकि उसे घर में बनाए रखने पर हम झूठ नहीं बोल सकेंगे, जरूरतें नहीं बढ़ा सकेंगे और सरहद पर ललकारनेवाले शत्रुओं को देखकर हम अहिंसा की दुहाई नहीं दे सकेंगे। गांधी ने कहा था, सत्य के बिना अहिंसा चल नहीं सकती। हमने सत्य को तो छोड़ दिया, मगर अपनी कमजोरी छिपाने को अहिंसा की चादर और भी गाढ़ी बुनकर ओढ़ ली। जो गांधी हमारी छोटी जरूरतों का गांधी था, उसे हमने नहीं छोड़ा है, मगर जो गांधी मानवता का गांधी था, उसे हमने अपने घर से निकाल दिया है।

तब भी जो गांधी मानवता का गांधी है, जो गांधी यंत्र-सभ्यता को चुनौती और गुजरी हुई संस्कृति के आंशिक प्रत्यावर्तन की आस है, वह भारत में कहीं थोड़ा-बहुत जीता है, तो साहित्य में ही जीता है। गांधी के हाथों का असली दूध राजनीतिवालों ने पिया था। मगर गांधी को जिन्दा रखने की कोशिश अगर कहीं है, तो वह साहित्य में ही है। मगर साहित्य में भी कितने थोड़े लोग हैं, जो गांधी को जिन्दा रखना चाहते हैं? गांधी जी को रवीन्द्रनाथ का 'एकला चलो रे' गीत बहुत पसन्द था। मगर भारत के साहित्यकार अकेले चलने का साहस जरा कम रखते हैं। उन्हें सत्य की चिन्ता कम है और इस बात की ज्यादा कि यूरोप और अमरीका की नई पीढ़ियाँ हमसे ज्यादा आगे तो नहीं जा रही हैं!

मगर जिन दिनों भारत के साहित्यकार यूरोप और अमरीका के अनुकरण की ओर आँख मूँदकर नहीं बढ़े थे, उन दिनों साहित्य में गांधी विचारधारा का क्या हाल था?

गांधी-युग से ठीक पूर्व हिन्दी-साहित्य में जो युग बीत रहा था, उसे हम, किसी हद तक दयानन्द-युग कह सकते हैं। स्वामी दयानन्द ने वीरता और ब्रह्मचर्य की महिमा का बखान किया था। उन्होंने मूर्तिपूजा का विरोध किया था तथा विधवा-विवाह को विहित बताया था। वे कन्या-शिक्षा के प्रबल समर्थक तथा परदा-प्रथा के विरुद्ध थे। पहले इस्लाम ने और फिर ईसाइयत ने हिन्दू धर्म की जो निन्दा की थी, उसका मुँहतोड़ जवाब स्वामी जी ने सारे देश में घूमकर दिया था। स्वभावतः ही, साहित्य पर स्वामी जी का प्रभाव पवित्रावादी बनकर पड़ा। वे बुद्धिवाद के पोषण एवं पौराणिक संस्कारों के भंजन में इस जोर से लगे कि उनके उपदेशों से भक्ति, शृंगार और रहस्यवाद का पक्ष, आप-से-आप, कमजोर पड़ गया। जिस सांस्कृतिक महाजागरण ने बंगाल में रवीन्द्रनाथ और महाराष्ट्र में केशवसुत को उत्पन्न किया, उसने हिन्दी में पं. नाथूराम शर्मा शंकर और मैथिलीशरण को क्यों जन्म दिया, इसके एक प्रबल कारण स्वामी दयानन्द थे।

दयानन्द-युग के हिन्दी कवि नारी के कामिनी-रूप से घबराते थे, मानो ऋषि दयानन्द कहीं पास ही खड़े हों और कवियों की काम-भावना को वे कहीं भाँप न जाएँ! दयानन्द-युग से गांधी-युग इस बात को लेकर भिन्न रहा कि गांधी जी निराकार और साकार के पचड़े से परे थे तथा वे हिन्दुओं की एकता उन लोगों के साथ भी बिठाना चाहते थे, जिनका स्वामी दयानन्द के साथ संघर्ष या शास्त्रार्थ चला था। जब बंगाल में बंकिम-युग और हिन्दी में दयानन्द-युग चल रहा था, तब पं. प्रतापनारायण मिश्र ने 'हिन्दी, हिन्दू, हिन्दुस्तान' का नारा दिया था। जब दयानन्द-युग गांधी-युग के प्रभाव में आ गया, इस नारे ने बदलकर एक अधिक उदार रूप ले लिया, जिसमें भारतवासी आज भी विश्वास करते हैं :

हिन्दू, मुस्लिम, सिख, ईसाई
आपस में हैं भाई-भाई।

यह नारा गांधी-युग की देन है।

गांधी जी से प्रभावित होकर हिन्दी में सबसे पहले किसने क्या लिखा, यह विषय शोध का है; किन्तु जहाँ तक मुझे पता है, गांधी जी पर हिन्दी में सबसे पहली कविता पं. माखनलाल चतुर्वेदी ने 'निःशस्त्र सेनानी' शीर्षक से सन् 1913 ई. में लिखी थी। इस समय तक गांधी जी दक्षिण अफ्रीका से लौटकर

भारत नहीं आए थे। इस समय तक वे महात्मा भी नहीं बने थे। जनता उन्हें कर्मवीर गांधी के नाम से जानती थी। फिर भी गांधी जी की सबसे बड़ी मौलिकता को माखनलाल जी ने उसी समय पहचान लिया था, जो कविता के शीर्षक से ही प्रत्यक्ष है :

किन्तु, क्या कहता है आकाश?
हृदय! हुलसो सुन यह गुंजार!
'पलट जाए चाहे संसार,
न लूँगा इन हाथों तलवार।'

साहित्य-सेवियों के लिए यह जानना भी रोचक होगा कि आगे चलकर कला के विषय में गांधी जी का जो विचार बननेवाला था, उसकी झाँकी भी माखनलाल जी ने सन् 1913 ई. में ही प्राप्त कर ली थी। गांधी जी टॉल्स्टॉय से प्रभावित थे और उनका विश्वास कला की उपयोगिता में था। अच्छी कला को वे धर्म और पवित्रता से सम्बद्ध समझते थे। कहा जाता है कि गांधी जी ने एक बार कहा था कि 'जहाँ तक चरखे से बारीक सूत निकालने का सवाल है, वहाँ तक कला है। बाकी जो कुछ भी रच-रचाव होता है, वह बला है।'

'निःशस्त्र सेनानी' नामक कविता में माखनलाल जी ने लिखा है :

'कला?'–दुखियों की सुन कर तान
नृत्य का रंगस्थल हो धूल।
'टेक?'–अन्यायों का प्रतिकार
चढ़ा कर अपना जीवन-फूल।

यह वह बिन्दु है, जहाँ दयानन्द और गांधी परस्पर एक हो जाते हैं।

केवल कवि ही कविता की रचना नहीं करता, बदले में कविता भी कवि की रचना करती है। माखनलाल जी के समग्र जीवन से यह स्पष्ट भासित होता है कि उनकी आन्तरिक प्रेरणा शुद्ध कवित्व की प्रेरणा थी, किन्तु कर्मवीर गांधी पर कविता लिखकर वे सोद्‌देश्य काव्य की ओर चले गए। उनका पुष्प भी देवता या सुन्दरी का हृदयहार बनना नहीं चाहता। उसकी कामना यह है कि वह बलिदानियों के रास्ते पर बिखर जाए अर्थात सौन्दर्य, सौन्दर्य के कारण काम्य नहीं है, बल्कि इस कारण कि वह बलिदान की भावना जगाता है। गांधी जी कला के बारे में जो कुछ कहनेवाले थे, उसका सार माखनलाल जी की 'पुष्प की अभिलाषा' नाम्नी कविता से, आप-से-आप, ध्वनित हो उठा था।

गांधी जी पर हिन्दी में दूसरी काव्य-कृति की रचना स्वर्गीय पंडित रामनरेश त्रिपाठी ने 'पथिक' शीर्षक से सन् 1920 ई. में की। यह वर्ष भारतवर्ष में

गांधी-युग का आरम्भ माना जाता है, किन्तु सन् 1920 ई. में ही त्रिपाठी जी ने गांधी जी को भली भाँति समझ लिया था और ऐसा समझ लिया था कि सन् 1920 ई. में त्रिपाठी जी ने गांधी जी के बारे में जो कुछ लिखा, वह आज तक सत्य उतरा है, सिवाय इसके कि पथिक की हत्या दासता के दिनों में सरकार करती है, किन्तु गांधी जी का वध स्वतंत्रता के बाद अपने ही देशवासी के हाथों होता है; परन्तु इसमें कोई सन्देह नहीं कि पथिक के रूप में त्रिपाठी जी ने गांधी जी की ही कल्पना की थी और गांधी जी जो कुछ कह रहे थे, वे सारी बातें कवि ने अपने 'पथिक' काव्य में पथिक के मुख से कहलाई है :

अपना शासन आप करो, बस, यही शान्ति है, सुख है।
पराधीनता से बढ़कर जग में न दूसरा दुख है।

यह उस मंत्र का सार था, जिसे वाणी और लेखनी के द्वारा गांधी जी देश के कर्ण-कुहर में फूँक रहे थे। और :

आज यहाँ का दृश्य देख जो पैदा हुई उदासी,
उसका बदला लें न किसी से मेरे देश-निवासी।

यह प्रतिशोध से मुक्त रहने का वह पाठ है, जिसे गांधी जी ने सारे देश को पढ़ाया था। यथा :

अर्पण किया पथिक को जनता ने तन, मन, धन सारा।
निस्सहाय डूबते हुओं को मानो मिला सहारा।

यह उस श्रद्धा और विश्वास का वर्णन है, जिसे भारतीय जनता ने सन् 1920 ई. में ही महात्मा गांधी को अर्पित कर दिया था।

हिन्दी के जो भी पुराने लेखक और कवि थे, वे दयानन्द-युग में ही जग चुके थे और गांधी-युग का प्रभाव ग्रहण करने को वे पहले से ही तैयार थे। यहाँ सम्प्रदायवाद की बाधा भी अपना काम नहीं कर सकी। मैथिलीशरण जी गुप्त धर्म से सनातनी थे, किन्तु उनके राम के भीतर हम स्वामी दयानन्द का स्पर्श देखते हैं :

उच्चारित होती चले वेद की वाणी,
गूँजे गिरि-गह्वर-सिन्धु पार कल्याणी।

यह और कुछ नहीं, स्वामी दयानन्द के 'क्रीण्वंतो विश्वमार्यम्' का कविता में अनुवाद है।

और वही राम हमें महात्मा गांधी के भी एक प्रबल पक्ष की याद दिलाते हैं :

सन्देश स्वर्ग का नहीं भूमि पर लाया,
मैं भूतल को ही स्वर्ग बनाने आया।

इसी प्रकार प्रेमचन्द जी की भी आँखें दयानन्द-युग में ही खुल चुकी थीं। उनकी 'प्रतिज्ञा' नाम की कहानी की समस्या विधवा-विवाह की समस्या है, जिसे लाल रंग से रेखांकित करने का श्रेय स्वामी दयानन्द को है, किन्तु यही कहानी जब सन् 1929 ई. में संशोधित होकर दुबारा प्रकाशित हुई, उसके भीतर गांधीमार्गी संवेदना का बहुत गहरा पुट आ गया।

प्रेमचन्द जी का पहला प्रसिद्ध उपन्यास 'सेवासदन' है, जिसका विषय वेश्यावृत्ति की समस्या है। मैं इस उपन्यास को भी गांधी-प्रेरित नहीं, दयानन्द से प्रेरित मानता हूँ। यह बात दूसरी है कि इस समस्या पर भी गांधी जी ने गहनता से विचार किया था और 'सेवासदन' के अनेक स्थलों पर ऐसा लगता है, मानो प्रेमचन्द गांधी जी का पूर्वाभास दे रहे हों! सुमन का सेवासदन की अध्यक्षा बन जाना, अपने-आपमें, गांधीवादी समाधान की ओर इंगित करता है, किन्तु यह गांधी का प्रभाव नहीं, उस युग अथवा उस विचारधारा का प्रभाव था जिसने गांधी और प्रेमचन्द, दोनों को उत्पन्न किया था।

प्रेमचन्द पर गांधी जी का स्पष्ट प्रभाव व्यंजित करनेवाला पहला उपन्यास 'प्रेमाश्रम' है। इस उपन्यास का नायक प्रेमशंकर है, जो गांधी-दर्शन का विश्वासी और अभ्यासी है। गांधी जी की धारणा थी कि एक भी व्यक्ति की सच्ची साधना और तपस्या से सारी सृष्टि में कम्पन आ सकता है। प्रेमशंकर की निःस्वार्थ सेवा का प्रभाव यह होता है कि मायाशंकर अपनी जमीन किसानों में बाँट देता है। 'प्रेमाश्रम' के भीतर से गांधी जी की तीन शिक्षाएँ झलक मारती हैं। पहली यह कि जो भी धनी लोग हैं, वे समाज के ट्रस्टी हैं। उनका धन, असल में, समाज का धन है। दूसरी यह कि जमीन पर नैसर्गिक अधिकार जोतदारों का है, और तीसरी यह कि हृदय-परिवर्तन की कल्पना कोरी कल्पना नहीं, वरन तथ्य है। 'प्रेमाश्रम' में वर्ग-संघर्ष की भावना है या नहीं, यह प्रश्न स्वभावतः ही उठता है। शायद है, मगर गांधी जी की अहिंसा को ध्यान में रखकर प्रेमचन्द ने उस भावना में उग्रता नहीं आने दी है।

गांधीवादी प्रभावों की अभिव्यंजना की दृष्टि से 'रंगभूमि' 'प्रेमाश्रम' की अपेक्षा अधिक महत्त्वपूर्ण है। 'रंगभूमि' का लेखक वह व्यक्ति है, जिसने गांधी जी के हृदय और मस्तिष्क को भली भाँति परख लिया है, जिसने गांधी जी को असहयोग आन्दोलन और सत्य के समर्थन में प्राणों की बाजी लगाते देखा है; जो गांधी जी की इस भावना का आदर करता है कि खेती पर आधारित समाज उस समाज से श्रेष्ठ था, जिसकी नींव कल-कारखानों पर रखी गई है। 'रंगभूमि' की असली समस्या दो प्रकार की सभ्यताओं के बीच संघर्ष की समस्या

है, जिनमें से एक का आधार कृषि और दूसरी का उद्योग है। जिस प्रकार पं. रामनरेश त्रिपाठी ने अपने 'पथिक' के चरित्र में गांधी जी का चरित्र अंकित किया था, उसी प्रकार 'रंगभूमि' के सूरदास में हम गांधी जी के चरित्र की झलक पाते हैं। सूरदास सच्चा सत्याग्रही और अहिंसक वीर है। वह इतना ही नहीं करता है कि अपनी जमीन को बचा लेता है, उसके सत्याग्रह का अनुकूल प्रभाव उसके प्रतिपक्षियों पर भी पड़ता है। 'रंगभूमि' का लेखक निश्छल भाव से शरीर-बल की अपेक्षा आत्मबल को श्रेष्ठ समझता है। वह यह भी मानता है कि औद्योगिक सभ्यता की अपेक्षा वह सभ्यता अधिक उत्तम थी, जिसका आधार कृषि रही थी। 'रंगभूमि' के लेखक के भाव क्रान्तिकारियों का समर्थन नहीं करते, समर्थन वे गांधी जी के अहिंसक संग्राम का करते हैं। समर्थन वे इस आशा का करते हैं कि सत्याग्रही सच्चा हो, तो वह प्रतिपक्षी के हृदय में परिवर्तन ला सकता है। इसी प्रकार 'कर्मभूमि' के भीतर भी गांधी जी का पूरा प्रभाव है। इस उपन्यास में एक ओर जहाँ बारदोली के किसान-आन्दोलन की गूँज सुनाई देती है, वहाँ दूसरी ओर वह छुआछूत की समस्या का भी उपन्यास है।

हिन्दी के कई आलोचक इस बात से दुखी दीखते हैं कि प्रेमचन्द पर गांधी जी का इतना अधिक प्रभाव क्यों पड़ा? प्रेमचन्द ने वर्ग-संघर्ष की उग्रता क्यों नहीं दिखाई? आतंकवादियों के चरित्र का उन्होंने सहानुभूति से चित्रण क्यों नहीं किया और क्यों वे गांधी जी के पीछे-पीछे यह मानते चले गए कि औद्योगिक सभ्यता हीन तथा कृषि सभ्यता श्रेष्ठ है?

इन प्रश्नों के उत्तर हैं, मगर वे उनकी समझ में नहीं आएँगे, जो यूरोप और अमरीका बनने को बेचैन हैं। क्या भारत भी इसीलिए स्वाधीन हुआ कि वह उस चीज की नकल करे, जो खुद खत्म होने जा रही है? क्या कोई ऐसा रास्ता नहीं है, जिससे विज्ञान मनुष्य का स्वामी नहीं, सेवक बन जाए? गांधी जी विज्ञान के विरोधी नहीं थे। मगर आदमी से वे यह पूछना अवश्य चाहते थे कि आखिर विज्ञान से तू कौन-कौन-से काम लेनेवाला है?

कौन कहता है कि बापू शत्रु थे विज्ञान के?
वे मनुज से मात्र इतनी बात कहते थे :
रेल, मोटर याकि पुष्पक-यान, चाहे जो रचो, पर
सोच लो, आखिर तुम्हें जाना कहाँ है।

[नये सुभाषित]

मनुष्य का गंतव्य क्या है, यही अहम सवाल है। देख तो लिया कि औद्योगिकता की प्रचंड वृद्धि से कुछ देश बहुत ज्यादा अमीर और बाकी गरीब

हो जाते हैं और जो देश गरीब हो जाते हैं, वहाँ के आदमियों को भूख के कारण नींद नहीं आती। और जो देश बहुत अमीर हो जाते हैं, वहाँ के लोगों को नींद के लिए गोलियाँ खानी पड़ती हैं। कंगाल देशों के लोग लोभी और चरित्रहीन होते हैं। मगर अमीर देशों का हाल यह है कि वहाँ जितने लोग पागलखानों में कैद हैं, उनसे ज्यादा सड़कों पर घूम रहे हैं। समृद्ध औद्योगिक देश युवकों के लिए स्वर्ग भले ही हों, बूढ़ों के लिए वे नरक से भी बदतर हैं। खैरियत की बात इतनी है कि मनुष्यता अभी समृद्ध देशों में भी नहीं मरी है और समृद्ध देशों के लोग भी यह पुकार करने लगे हैं कि भगवान! हमें हमारी समृद्धि से बचाओ।

गांधी जी का मार्ग भारत के युग-पोषित व्यक्तित्व से निकला हुआ पुण्य का मार्ग है। केवल उसी मार्ग पर चलकर गरीब अपनी गरीबी से और अमीर अपनी अमीरी से त्राण पा सकता है। प्रेमचन्द ने गांधी जी का भरपूर समर्थन इसलिए किया कि उनकी भी जड़ भारत के आध्यात्मिक व्यक्तित्व में थी। वे भी सभ्यता के चाकचिक्य पर न रीझकर समस्या की तह में पहुँचना चाहते थे और जो भी चिन्तक समस्या की तह में पहुँचेगा, वह यही कहेगा कि सादगी अच्छी, चालाकी बुरी चीज है; संयम श्रेष्ठ, असंयम हीन है; और मनुष्यता की रक्षा के लिए जरूरतों को बढ़ाना नहीं, उन्हें घटाना अधिक योग्य है।

नौकर जब ज्यादा लोभी होता है, वह मालिक की खुशामद भी ज्यादा करता है। आदमी भी विज्ञान का मालिक तब बनेगा, जब वह जरूरतों को कम करने की कोशिश करे। अगर जरूरतें बढ़ती गईं, तो आदमी विज्ञान का गुलाम छोड़कर और कुछ हो नहीं सकेगा और सभ्यता इसी तरह विनाश के कगार पर खड़ी थर-थर काँपती रहेगी।

गांधी जी का आविर्भाव कोई आकस्मिक घटना नहीं थी। वे भारत छोड़कर और कहीं नहीं जनमे, यह भी संयोग की बात नहीं है; न यही अचरज की बात है कि जिस युग ने उन्हें पैदा किया, गांधी जी उस युग के आलोचक और मुखालिफ क्यों बन गए। एक सिब्बंदी वह थी, जिसे तोड़ने को मार्क्स का जन्म हुआ था। मगर जब मार्क्सवादियों अथवा विज्ञानवादियों ने भी अपनी सिब्बंदी खड़ी कर ली, तब उसे तोड़ने को गांधी जी का आविर्भाव हुआ। आर्थिक क्षेत्र में जहाँ तक पूँजीवाद बनाम समाजवाद का प्रश्न है, वे लोग स्वार्थी और असत्यभाषी हैं, जो गांधी को पूँजीवाद का त्राता समझते हैं; किन्तु प्रश्न जब नैतिक दृष्टि से देखा जाता है, तब पूँजीवाद और समाजवाद, अमरीका और रूस, दोनों-के-दोनों एक ही पाप के भागीदार बन जाते हैं, क्योंकि दोनों देशों का समाज यांत्रिकता का समाज है और मनुष्य के व्यक्तित्व का दलन दोनों ही

पद्धतियों से होता है। हाँ, समाजवादी देशों के पक्ष में पुण्य की इतनी बात जरूर है कि ऐसे देश व्यक्तियों को इस बात की छूट नहीं देते कि सबको लूटकर जो भी चाहे, समृद्ध हो जाए।

साहित्य को इज्जत देने के जोश में एक समय यह बात काफी जोर से कही जाती थी कि राजनीति में जो गांधीवाद है, वही तत्त्व साहित्य में छायावाद बन गया है। मूर्खता की पहुँच यहाँ तक हो गई कि आलोचकों ने यह लिख डाला कि छायावाद में जो अवसाद था, वह इस कारण कि गांधी जी लड़ाई हार गए थे। ऐसा कहने से छायावाद की इज्जत भले ही बढ़ती हो, मगर गांधी जी की इज्जत उससे कम होती है। गांधी का युद्ध जय और पराजय से परे रहता था। उसमें हार या जीत खोजना गांधी-मत के प्रति अपना अज्ञान प्रकट करना है :

क्या हार जीत, खोजे कोई
उस अद्भुत पुरुष अहन्ता की,
हो जिसकी संगर-भूमि बिछी
गोदी में जगन्नियन्ता की?
संगर की अद्भुत भूमि, जहाँ
पड़ने वाला प्रत्येक कदम
है विजय : पराजय भी जिसकी
होती न प्रार्थनाओं से कम।

–बापू

और इसका क्या प्रमाण है कि गांधी जी अपनी तथाकथित पराजय से निराश हुए थे? क्या तात्पर्य चौरी-चौरा कांड से है? तो फिर निराश साहित्यिक पूरे बल के साथ राष्ट्र-सेवा में क्यों नहीं लग गए? वे अनन्त में बसनेवाले प्रियतम के विरह में क्षीण रोदन क्यों करने लगे?

असल में, छायावाद को समझने का यह सारा सिलसिला ही बेकार है। छायावाद पर गांधी जी का कोई भी प्रभाव नहीं था। गांधी जी कर्मठता के आराधक थे, छायावाद कल्पकों का कल्पना-विलास था। गांधी जी कला से वैसा ही काम लेना चाहते थे, जैसा काम उससे प्रगतिवादी लेना चाहते हैं, किन्तु छायावाद की मूल प्रवृत्ति प्रचार के विरुद्ध थी। गांधी जी कृच्छ्र-साधना में विश्वास करते थे, छायावादियों के भीतर भोग की ललक थी, जो छिपाए नहीं छिपती थी।

जहाँ तक कला का सम्बन्ध है, स्वामी दयानन्द और गांधी जी के बीच फासला बहुत कम था। स्वामी दयानन्द के लेखों से उद्धरण देना तो कठिन है,

मगर गांधी जी स्पष्ट रूप से कहा करते थे कि संगीत धर्म-साधना का माध्यम है और कला जीवन से बड़ी नहीं हो सकती। 'कृच्छ्र-साधना अथवा वैराग्य की कला सभी कलाओं से श्रेष्ठ है; क्योंकि सादगी में सौन्दर्य की सृष्टि के सिवा कला और कहते किसे हैं? और वैराग्य सीधे-सादे सौन्दर्य की ऐसी अभिव्यक्ति है जिसके साथ नक्काली नहीं होती। यही कारण है कि मैं अक्सर कहा करता हूँ कि वैरागी कला का केवल अभ्यास ही नहीं करता, वह कला को अपने जीवन में उतारनेवाला होता है।'

क्या इस कसौटी पर छायावाद गांधीवाद का साहित्यिक प्रतिबिम्ब माना जा सकता है? क्या छायावाद सीधा-सादा काव्य था? क्या छायावादी कवि वैरागी थे? क्या छायावाद के भीतर नक्काली थी ही नहीं? छायावाद और गांधी के बीच मुझे तो उतनी भी समानता दिखाई नहीं देती, जितनी समानता यूरोप की रोमांटिक कविता और होमियोपैथी के प्रवर्तक सैमुएल हैनीमैन के बीच है। हैनीमैन कवि शेली के समकालीन थे, अतएव कहा जाता है कि विचारों की जिस लहर ने साहित्य में रोमांटिक धारा का प्रवर्तन किया, उसी लहर के कारण होमियोपैथी का भी आविष्कार हुआ। होमियोपैथी इलाज की आध्यात्मिक पद्धति है, जिसकी खुराक आकार में जितनी ही छोटी गुणों में उतनी ही तेज होती है। अगर हैनीमैन का जन्म बीसवीं सदी में भारतवर्ष में हुआ होता, तो यह कहना कुछ दूर तक युक्तिसंगत हो सकता था कि हैनीमैन और गांधी विचार की एक ही भूमि से जनमे हैं; किन्तु कर्मठ गांधी और कल्पना-विहारी छायावादियों के बीच बन्धुत्व स्थापित करने का प्रयास बिलकुल ही उचित नहीं है।

अगर यह कहें कि जैसे गांधी जी ने शरीर-बल के सामने आत्मा की शक्ति दिखलाई, उसी प्रकार छायावाद भी स्थूल के प्रति सूक्ष्म का विद्रोह था, तो भी बात ठीक से नहीं बनती है। छायावाद द्विवेदी-युगीन काव्य की सादगी और नीरसता के विरुद्ध प्रतिक्रिया के रूप में आया था। द्विवेदी-युग के कवि श्रृंगार से जरा परहेज रखा करते थे। छायावादियों ने इस परहेज को तोड़ना चाहा, मगर स्वामी दयानन्द की मुट्ठी से तो वे निकल भागे, लेकिन गांधी के जाल से निकलना उनके लिए कठिन हो गया। छायावाद के भीतर हम ठिठुरी हुई काम-भावना को तड़पते देखते हैं। इसका कारण कुछ तो स्वामी दयानन्द की विरासत थी और कुछ गांधी-युग का प्रभाव।

गांधीवाद बड़ी ही गौरवपूर्ण विचारधारा का नाम है, किन्तु उससे एक दुष्परिणाम भी निकला और वह यह कि उसके चलते फटे हुए व्यक्तित्ववाले

लोगों की संख्या अधिक हो गई। स्वयंसेवकों के साथ एक प्रकार का भोजन और घर के भीतर दूसरे प्रकार का। सभा में जाने की एक पोशाक, घर में पहनने की दूसरी। दयानन्द और गांधी, इन दो-दो पहरेदारों के रहते हुए किसकी हिम्मत थी कि अपनी प्रेमिका की आँखों से आँखें मिलाए? निदान, कवियों को बेला, जूही, किरण और कुसुम का नाम लेकर अपनी काम-भावना का वर्णन लिखना पड़ा। इस दृष्टि से छायावाद पर गांधी जी का प्रभाव बहुत अनुकूल प्रभाव नहीं माना जाएगा। हाँ, इस युग में राष्ट्रीय कविताओं का जो ज्वार उठा, वह सीधे राष्ट्रीय आन्दोलन की देन था और उन कविताओं के भीतर जहाँ कहीं भी गांधी जी के प्रतिबिम्ब पड़े हैं, वे बड़े ही सुन्दर और स्वस्थ हैं। जो कवि केवल कलोन्मुख ही नहीं, कुछ समाज की भी ओर थे, उन पर गांधी जी का प्रभाव अनेक रूपों में पड़ा।

सन् 1930 ई. में जब पेशावर के पठानों पर गोलियाँ चलीं और पठानों ने प्रतिशोध लेने को हाथ भी नहीं उठाया, उन दिनों मेरी एक कविता में ये पंक्तियाँ उतरी थीं :

यह विस्मय बड़ा प्रबल है,
बल को बलहीन रिझाते।
मरनेवाले हँसते हैं,
आँसू हैं वधिक बहाते।

जब गांधी जी अछूतोद्धार के अभियान पर निकले, संकीर्ण विचारवाले हिन्दुओं ने उनका स्वागत लाठियों और पत्थरों से किया। उस समय श्री रामसिंहासन सहाय मोख़्तार मधुर ने लिखा था :

ले लेंगे वे प्राण; हाय, वह देने पर राजी है।
बक्सर से पत्थर-प्रहार, पूने से बमबाजी है।
डोमराज! भयभीत न होना, निष्ठुरता हारेगी,
प्रभु की करुणा हृदय चीरकर यह बाजी मारेगी।

और जब गांधी जी ने राजकोट में अनशन आरम्भ किया, श्री मधुर जी ने रजवाड़ों के उन्मूलन की भविष्यवाणी उसी दिन की थी :

ऊपर अम्बर रोता है, नीचे धरती अकुलानी,
यह मुकुट बेच दो राजा, यह महल बेच दो रानी।

इन कोटि-कोटि प्राणों में है एक आग तूफानी,
यह आग बुझाओ राजा, यह आग बुझाओ रानी।

यह धरती धँस जाएगी, है दो दिन की मेहमानी,
इतिहासों के पन्नों पर उड़ते हैं राजा-रानी।

भारत ही नहीं, मानवता मात्र का परम दुर्भाग्य यह रहा कि गांधी जी अपनी ही साधना के बल से इतने ऊँचे उठ गए कि राजनीति में उन्हें एक भी ऐसा शिष्य नहीं मिला, जिसका मस्तक बापू के चरणों तक भी पहुँच पाया हो। इससे भी बड़े दुर्भाग्य की बात यह रही कि उनका शायद ही कोई शिष्य ऐसा हुआ, जिसे गांधी जी पर चारों ओर से एक समान अडिग विश्वास रहा हो। नेता उन्हें सब मानते थे, मगर प्रत्येक के भीतर कुछ-न-कुछ दुराव भी था। कोई सब कुछ मानता हुआ बापू की आध्यात्मिकता से घबराता था। किसी को इस बात की शिकायत थी कि गांधी जी मशीनों का समर्थन क्यों नहीं करते हैं। कोई इस बात से खुश था कि गांधी जी राम के भक्त हैं, मगर मन-ही-मन यह नहीं समझ पाता था कि वे कुरआन की आयतें क्यों पढ़ते हैं? कोई शिष्यत्व निभाने के लिए चरखा तो चला लेता था, मगर मन-ही-मन सोचता था कि देश के स्वाधीन होने पर हम देश को अमरीका बना देंगे। यहाँ तक कि उनके अपने लोग गांधी जी की भाषा-नीति तक के साथ नहीं थे, केवल उन्हें खुश रखने को ऊपरी मन से भारतीय भाषाओं का समर्थन करते थे।

लोगों की सबसे कम आस्था गांधी जी की अहिंसा में थी। गांधी जी का मन रखने को वे अहिंसा की दुहाई तो सुबह और शाम, दोनों वक्त देते थे, मगर मन-ही-मन वे मानते थे कि अहिंसा हमारा धर्म नहीं, केवल नीति मात्र है। क्रिप्स आफर के समय तो बात यहाँ तक बढ़ी कि कांग्रेस ने यह प्रस्ताव पास कर दिया कि अगर स्वराज्य अभी दे दिया जाए तो कांग्रेस युद्ध में सक्रिय सहायता देने को तैयार है। इस प्रस्ताव के पास होते ही गांधी जी ने कांग्रेस के साथ अपना सम्बन्ध छिन्न कर लिया और कांग्रेस में फिर से वापस वे तब आए जब कांग्रेस ने स्वराज्य न मिलने पर, उस प्रस्ताव को रद्द कर दिया।

हिंसा-अहिंसा का यह द्वन्द्व हिन्दी कवियों को भी सताता था, फिर भी कंठ तक आई हुई आग को वे वापस निगल जाते थे और ऐसी बात बोल देते थे जिससे कठघरे में खड़े होकर वे यह कसम खा सकें कि हिंसा की बात मैंने कभी नहीं कही है। स्वर्गीय पं. बालकृष्ण शर्मा नवीन की 'सर्वनाश की भट्ठी' कविता में एक जगह उन हिंसावादी देशभक्तों का उल्लेख है जो वनों या पर्वतों में छिपकर अपनी साधना करते थे :

गिर-गह्वर में, वन-उपवन में,
अथवा किसी शून्य प्रान्तर में,

भटक रहे कुछ दीवाने हैं
ले आशा-प्रदीप निज कर में।
भर इनके खप्पर को भर
लोहू से नहीं, लपट से आ री!
अरी, धधक उठ धक्-धक् कर तू
सर्वनाश की भट्ठी प्यारी।

यहाँ कंठ तक तो यही बात आई दिखती है कि क्रान्तिकारियों के खप्पर को क्रान्ति लोहू से भर दे, किन्तु गांधी जी कहीं बुरा न मान जाएँ, यह सोचकर लोहू के बदले लपट की बात मिला दी गई है।

यह सावधानता हम पं. माखनलाल जी चतुर्वेदी में भी देखते हैं, लेकिन वह सावधानता ही है, अन्यथा हिंसक वीरता का ज्वार इन पंक्तियों के पीछे भी देखा जा सकता है :

अमर राष्ट्र, उद्दंड राष्ट्र,
उन्मुक्त राष्ट्र, यह मेरी बोली।
यह सुधार-समझौतों वाली,
मुझको भाती नहीं ठिठोली।

क्या जले बारूद? हिम के प्राण पाए।
क्या मिला, जो प्रलय के सपने न आए?

लेकिन हिन्दी में तीन-चार कवि ऐसे भी हुए हैं, जो कम-से-कम अपनी रचनाओं में हिंसा और अहिंसा के द्वन्द्व से सर्वथा मुक्त रहे। इनमें से सियारामशरण गुप्त सर्वतोभावेन गांधीवादी थे और गांधी जी के सिद्धान्तों पर शंका करने की बात वे सोच भी नहीं सकते थे। वैसे मैथिलीशरण जी गुप्त की अपेक्षा वे अधिक मौलिक कवि थे, किन्तु उनकी मौलिकता भी गांधी जी के किसी भी मत को शंका की कसौटी पर चढ़ाकर नहीं देख सकी। इससे उनकी कविताएँ कपास के समान हो गईं—उस कपास के समान, जिसके बारे में तुलसीदास जी ने कहा है : 'निरस, विसद, गुनमय फल जासू'।

'भारती-भारती' की रचना के बाद से मैथिलीशरण जी गुप्त भारत के राष्ट्रकवि मान लिये गए थे और अपने इस पद के औचित्य को सँभालने के लिए उन्होंने ऐसे अनेक काव्य लिखे, जिनमें कवित्व कम, राष्ट्रकवित्व अधिक था। 'गुरुकुल' और 'कर्बला', ये दो काव्य यहाँ प्रमाण के तौर पर उल्लेखनीय हैं। गांधी जी के प्रति उनका भी वही भाव था, जो उनके अनुज सियारामशरण गुप्त

का था। एक हिन्दुस्तानी को छोड़कर बाकी सभी बातों में दोनों भाई गांधी जी के पूरे भक्त थे। हिंसा-अहिंसा के बारे में मेरा जो मत है, उस पर मैथिलीशरण जी को आश्चर्य हुआ करता था, किन्तु उससे भी अधिक आश्चर्य मुझे इस बात पर होता था कि गुप्त-बन्धुओं के भीतर कोई शंका क्यों नहीं उठती है, कोई सन्देह क्यों नहीं जन्म लेता है? उन लोगों ने कड़ी रस्सी से अपने को गांधी जी के खूँटे से बाँध लिया था और जो बातें उन्होंने गांधी जी से सुनी थीं, उन्हें वे जीवन भर दुहराते रहे। हाँ, जब चीन ने भारत पर आक्रमण किया, तब एक लम्बी कविता मैथिलीशरण जी ने जरूर लिखी, जिसमें शस्त्र के जवाब में शस्त्र निकालने की प्रेरणा थी।

'पृथिवीपुत्र' में जब पृथिवीपुत्र यह कहता है कि 'युद्ध से ही युद्ध को समाप्त कर दूँगा मैं', तब माताभूमि उसे समझाती है कि :

एक के अनन्तर अपेक्षा एक युद्ध की
देखती मैं आ रही हूँ, ज्ञात नहीं कब से।
एक सदुद्देश्य कह कर सभी जूझे हैं
किन्तु, एक इति में जुड़ा है अथ दूसरा।

एक युद्ध की इति में दूसरे युद्ध के अथ का जुड़ा होना ही वह समस्या है, जो विचार को उत्तेजित करती है। गुप्त-बन्धुओं ने युद्ध की समस्या पर अपना आत्ममंथन नहीं किया, न इस प्रश्न पर अथ से इति तक उन्होंने सोचने की कोशिश की। इसीलिए उनकी शान्ति और युद्ध-विषयक कविताएँ आत्ममंथन से उत्पन्न नहीं दीखतीं। वे सीधे गांधी जी की प्रयोगशाला से आई हुई लगती हैं। यहाँ तक कि उनके भीतर उस द्वन्द्व और बेचैनी का भी आभास नहीं मिलता, जिसके भीतर से गुजरकर गांधी जी किसी निष्कर्ष पर पहुँचे होंगे।

पंत जी ने एक समय मार्क्सवादी बनकर बड़ी भारी कीर्ति लूटी थी, किन्तु गांधी जी पर कविता लिखकर उन्होंने अपने प्रशंसकों को मानो यह नोटिस दे दी कि मेरा विश्वास पूरे मार्क्स में नहीं है। जो आदमी अपने कलेजे का दर्द समाज के कलेजे में उड़ेलता है और समाज की छाती की पीड़ा अपनी 'छाती' में लेता है, सच पूछिए तो मनीषी हम उसी को कहेंगे। ऐसा मनीषी सिब्बंदी के खिलाफ सोचने से नहीं हिचकता, बल्कि मनीषी वह इसीलिए होता है कि वह सिब्बंदी के खिलाफ सोच सकता है, किन्तु मनीषी होना कलाकार होने की अपेक्षा कहीं ज्यादा खतरनाक काम है। इसलिए पंत जी ने हमेशा कलाकार बनकर अपने मनीषी को थोड़ा दबाए रखा है। यही कारण है कि तिब्बत पर जब माओ की तलवार चली, तब पंत जी को थोड़ी भी पीड़ा नहीं हुई, लेकिन भारत में जब

परशुराम ने अपना कुठार उठाया, पंत जी को यह बात पसन्द नहीं आई। कीर्ति अरक्षित छोड़ने की चीज नहीं है और जिस क्यारी में हमारी कीर्ति-लता की जड़ जमी हुई है, उस क्यारी के बारे में ईमानदारी बरतना अपनी कीर्ति पर आफत को निमंत्रण देना है।

इस दृष्टि से हिन्दी में सबसे ईमानदार चिन्तक मैं जैनेन्द्र जी को मानता हूँ। एक तो जैन धर्म ही अहिंसा से सराबोर है। उस पर जैनेन्द्र जी का स्थान गांधीवाद के आचार्यों में से है। फिर भी वे यह मानने को तैयार नहीं हैं कि केवल अहिंसा की दुहाई देने से युद्ध का अन्त किया जा सकता है। युद्ध जब आ ही जाए, तब उससे मुकर जाना कायरता का काम है। जैनेन्द्र जी के 'जयवर्धन' उपन्यास में स्वामी जी ने आचार्य जी से कहा है :

> 'यहाँ सच ही कोई स्व-तंत्र-वान् नहीं है। जो है, जहाँ है, एक भगवत्-तन्त्र है। अर्जुन ने पीछे मुड़ना चाहा था, कृष्ण ने उसे समक्ष बढ़ाया। यह काम आप पर है और जयवर्धन निश्चय ही आज के लिए अर्जुन के समान है। देखता हूँ, युद्ध समक्ष है और शान्ति श्मशान की भी शान्ति हो सकती है। लेकिन वह युद्ध से बदतर चीज होगी। इसलिए हर हाल समझौता हमें नहीं चाहना है। एक जगह पर कृष्ण ने समझौते की सम्भावना छोड़ दी और युद्ध माँगा गया, तो युद्ध का दान देने में योगी कृष्ण ने अपनी ओर से कृपणता नहीं दिखाई।'

हिंसा-अहिंसा की समस्या मनुष्य-जाति की सबसे जटिल समस्या है, जिसका कोई भी सीधा समाधान नहीं है। अगर कोई सीधा समाधान हुआ होता, तो गांधी जी ने काश्मीर में फौज भेजने से अपने शिष्य को रोक दिया होता और चीनी आक्रमण के बाद आचार्य विनोबा भावे यह संकेत देने को बन्दूक का स्पर्श नहीं करते कि कभी-कभी अहिंसा की रक्षा भी हिंसा के बिना नहीं की जा सकती है।

सर्वभाषा कवि-सम्मेलन

सर्वभाषा कवि-सम्मेलन की परिपाटी इस देश में आकाशवाणी की चलाई हुई है। जब यह सम्मेलन पहले-पहल आयोजित किया गया था, हमने एक नये ढंग के उत्साह का अनुभव किया था। भारत की सभी भाषाओं की कविताएँ सानुवाद एक मंच से सुनाई जाएँ, यह दृश्य सबको प्यारा लगा था और यह जानकर सबको खुशी हुई थी कि भारत की एक ही आत्मा उसकी अनेक भाषाओं में बोलती है, उसका एक ही मस्तिष्क अनेक भाषाओं में चिन्तन करता है। खेद की बात है कि यह सम्मेलन पिछले दो गणतंत्र दिवसों पर आयोजित नहीं किया जा सका। मुझे आशा है कि भारत की भावनात्मक एकता के इस चिराग को आकाशवाणी के अधिकारी आगे भी बुझने नहीं देंगे।

भारत की प्रायः सभी भाषाओं के कवि लगभग एक ही ढंग की कविताएँ लिखते हैं। जो कवि पुराने हैं, उनकी कविताओं में सामाजिक समस्याओं की झाँकी हर भाषा में दिखाई देती है। इसी प्रकार जो कवि नये हैं, उनकी कविताएँ प्रायः प्रत्येक भाषा में वैयक्तिक ज्योति से जगमगाती मिलती हैं, पस्ती और अंधकार से पीड़ित दिखाई देती हैं। और प्रायः हर भाषा में ऐसे नये कवि उत्पन्न हो गए हैं, जो सामाजिक समस्याओं पर विचार करना नहीं चाहते, जो भाव को विचार से अलग रखने के पक्षपाती हैं और जिनकी दृष्टि में कला की स्वायत्तता ही उसका सबसे बड़ा गुण है।

ज्यों-ज्यों भारत में आधुनिकता की प्रगति होती है, हमारी कविता समाज से अलग होने की प्रवृत्ति दिखाती जा रही है। भारत में अभी ऐसे नगर नहीं बने हैं, जिन्हें हम न्यूयॉर्क, लन्दन या पेरिस की कोटि में रख सकें; न इस देश में अभी औद्योगिक सभ्यता का इतना विकास हुआ है, जिसमें कवि निःसंगता और एकाकीपन की पीड़ा से बेहाल हो जाए। मगर निःसंगता और एकाकीपन के बोध की कविताएँ हमारे देश में भी लिखी जा रही हैं और वे कभी-कभी इतनी तीखी होने लगी हैं कि उन्हें पढ़कर हमें भी एकाकीपन का बोध होने लगता है।

यह एकाकीपन भारतीय साहित्य के लिए सर्वथा नवीन वस्तु नहीं है। इस देश में पहले भी ऐसे कवि हुए हैं, जो सारी दुनिया के बीच रहते हुए भी अपने को अकेला अनुभव करते थे। कबीरदास जी ने अपने इस एकाकीपन का बयान कई जगहों पर किया है :

जिनने कछु जान्यो नहीं,
तिन सुख नींद विहाय।
हम जो बूझा बूझना
पूरी पड़ी बलाय।

अर्थात जिन्होंने ऊँची बातें नहीं जानीं, वे सुख की नींद सो रहे हैं। किन्तु मैंने जिन समझने योग्य बातों को समझा, वे मेरे लिए बला बन गईं।

उन्होंने और भी कहा है :

सुखिया सब संसार है, खावै अरु सोवै,
दुखिया दास कबीर है, जागै अरु रोवै।

यह और कुछ नहीं, वही दर्द है, जिसका वर्णन यूरोप के आधुनिक लेखकों ने किया है। एक आधुनिक कथाकार का एक पात्र कहता है—हाय, मैं कैसा अभागा हूँ कि मुझे कहीं भी चैन नहीं मिलता और वे लोग कैसे हैं, जो रेस्तराँ और नाचघरों में मौज उठाकर चैन से सो जाते हैं।

ऊँची मनुष्यता और ऊँचे आध्यात्मिक लक्ष्य की साधना करनेवाले साधक संसार में हमेशा अकेले रहते हैं और उनका निःसंगता-बोध सदा ही संसार को ऊँचाई की ओर ले जाता है। समाज की सेवा केवल वे ही नहीं करते, जो बड़ी-बड़ी सभाओं में दहाड़ते रहते हैं। सेवा उनकी भी अमोघ होती है, जो आत्मज्ञान की नीरव साधना में लगे हुए हैं, जो ऊँची मानवता की वेदना को अंगीकार करने के कारण औसत समाज में नहीं खप सकते। अतएव मैं ऐसे कवियों की निःसंगता का आदर करता हूँ, जिन्हें किसी लोकोत्तर आदर्श ने दबोच लिया है अथवा जो इनसानियत के लाइलाज दर्द को अपनी पूँजी बनाकर अँधेरे में तड़प रहे हैं, क्योंकि मानवता को रोशनी सफलता से नहीं, ऐसे ही साधकों की असफलता से हासिल होती है।

किन्तु इनके सिवा साहित्यिकों का जो विशाल दल है, उसका कर्तव्य वही नहीं हो सकता, जो थोड़े-से रहस्यवादियों के लिए विहित है। साहित्य की सामाजिक प्रेरणा जब क्षीण होती है, साहित्य का सामाजिक महत्त्व भी क्षीण हो जाता है। धर्म में कहा जाता है कि जीव की मुक्ति ज्ञान से भी होती है, भक्ति से भी होती है, योग से भी होती है और कर्म से भी होती है। साहित्य के भीतर

भी सिद्धि के अनेक मार्ग हैं। साहित्य की शोभा गालिब और बिहारीलाल भी हैं; पोतना, कंबन और तुलसीदास भी हैं, वेमना और कबीर भी हैं, भूषण और सुब्रह्मण्यम भारती भी हैं तथा उसके मंच पर रवीन्द्र, इकबाल, केशवसुत, नजरुल इस्लाम, महादेवी, निराला और पंत के लिए भी आदरणीय स्थान है।

आधुनिकता का एक रूप साम्यवादी देशों में निखरा है। उसका दूसरा रूप उन देशों में निखर रहा है, जो सुखी और सम्पन्न हैं तथा जहाँ के नवयुवकों की असली शिकायत यह है कि हमारे बाप-दादों ने हमारे लिए कोई समस्या क्यों नहीं छोड़ी। भारत का मार्ग इन दोनों प्रकार के देशों के बीच से निकल रहा है, अतएव हम साहित्यिकों को भी वह राह पकड़नी चाहिए, जिससे यह देश मजबूत बने, उसकी एकता राजनीतिज्ञों के हाथ की कठपुतली न रह जाए और जिससे बहुत आगे चलकर हमारी संततियाँ सारे संसार को कोई ऐसी वस्तु प्रदान कर सकें, जिसकी विश्व-सभ्यता को जरूरत पड़ने वाली है। अपवाद हम केवल उन्हें मानते हैं, जो स्थूल सामाजिकता से तटस्थ रहकर किसी महान लक्ष्य की साधना में लगे हुए हैं। बाकी सभी लोगों के लिए कर्म अनिवार्य है और समाज के प्रति दायित्व से भागने का उन्हें कोई भी अधिकार नहीं है।

[30 अप्रैल, 1967 ई.]

लेखकों का कार्य-शिविर

लेखकों का कार्य-शिविर इस देश में नहीं चलता था। अब यह अमरीका की देखादेखी अपने यहाँ भी चलने लगा है। संगोष्ठियों का रिवाज भी इस देश में इधर हाल से ही चलने लगा है। यह कार्य-शिविर भी एक प्रकार की संगोष्ठी ही है। विशेषता शायद यह है कि यह अभ्यासियों की संगोष्ठी है।

हँसी सिर्फ इस बात पर आती है कि इस कार्य-शिविर में केवल लेखक ही नहीं, कुछ ऐसे लोग भी आए हैं, जो उदीयमान कवि हैं अथवा कवि बनना चाहते हैं। वैसे प्रशिक्षण तो सभी कलाओं का होता है, मगर स्कूल नृत्य, चित्रकारी, मूर्तिकला, संगीत आदि के ही चलते हैं। लेखक तैयार करनेवाले स्कूलों का चलन नहीं है। उसमें भी काव्य-रचना सिखानेवाले स्कूल तो बिलकुल नहीं हैं। जो आदमी लेखक या कवि बनना चाहता है, वह अपना प्रशिक्षण आप करता है। आरम्भ में प्रत्येक कवि अपने से बड़े किसी प्रिय कवि को अपना आदर्श मानता है और उसके अधिक-से-अधिक अनुरूप बनने के प्रयास से अपना विकास करता है।

कविता में इसलाह लेने का रिवाज उर्दू में बहुत काफी रहा है। अयोध्या प्रसाद जी गोयलीय ने उर्दू कवियों के इसलाहों पर हिन्दी में एक पूरी पुस्तक ही लिख डाली है। उर्दू में इसलाह की पद्धति से एक लाभ यह हुआ कि भाषा खूब मँज गई और एक-एक गुरु ने कई-कई सौ शिष्य तैयार किए, जो लगभग एक ही समान भाषा लिखते थे। कभी-कभी इसके अपवाद भी दिखाई पड़े हैं। इकबाल शायद महाकवि दाग से इसलाह लेते थे, मगर भाषा उनकी दाग की भाषा से बहुत भिन्न रही।

जब तक घनाक्षरी और सवैयों का प्रचलन रहा, इसलाह लेने का रिवाज जहाँ-तहाँ हिन्दी में भी था। कानपुर के पं. गयाप्रसाद शुक्ल सनेही जी कविता के बड़े ही प्रसिद्ध गुरु हैं और उन्होंने जितने कवियों की भाषा सुधारी है, उनकी गणना आसान नहीं है। प्रमाण इसका भी है कि मैथिलीशरण गुप्त जी की

कितनी ही कविताओं का संशोधन आचार्य महावीरप्रसाद द्विवेदी जी ने किया था। एक कहावत यह भी है कि तुलसीदास जी के एक दोहे का संशोधन हनुमान जी ने किया था :

शंकर चाप जहाज, सागर रघुवर बाहु बल,
बूड़े सकल समाज, चढ़े जे प्रथमहिं मोहबस।

इस दोहे का चौथा चरण हनुमान जी द्वारा विरचित माना जाता है।

अंग्रेजी में एक कहावत है :

'He who wants to write best, let him read the best writer, let him hear the best speaker and let him read his own writing again and again.'

यह अन्तिम वाक्य बहुत ही महत्त्वपूर्ण है। मैंने जीवन-भर यही किया और मेरा खयाल है, प्रत्येक लेखक और कवि यही करता है। अपना सबसे बड़ा आलोचक और अपना सबसे बड़ा संशोधक कवि आप होता है। पुस्तकें जब प्रकाशित होती हैं, तब आलोचक उनके बखिए उघारते हैं और कवि को यह सुझाया करते हैं कि उसकी रचना में त्रुटियाँ कहाँ-कहाँ पर हैं। मगर आलोचनाओं को देखकर किसी कवि ने अपनी वही पुस्तक फिर से लिखी हो, इसका दृष्टान्त मैंने नहीं देखा है। हाँ, नाटककार अपने नाटक का मंचीय अभिनय देखकर अपने नाटकों में संशोधन करते देखे गए हैं।

समर्थ स्वामी रामदास ने कवियों की तीन श्रेणियाँ बनाई हैं—सत्कवि, पाठ-कवि और ढीठ कवि। सत्कवि वे होते हैं, जिनके भीतर प्रेरणा होती है, जो लिखे बिना रह नहीं सकते, जिनके भीतर सौन्दर्यबोध की अपनी दृष्टि होती है और जो अनुकरण न करके साहित्य में हमेशा नया रास्ता तैयार करते हैं। पाठ-कवि वे होते हैं, जिनके भीतर अपनी प्रेरणा नहीं होती, मगर मिजाज कवि का होता है। ज्यों-ज्यों वे श्रेष्ठ कवियों की कविताएँ पढ़ते हैं, त्यों-त्यों लिखने की इच्छा उनमें बलवती होती जाती है और उनकी देखादेखी वे भी कुछ पद रच लेते हैं। पाठ-कवि के भाव भी पुराने होते हैं और उनकी भाषा में भी नवीनता नहीं होती। किन्तु भाषा व्याकरण-सम्मत और निर्दोष होती है तथा छंदों में यतिभंग नहीं होता। ढीठ कवि वह होता है, जिसमें न तो प्रेरणा होती है, न वह श्रेष्ठ काव्यों का ही अध्येता होता है। केवल अपने जीवन में थोड़ा आदर्शवाद डालने के लिए अथवा कीर्ति-कामना से विचलित होकर वह कलम लेकर बैठ जाता है और पद रचकर उन्हें प्रकाशित कर देता है।

आजकल अकविता और अकवि की चर्चा हिन्दी में जोरों से चल रही है। छोटी-छोटी पत्र-पत्रिकाओं में जब मैं यह चर्चा देखता हूँ, मुझे एक कहानी याद आती है, जो मैंने ब्रजभाषा के एक पुराने कवि के मुख से सुनी थी।

कहानी यह है कि एक कवि कहीं जा रहा था कि रास्ते में सामने से आता हुआ एक व्यक्ति उसे मिल गया। उस व्यक्ति ने कवि से पूछा, 'तू कौन है?'

कवि विनम्र होकर बोला, 'मैं कवि हूँ। मगर आप कौन हैं?'

वह व्यक्ति बोला, 'मैं मवि हूँ।'

कवि ने पूछा, 'मवि क्या होता है भला?'

मवि बोला, 'और कवि क्या होता है भला?'

कवि ने कहा, 'कवि तो कविता करता है।'

मवि बोला, 'मवि तो मविता मरता है।'

कवि ने पूछा, 'मविता क्या होती है?'

मवि ने पूछा, 'कविता क्या होती है?'

कवि ने कहा, 'कविता यह है कि जब दाँत न थे, तब दूध दिये; जब दाँत दिये, तब अन्न ने दैहैं।'

मवि बोला, 'मविता यह है कि जब माँत न थे, तब मूध मिए; जब माँत मए, तब मन्न न मैहैं?'

इस पर कवि ने हार मान ली और वह मवि को मस्तक नवाकर अपनी राह चला गया।

जब आत्माभिव्यक्ति की पीड़ा आदमी को बेचैन करती है, तब वह कविता लिखता है और ऐसी कविता लिखनेवाले को कीर्ति भी मिलती है, लेकिन पीड़ा जब आत्माभिव्यक्ति की नहीं, केवल लोकैषणा की होती है, तब आदमी मविता लिखने लगता है।

बहुत दिनों से साहित्य में यह मान्यता चली आ रही है कि सत्कवित्व की प्रेरणा ईश्वरीय होती है। मनुष्य के मन के उद्‌गम पर कहीं कुछ है, जिसका सम्यक् ज्ञान हमें नहीं है। कविता उसी उद्‌गम की वाणी है। सम्भव है, वह हमारे मन की उपचेतन या अचेतन भाग हो! सम्भव है, वह मनुष्य-जाति का संचित मनोवैज्ञानिक संस्कार हो; अथवा यह भी सम्भव है कि वह हमारा जन्म-जन्मांतर का अर्जित संस्कार हो!

अब मनोविज्ञान की एक नई शाखा निकली है, जिसे Synetics कहते हैं। इस मनोविज्ञान का कहना है कि सत्काव्य की रचना और विज्ञान के आविष्कार की मनोवैज्ञानिक प्रक्रिया एक ही है। रचना और आविष्कार के पूर्व कवि और वैज्ञानिक, दोनों को मन की एक ऐसी स्थिति में पहुँचना पड़ता है, जो बुद्धि-सम्मत नहीं है, जो तर्कहीन है, जो अर्धविक्षिप्त और अव्यवस्थित है। इसे हम मंद उन्माद की भी स्थिति कह सकते हैं। मंदोन्माद की इस स्थिति में भटके

बिना न कवि को कविता सूझती है, न वैज्ञानिक को आविष्कार सूझता है। आशय इसका यह हुआ कि सत्य तक जाने की जो राह है, वह केवल बुद्धि से होकर नहीं जाती है। बुद्धि को लाँघकर उसे उन्माद की राह से भी जाना पड़ता है। यह उन्माद की राह लगभग वही है जिसे साधक रहस्यवाद कहते हैं, किन्तु यह स्थिति ध्यान, समाधि और निदिध्यासन के बिना प्राप्त नहीं की जा सकती। अतएव कवित्व की मूल शक्ति को जाग्रत करने का मार्ग कार्य-शिविर नहीं, ध्यान और समाधि है।

जब से नई कविता और नई आलोचना का उदय हुआ है, जो इस बात पर बढ़ता जाता है कि प्रेरणा किसी भी भाँति ईश्वरीय मानी जा सकती है और काव्य का कारण प्रेरणा नहीं, अभ्यास है। अभ्यास सभी कलाकारों के लिए लाभकारी होता है, किन्तु केवल अभ्यास से सत्कविता बन सकती है या नहीं, इस विषय को मैं संदिग्ध मानता हूँ। अगर मेरी मान्यता गलत और अभ्यासवादियों का कहना ठीक हो, तो फिर हमें मैथिलीशरण जी के पद में संशोधन करके साफ कहना चाहिए कि :

अभ्यासी का श्रम-सीकर ही काव्य है,
कोई कवि बन जाए, सहज, सम्भाव्य है।

मेरे जानते कार्य-शिविर कवित्व की सत्प्रेरणा जगाने का स्थान नहीं है। वह केवल अभ्यास का शिविर है और अभ्यास लाभकारी उन्हीं को होगा, जिनके भीतर सत्कवित्व के बीज हैं। पुरानी कहावत यह थी कि कवि गढ़े नहीं जाते, वे जन्म से ही कवि होते हैं। अब वाणिज्य का युग यदि अभ्यास पर बहुत जोर देना चाहता है, तो कहना यह चाहिए कि कवि जन्म भी लेते हैं और गढ़े भी जाते हैं, मगर गढ़न उन्हीं को फलती है, जो जन्म से भी कवि हैं।

अभ्यास की महिमा पुराने लोगों को भी ज्ञात थी। संस्कृत पाठशालाओं में अभी हाल तक पिंगल काफी मनोयोग से पढ़ाया जाता था और छात्रों को वर्गों में बैठे-बैठे श्लोक बनाने पड़ते थे। परीक्षाओं में भी श्लोक-रचना के प्रश्न अवश्य रखे जाते थे।

पता नहीं, आप लोग छंदोबद्ध रचना करने के इच्छुक हैं अथवा मुक्त छंद की रचना सीखना चाहते हैं। लेकिन आपको याद रखना चाहिए कि मुक्त छंद लिखना उतना आसान नहीं है, जितना वह समझा जा रहा है। जो आदमी छंद के अनुशासन से भी कठिन अनुशासन में चलने में असमर्थ है, उसे मुक्त छंद की ओर नहीं जाना चाहिए। अतएव मेरा खयाल है, जो लोग काव्य-कला का अभ्यास करने को यहाँ आए हुए हैं, उन्हें सबसे पहले कई प्रकार के छंदों की

रचना का अभ्यास करना चाहिए। तभी उन्हें ज्ञान होगा कि छंदोभंग अथवा यतिभंग कितना भद्दा दोष है। 'वरम् माखं मखं कुर्यात् छंदोभंगं न कारयेत'। फिर उन्हें यह भी मालूम होगा कि व्याकरण का निर्वाह करते हुए शुद्ध छंद लिखना कठिन कार्य है और सबसे बड़ा ज्ञान उन्हें यह होगा कि व्याकरण और छंद, दोनों का निर्वाह करते हुए मन की बात को छंदों के भीतर से ठीक-ठीक अभिव्यक्त कर देने में कवि को कितनी कठिनाइयों का सामना करना पड़ता है!

[फरवरी, 1967 ई.]

डोगरी की कविताएँ

जब से स्वराज्य हुआ है, भारत की भाषाओं में जान आ गई है। जिसमें जहाँ तक बढ़ने का दम है, वह वहाँ तक बढ़ने की कोशिश कर रही है। देश के कुछ बड़े-बूढ़े लोग, जिन्होंने भारत की मिट्टी को नहीं समझा था, जो बड़े-बड़े शहरों में जनमे और वहीं बढ़कर अब वृद्ध हो गए हैं, जिन्होंने अंग्रेजी में दक्षता प्राप्त करके पहले अंग्रेज को चकित किया और स्वराज्य के बाद से जो नये राजनीतिज्ञों को भी चकरा देने में कामयाब हो गए हैं, वे लोग कहते हैं कि भाषाओं का जागरण भारत के लिए सबसे बड़ा खतरा है। लेकिन मुझ-जैसे सिरफिरे लोग यह समझते हैं कि भारत की भाषाएँ यदि नहीं जगीं, तो पार्सल से जो स्वराज्य 15 अगस्त, 1947 ई. को आया था, वह मुर्दा-का-मुर्दा पड़ा रहेगा। जनता को उसकी भाषा नहीं मिली, तो वह बढ़ेगी कैसे? वह अपने दुःख-दर्द, उम्मीद और उमंग की अभिव्यक्ति क्या अंग्रेजी की मदद से करेगी? ऐसे सभी बड़े लोगों से मेरा एक ही सवाल है कि अगर जनता को उसकी भाषा मिलनेवाली नहीं थी, तो फिर स्वराज्य की ही ऐसी जल्दी क्या थी? शासन का लिबास तो बदल गया, मगर जनता के हृदय के भीतर उमंग का चिराग जलाने का रास्ता कब खुलेगा?

अंग्रेजी में कविताएँ लिखकर बहुत-से हिन्दुस्तानियों ने हिन्दुस्तान वालों को चक्कर में डाल दिया। मानो वे कह रहे हों, देखा? जिस भाषा में तुम ठीक से बात नहीं कर सकते, उसमें हम कविताएँ लिखते हैं। मगर इन कविताओं को पढ़ा किसने? जो असली हिन्दुस्तानी हैं, वे अपनी भाषाओं में पढ़ते हैं और उन्हीं कविताओं पर झूमते भी हैं। रह गए अंग्रेज, सो वे तो अंग्रेजी में कविता लिखनेवाले हिन्दुस्तानियों को कवि ही नहीं मानते। आरू दत्त को भी नहीं, तोरू दत्त को भी नहीं, भारत-कोकिला को भी नहीं, हरीन्द्र चट्टोपाध्याय को भी नहीं। है इनमें से कोई कवि जिसकी कविता अंग्रेजी कविताओं के किसी भी प्रतिनिधि संग्रह में स्थान पा सकी हो? और मेरे सामने 'कामनवेल्थ एन्थालॉजी' का नाम

मत कीजिए। यह विशेषण ही बताता है कि संग्रह साहित्य नहीं, राजनीति की दृष्टि से किया गया है।

कविता की असली भाषा कवि की मातृभाषा ही हो सकती है। सीखी हुई भाषा में ज्ञान का साहित्य लिखा जा सकता है, रस का साहित्य नहीं लिखा जा सकता। और रस-साहित्य में भी कविता और गीत के बीच भेद है। कविता में कुछ ज्ञान भी होता है, पांडित्य भी होता है, कवि की कारीगरी भी होती है। मगर गीत केवल रस की बूँद हैं, कवि के भीतरी व्यक्तित्व के प्रस्वेद हैं, उसके दर्द की खुशबू हैं। उनके लिए ज्ञान और पांडित्य साधन नहीं, बाधक ही होते हैं।

इश्क को दिल में जगह दे अकबर,
इल्म से शायरी नहीं आती।

कभी सोचा है कि संस्कृत में गीत क्यों नहीं लिखे गए? संस्कृत का चलन कई हजार साल तक रहा, फिर भी जयदेव को छोड़कर और कोई कवि संस्कृत में नहीं हुआ, जिसे हम गीतकार कह सकें। कारण स्पष्ट है। संस्कृत कभी भी मातृभाषा नहीं थी। मातृभाषा बराबर कोई-न-कोई प्राकृत रही थी। संस्कृत पर अधिकार सहज में प्राप्त नहीं होता था, वह प्राप्त किया जाता था।

'गाथा-सप्तशती' प्राकृत में जनमी, क्योंकि उसके भीतर पांडित्य नहीं, जनता के हृदय की भावनाएँ हैं। और गोवर्धनाचार्य जब संस्कृत में 'आर्या सप्तशती' लिखने लगे, तब उन्हें अनुभव हुआ, मानो वे नीचे बहनेवाले जल को नल के द्वारा ऊपर चढ़ा रहे हों!

और जो हाल संस्कृत का हुआ, वही हाल हिन्दी का रहा है। हिन्दी में कविताएँ अत्यन्त उच्चकोटि की लिखी जाती हैं, मगर असली गीत हिन्दी या उर्दू में नहीं लिखा जा सकता। यहाँ तक कि सिनेमा ने भी यह साबित कर दिया है कि उपभाषाओं अथवा जनपदीय भाषाओं का सहारा लिये बिना सच्चे गीत लिखे ही नहीं जा सकते, और चूँकि सिनेमावाले लोग उर्दू-परस्त हैं, इसलिए जनपदीय भाषाओं से रस लेना वे नहीं जानते। जैसे संस्कृत प्राकृत से आगे बढ़ जाने के कारण गीतों की भाषा नहीं रही, वैसे ही गीतों की भाषा हिन्दी-क्षेत्रों में भी हिन्दी नहीं, डोगरी, पंजाबी, राजस्थानी, ब्रजभाषा, अवधी, बुन्देलखंडी, भोजपुरी, मैथिली और अंगिका रह गई हैं।

और डोगरी के गीत कितने विलक्षण होते हैं, यह देखकर आजकल मैं दंग हूँ। डोगरी की सहज कवयित्री श्रीमती पद्मा सचदेव का मैं बड़ा ही उपकार मानता हूँ कि उन्होंने मेरे घर आकर मुझे उस अद्भुत आध्यात्मिक सम्पत्ति का ज्ञान कराया, जो डोगरी भाषा में बिखरी पड़ी है।

कविता में आजकल ज्ञान का युग चल रहा है यानी कविता मर गई है, उसकी लाश पर बड़े-बड़े पंडित-कलाकार कारीगरी और नक्काशी करके नोबुल पुरस्कार पाते हैं और हम जब उनकी शोहरत से खिंचकर उनकी कविताएँ पढ़ने लगते हैं, तब हमारा मोहभंग हो जाता है।

पद्मा जी ने डोगरी के लोकगीतों के सिवा कुछ अपनी कविताएँ भी मुझे सुनाईं और उन्हें सुनकर मुझे लगा, मैं अपनी कलम फेंक दूँ, वही अच्छा है, क्योंकि जो बात पद्मा कहती हैं, वही असली कविता है और हममें से हर कवि उस कविता से दूर, बहुत दूर हो गया है :

यहाँ सरसों फूली हुई है,
मालूम नहीं, किसके भुलावे में आ गई।
दूर तक खिलखिला रही है,
मानो, ब्रह्मा की अंजलि से बिखर गई हो!
मालूम नहीं, किसके वियोग में
यह गोरी पीली हो गई है।
इसके बीज बिखरे हैं
चम्बे, जम्मू और अखनूर में।
जी करता है, सारी की सारी बाँध लूँ।
केसर और कटीली झाड़ियाँ समेट लूँ।

गाथा को आर्या बनाने में जो मुसीबत गोवर्धन को झेलनी पड़ी थी, डोगरी को हिन्दी में ढालनेवालों की मुसीबत उससे जरा भी कम नहीं है। फिर भी जी करता है कि पद्मा के गीतों या कविताओं के कुछ और अनुवाद पाठकों के सामने बानगी के तौर पर जरूर परोस दूँ :

क्या ये राजाओं के महल आपके हैं?
मेरा घर मुझ से छूट चुका है,
मैं राह भूल गई हूँ।
बरसों पहले मेरी आँखों की ज्योति
मुझसे छिन चुकी है।
यह ज्योति छीन जिन्होंने
मुझे अंधी बनाकर फेंक दिया है,
मेरे बाग का पौधा जिन्होंने उखाड़ लिया है,
(उस पौधे पर अभी कोंपलें भी नहीं आई थीं)
मेरा साजन तब तक ज्यादा दूर भी नहीं गया होगा,

तभी जिन्होंने मेरी काँपती टहनियाँ काट लीं,
क्या वे दरातियाँ आपकी हैं?

× × ×

मेरा चाँद बेर के दरख्त के पीछे चढ़ा है;
यह दरख्त कटवा दो, जिससे मेरा चाँद मुँह खोल कर बोले।

× × ×

टेसू वृक्ष के ये लाल फूल,
लगता है, विधाता ने अपने हाथ से छुए हैं।

× × ×

पहाड़ के पीछे से चाँद हँसते-हँसते
ऐसे धीरे-धीरे आता है,
जैसे नई दुलहन मुँह दिखाने को
धीरे-धीरे घूँघट उठा रही हो!
यह बासन्ती चाँद!
इसका अंग-अंग पीला है।
किसी के वियोग में सूख कर काँटा हो गया है।
या हो सकता है कि तपेदिक ने इसका
यह हाल किया है।

कवयित्री पद्मा को तपेदिक हुआ था और वे तीन वर्षों तक जिन्दगी और मौत के बीच झूले झूलती रही थीं। अपनी एक कविता में अपनी बीमारी का हाल भी उन्होंने लिखा है, मानो किसी को वे चिट्ठी लिख रही हों :

मैं बहुत दिनों से बीमार थी,
चारपाई से लगी हुई थी।
घुप्प अँधेरे में सोते-सोते
सुधबुध खो बैठी थी।

असली कविता शायद कोरी घटनाएँ मात्र हैं। मगर धन्य है वह आदमी जो घटनाओं का रस, इतिहास का सत जुगा सकता है। सच्ची कविता शायद नारियों के लिए अधिक स्वाभाविक है, क्योंकि वे चुपचाप अन्याय सहकर इतिहास के सत का रक्षण करती हैं :

इस राह में इतनी सुनसान है
कि कोई पत्ता भी नहीं हिलता।
कहार जब तेजी से कदम उठाते हैं,

तो मेरा मन काँप उठता है।
हाय, इस अँधेरे में मैं
वह वस्तु ढूँढ़ रही हूँ,
जो फेरों के समय मेरे हाथ में थी;
वे शब्द ढूँढ़ रही हूँ, जो
आहुतियों के संग बोले गए थे।

पद्मा का जीवन दुःख से भीगा हुआ जीवन है। मृत्यु की सीमा पर वह तीन साल सोई रही थी। जो दुखी होता है, उसे गुजरे हुए सुखों की याद कुछ ज्यादा सताती है :

सखि! वे दिन कैसे थे?
वह वक्त कैसा था?
कड़वी बात जब किसी को न तो कही थी,
न किसी से सुनी थी।
वे दिन कितने मीठे थे,
जब सब कुछ सुन्दर दिखाई देता था।
जख्म कभी होता न था,
जो होता, तो तुरन्त भर जाता था।
अब कैसे जख्म लगे हैं?
इनकी मरहम नहीं मिलती,
इनका रिसना बन्द नहीं होता,
इनका दर्द खाये जाता है।

यह बीमारी केवल पद्मा जी की नहीं है। हर आदमी, जिसका बचपन बीत गया, जो बच्चे की तरह सीधी बात बोलने में शर्म महसूस करता है, इसका यही हाल है। मेरा खयाल है, पूरी सभ्यता का ही बचपन समाप्त हो गया है और वह इसी वयस्कता की बीमारी से बीमार है।

डोगरी धन्य है। न जाने, इस भाषा के भीतर कैसे-कैसे रत्न छिपे हुए हैं! डोगरी के लोकगीतों के अनुवाद हिन्दी में अवश्य आने चाहिए और हिन्दी को उन सभी कवियों और लेखकों से परिचित कराना चाहिए, जो पहाड़ की इस खूबसूरत भाषा में लिख रहे हैं।

[22 सितम्बर, 1967 ई.]

हिन्दी और उसकी उपभाषाओं का सम्बन्ध

हम हिन्दीभाषी भी एकाध बात में काफी विचित्र हैं। पंजाब में हमने पंजाबी को अपनी भाषा मानने से इनकार कर दिया, लेकिन पंजाब में जो प्रेम हम पंजाबी को नहीं दे सके, वह प्रेम कई अन्य क्षेत्रों में हम अपनी जनपदीय भाषाओं को दे रहे हैं। जब राजनीति उत्कट हो उठती है, मनुष्य का प्रेम संकीर्ण हो जाता है, किन्तु जहाँ राजनीति उत्कट नहीं होती, प्रेम का सोता अपनी सहजता से बहता है।

मेरा खयाल है, मैथिली, अंगिका अथवा राजस्थानी के लिए खास-खास जनपदों में जो उत्साह दिखाई पड़ता है, वह हमारे सहज प्रेम से निकला है, किन्तु राजनीति अगर किसी वक्त आवेश में आकर इस प्रेम को लील गई, तो भारत के मानचित्र में और भी रेखाएँ खींची जा सकती हैं।

वैसे भारत अगर बाहर से एक रहता है, तो भीतरी विभाजन की पीड़ा वह बर्दाश्त कर लेगा, किन्तु सोचने की बात यह है कि क्या यह उचित है कि हम भारत को हमेशा सर्जरी की मेज पर लिटाए रखें? जब भारत में राजवाड़े असंख्य थे, भारत कमजोर हो गया था। जब भारत के हाथों में शक्ति आई, राजवाड़े खत्म हो गए। आज हमारे देश की भौगोलिक एकता जितनी सुदृढ़ है, उतनी सुदृढ़ वह इतिहास में और कभी नहीं थी।

भारतीय इतिहास की सबसे बड़ी शिक्षा यह है कि जब केन्द्र बलवान होता है, शत्रु इस देश पर आक्रमण नहीं करते और करते हैं, तो वे पीछे को ढकेल दिये जाते हैं। लेकिन जब केन्द्र की शक्ति क्षीण होती है, शत्रुओं का आक्रमण इस देश पर जोर से होता है और शत्रु जीतते हैं तथा भारतवासी हार जाते हैं।

भाषा का प्रश्न केवल सांस्कृतिक प्रश्न नहीं है। अवस्था विशेष में वह राजनीति एकता से भी जुड़ जाता है, उसका असर देश की स्वाधीनता पर भी पड़ता है। मुख्यतः भाषाओं के कारण ही भारत-राष्ट्र के राजनीतिक तंत्र को संघ का रूप लेना पड़ा है। सौभाग्य से भारत में केन्द्र की शक्ति काफी बड़ी है और सभी प्रान्त उसकी अधीनता स्वीकार करते हैं। लेकिन इससे इस बात पर पर्दा

नहीं पड़ता कि प्रान्तों की संख्या इस देश में जितनी ही बढ़ेगी, केन्द्र की शक्ति पर दुर्दिन में आनेवाले खतरे उतने ही ज्यादा होते जाएँगे। अतएव हमारे उपभाषा-प्रेम को उस गलत दिशा की ओर नहीं जाना चाहिए, जहाँ वह अपनी अभिव्यक्ति नये प्रान्तों की माँग के रूप में करता है।

उपभाषाएँ उपेक्षणीय नहीं हैं। वे जनता के सांस्कृतिक जीवन से सम्बद्ध होने के कारण एक हद तक काफी महिमामयी हैं। उनमें लोककथाएँ हैं, लोकगीत हैं, विलक्षण मुहावरे और अनोखी कहावते हैं, जिनके कारण हिन्दी की शक्ति और समृद्धि में वृद्धि हुई है। जो विद्वान उपभाषाओं के भीतर छिपी सामग्रियों की खोज और विश्लेषण करके जनता के सांस्कृतिक जीवन को रसमय बनाना चाहते हैं, उनका परिश्रम सार्थक है और उन्हें अपना काम काफी आत्मविश्वास के साथ करना चाहिए। इसी प्रकार मैं उनकी रुचि की भी प्रशंसा करता हूँ, जो कवि और लेखक उपभाषाओं में गीत, कहानी या नाटक लिखना चाहते हैं। ये जनजीवन के सांस्कृतिक कार्य हैं और अगर लेखक और कवि समझते हैं कि उनका उपभाषा-क्षेत्र उनकी रचना में रुचि लेता है और उनके भीतर उपभाषा में ही लिखने की प्रेरणा बलवती है, तो उपभाषाओं में वे रस-साहित्य की रचना अवश्य करें।

लेकिन इससे अलग जो ज्ञान-विज्ञान और उपयोग का साहित्य है, उसकी रचना उपभाषाओं में की जाए या नहीं, यह विषय गम्भीरता से विचार करने के योग्य है। केवल गीत, कवित्व और कथाओं को लेकर भाषाएँ आपस में स्पर्धा करें, वह समय अब संसार में कहीं भी नहीं है। अब तो संसार में अग्रणी भाषाएँ केवल वे हैं, जिनमें सामाजिक और प्राकृतिक विज्ञान की पुस्तकें लिखी जाती हैं। आज भी संसार में कई अच्छी भाषाएँ हैं, जो ज्ञान-विज्ञान में पिछड़ी होने के कारण विकास के क्रम में पीछे छूट गई है और विज्ञान जिस तेजी से बढ़ रहा है, उसके कारण कुछ और भाषाएँ पीछे छूट जाएँ, तो कोई आश्चर्य नहीं मानना चाहिए।

भारत की जो चौदह भाषाएँ संविधान में स्वीकृत कर ली गई हैं, उनमें से प्रायः प्रत्येक भाषा के समर्थक को यह विश्वास है कि उसकी भाषा अन्य भाषाओं से श्रेष्ठ है, किन्तु रूसी, अंग्रेजी, जर्मन और फ्रांसीसी भाषाओं की तुलना में हमारी भाषाओं की हस्ती क्या है? केवल तुलसी, सूर, विद्यापति, ज्ञानेश्वर, तुकाराम, कंबन, पोतना, शंकर देव, कबीर, गालिब, रवीन्द्र और इकबाल का नाम लेकर भारत की भाषाएँ कब तक अपने को श्रेष्ठ मानती रहेंगी? इन भाषाओं में विज्ञान कहाँ है? सामाजिक विज्ञान कहाँ है? इतिहास,

भूगोल और चिन्तन की सहस्रों नई विधाएँ कहाँ हैं? भारत की भाषाएँ अग्नि-परीक्षा के दौर से गुजर रही हैं। इनमें से जो भाषाएँ ज्ञान-विज्ञान को जल्दी-से-जल्दी आत्मसात करेंगी, वे विश्व की अग्रणी भाषाओं के रूप में ठहर जाएँगी। अन्यथा वे कवियों, नाटककारों, पत्रकारों और उपन्यास-लेखकों के उपयोग की भाषा बनकर रह जाएँगी और उन क्षेत्रों के लोग ज्ञान-विज्ञान के लिए अन्य भाषाओं पर अवलम्बित हो जाएँगे।

ज्ञान-विज्ञान की उपेक्षा करके तथा भारत की एकता और बल-वृद्धि की समस्या से मुँह मोड़कर हम चाहें तो संविधान में चौदह की जगह अट्ठाईस भाषाओं के नाम दर्ज करा सकते हैं, किन्तु इस तुच्छ भावना-तृप्ति से भारत को क्या मिलनेवाला है? जिन भाषाओं के नाम संविधान में दर्ज होंगे, उन भाषाओं को क्या मिलने वाला है? अभी हालत यह है कि सरकार के बार-बार 'धीरे चलो, धीरे चलो' कहते रहने पर भी देश के 60 विश्वविद्यालयों में से 40 विश्वविद्यालयों में भारतीय भाषाएँ शिक्षा का वैकल्पिक माध्यम बन गई हैं, किन्तु ज्ञान-विज्ञान की उच्च कोटि की पुस्तकों का अभाव प्रायः सभी भाषाओं में भयानक दिखाई देता है और देश को यह सूझता ही नहीं कि पहाड़ के समान इस विशाल समस्या का समाधान कैसे निकाला जाए।

भाषाओं का विकास केवल सरकारी आशीर्वाद से नहीं होता है। सवाल यह उठता है कि ऐसे कितने लेखक हैं, जो उस भाषा में लिखने को तैयार हैं? ऐसे कितने पाठक हैं, जो उस भाषा में किताबें पढ़ना चाहते हैं और ऐसे कितने प्रकाशक हैं, जो उस भाषा में पुस्तकें छापकर अपनी जीविका चला सकते हैं?

हिन्दी की जितनी भी उपभाषाएँ हैं, वे उपभाषाएँ ही रहेंगी। इसके कई लक्षण काफी प्रत्यक्ष हैं। हिन्दीभाषी क्षेत्र में, एक से लेकर दूसरे सिरे तक, सर्वत्र हिन्दी की ही पत्र-पत्रिकाएँ पढ़ी जाती हैं; हिन्दी के ही उपन्यास, नाटक और काव्य-ग्रंथों का पाठ चलता है तथा सार्वजनिक मंच से भी भाषण हिन्दी में ही दिये जाते हैं और इससे जनता के साथ कोई अन्याय भी नहीं होता है, क्योंकि राजस्थान से लेकर बिहार तक ऐसा कोई भी उपभाषा-क्षेत्र नहीं है, जहाँ हिन्दी वहाँ उपभाषा के साथ खूब घुली-मिली नहीं हो।

आज हम जिसे खड़ी बोली कहते हैं, वह भी किसी समय अन्य बोलियों के समान एक जनपद की ही भाषा थी, लेकिन इस बोली में कोई विलक्षण शक्ति थी, जिसके कारण वह उत्तर भारत की अन्य सभी बोलियों में समा गई और उनके साथ उसने गहरा तादात्म्य स्थापित कर लिया। यह कितनी विलक्षण बात है कि हिन्दी का सारा प्राचीन साहित्य उसकी उपभाषाओं में है, किन्तु सभी

उपभाषाएँ हिन्दी को अपना ही रूप मानती हैं। भाषा के क्षेत्र में यह शायद भारत की ही नहीं, सारे संसार की अतुलनीय घटना है।

अपनी इसी विलक्षण शक्ति के कारण हिन्दी भारत की राष्ट्रभाषा चुनी गई है। राजस्थान से लेकर बिहार तक, वैसे, भाषाएँ अनेक हैं और सबका जन्म एक ही माता की कोख से हुआ है, किन्तु इन सभी भाषाओं को जन्म देने के क्रम में संस्कृत ने उत्तर भारत में, हिन्दी के रूप में, एक ऐसी भाषा को भी जन्म दे दिया जो राजस्थान से लेकर बिहार तक की मुख्य भाषा बन गई और जो गुजरात, महाराष्ट्र, बंगाल, असम और उड़ीसा में भी थोड़ी-बहुत समझ ली जाती है। अगर गुजरात का आदमी असम जाए और गुजराती में बोलना चाहे, तो वहाँ उसकी बात कोई न समझेगा। लेकिन हिन्दी बोलकर गुजराती असम में और असमी गुजरात में अपना थोड़ा-बहुत काम चला लेता है।

हम हिन्दीभाषी लोग अत्यन्त सौभाग्यशाली हैं कि हमारे पास एक नहीं, दो-दो मातृभाषाएँ मौजूद हैं। हम असम में रहते हों या मिथिला में, भोजपुर में रहते हों अथवा बुन्देलखंड में, अवध में रहते हों या ब्रजमंडल और राजस्थान में, हिन्दी हम सबकी मातृभाषा है और हमारे लिए वह उतनी स्वाभाविक बन गई है, जितनी स्वाभाविक हमारी अपनी जनपदीय भाषाएँ हैं। और सौभाग्य उत्तर भारतवर्ष का भी है, क्योंकि अनेक भाषाओं को जन्म देते समय संस्कृत ने वहाँ एक ऐसी भाषा भी उत्पन्न कर दी, जो बिना सीखे हुए भी गुजरात से लेकर असम तक समझ ली जाती है। कहीं एक ऐसी ही भाषा दक्षिण में भी पैदा हुई होती, तो भारत की भाषागत कठिनाइयाँ उतनी विकराल नहीं होतीं, जितनी वे आज दिखाई देती हैं। लेकिन दुर्भाग्यवश आदि द्रविड़ भाषा ने दक्षिण में चार भाषाएँ तो उत्पन्न कर दीं, किन्तु किसी भी ऐसी भाषा को वह जन्म नहीं दे सकी, जो चारों भाषा-क्षेत्रों में एक समान समझी जा सके।

हिन्दी क्षेत्र में उपभाषाओं को शासन और उच्च शिक्षा का माध्यम बनाने की बात वहाँ उठनी चाहिए, जहाँ की जनता हिन्दी समझने में असमर्थ हो; किन्तु हिन्दीभाषी प्रदेशों में ऐसा कोई क्षेत्र नहीं है, जहाँ हिन्दी समझने में लोगों को कठिनाई होती हो अथवा जहाँ शिक्षा के काम में कोई उपभाषा हिन्दी की अपेक्षा अधिक समर्थ समझी जाए। हाँ, आदिवासी जनता की समस्या एक अलग समस्या है और उसका सम्यक् समाधान क्या है, इसका पता भी कुछ आगे चलकर चलेगा।

उपभाषाओं का सही उपयोग यह भी है कि हम उनके मुहावरों को हिन्दी में पचाने की कोशिश करें। इससे हिन्दी जनजीवन के और भी निकट जा जाएगी।

लेकिन दुर्भाग्य की बात है कि जो लोग जनपदीय भाषाओं के प्रति अपना प्रेम दिखाते हैं, वे भी संस्कृत से लदी 'निम्बांब-कदंब-जंबीर-वकुल-कुल-संकुल' वाली लच्छेदार हिन्दी लिखने में ही अपना गौरव समझते हैं।

अनेक उपभाषाओं के बीच एकता का तार पिरोकर हिन्दी ने सारे उत्तर भारत को एक कर दिया है। यह बहुत बड़ी उपलब्धि है जिस पर हमें गर्व करना चाहिए। भाषाओं के सम्मान का सबक हमें रूस देश से सीखना चाहिए, जहाँ पर किसी भी अल्पसंख्यक भाषा का आज तक दलन नहीं हुआ है।

रूस में ऐसे भी अल्पसंख्यक समुदाय हैं, जिनकी भाषाओं के लिए पहले कोई लिपि नहीं थी। क्रान्ति के बाद रूसी सरकार ने उनके लिए लिपियाँ तैयार कीं और अब उन भाषाओं में विश्वविद्यालय काम कर रहे हैं, किन्तु यह याद रखने की बात है कि रूस ने यह कार्य अल्पसंख्यकों की संस्कृतियों को अक्षुण्ण रखने के लिए ही किया है। यदि इस दृष्टि से विचार किया जाए, तो हिन्दी क्षेत्र में आदिवासी जनता ही अल्पसंख्यक जनता है अथवा उर्दूभाषी सम्प्रदाय, जो उर्दू का विकास अपनी संस्कृति को अक्षुण्ण रखने के लिए करना चाहता है। बाकी हमारी जितनी भी उपभाषाएँ हैं, वे अल्पसंख्यकों की भाषाएँ नहीं हैं। अल्पसंख्यकों की उत्पत्ति ऐतिहासिक कारणों से होती है। कोई भी समुदाय केवल इस कारण अल्पसंख्यक गिना नहीं जा सकता कि वह छोटी चीज हासिल करने के जोश में किसी बड़े सत्य से इनकार करता है।

बड़े उद्‌देश्य के लिए काम करते-करते व्यक्ति बड़ा हो जाता है, देश बड़ा हो जाता है, लेकिन जब प्रधानता छोटे उद्‌देश्यों को दी जाती है, व्यक्ति और देश, दोनों छोटे हो जाते हैं। हमारा बड़ा उद्‌देश्य भारतीय भाषाओं को ऊपर उठाकर अंग्रेजी को उसकी अपनी जगह पर पहुँचाना है। विशेषतः हिन्दी से देश ने बहुत बड़ी आशा लगा रखी है। हिन्दी तोड़नेवाली नहीं, जोड़नेवाली भाषा है। उसने अपने क्षेत्र में सभी उपभाषाओं को परस्पर जोड़ रखा है। वह गुजरात से असम तक सभी भाषाओं के बीच सेतु का काम कर रही है। सच पूछिए तो गुजराती से लेकर असमिया तक भारत की सभी भाषाएँ एक ही भाषा है, लेकिन किसी समान नाम के अभाव में उन्हें हम गुजराती, पंजाबी, हिन्दी, बंगला, असमिया आदि विभिन्न नामों से पुकारते हैं। हिन्दी की पश्चिमी सीमा राजस्थान है, जहाँ मीराबाई का जन्म हुआ था। लेकिन मीराबाई केवल हिन्दी ही नहीं, गुजराती की भी कवयित्री मानी जाती हैं। हिन्दी की पूर्वी सीमा बिहार है, जहाँ कविशेखर विद्यापति जनमे थे, लेकिन विद्यापति केवल हिन्दी ही नहीं, बंगला के भी कवि माने जाते हैं।

हम संसार में बहुविध प्रचलित इस कलंक को मिटाना चाहते हैं कि चूँकि भारत में असंख्य भाषाएँ हैं, इसलिए यह देश कभी भी एक राष्ट्र नहीं बनेगा। भाषा की जड़ें उपभाषाओं के बीच गड़ी होती हैं, अतएव हमें ऐसा कोई भी काम नहीं करना चाहिए, जिससे भाषा का मूल-स्रोत सूख जाए। साथ ही हमें इसका भी ध्यान रखना है कि मूल और शाखा में कहीं भी कोई विरोध नहीं पड़े। प्रकृति ने भारत को उस रूप में एक राष्ट्र नहीं बनाया है, जिस रूप में यूरोप के छोटे-छोटे देश राष्ट्र हैं; किन्तु राष्ट्रीयता के बहुत सारे उपकरण प्रकृति ने भारत में ही एकत्र कर रखे हैं। अगर हम एक राष्ट्र बनकर जीना चाहते हों, तो उसके साधन हमारे सामने मौजूद हैं। अगर हम टूटकर अलग-अलग बिखरना चाहें, तो दुर्भाग्यवश सामग्रियाँ उसकी भी यहाँ कम नहीं हैं। भारत की राष्ट्रीयता प्रकृति और इतिहास पर कम अवलम्बित है, उसका दारोमदार हमारी अपनी इच्छा और संकल्प-शक्ति पर है।

महात्मा टॉल्स्टॉय

उन्नीसवीं सदी के आरम्भ से आज तक दुनिया में जो भी बड़े उपन्यास-लेखक, विचारक और निबन्धकार हुए हैं, उनके बीच टॉल्स्टॉय का स्थान बहुत ऊँचा समझा जाता है। 'युद्ध और शान्ति' अथवा 'वार एंड पीस' नामक उनका उपन्यास कदाचित् संसार का सर्वश्रेष्ठ उपन्यास है। इसी प्रकार उनका 'अन्नाकरेनिना' नामक उपन्यास भी संसार के सर्वश्रेष्ठ उपन्यासों में से है और उनकी कहानियाँ भी बिलकुल बेजोड़ हैं।

लेकिन संसार में उनकी प्रसिद्धि केवल उपन्यासों और कहानियों के ही कारण नहीं है। वे बयासी साल तक जिए थे। इस लम्बी उम्र के प्रारम्भिक 50-55 वर्ष तो उन्होंने कला की सृष्टि में बिताए, किन्तु बाद को वे विचारों के पैगम्बर हो गए और जीवन के पिछले तीस साल उन्होंने इस खोज में बिता दिये कि धर्म का असली स्वरूप क्या है? हिंसा का मुकाबला अहिंसा से कैसे किया जा सकता है और ऐसी जिन्दगी बिताने का उपाय क्या है, जिससे मनुष्य मरने के समय भी शान्ति और अनुद्विग्न रहे? उनके इसी पिछले चिन्तन का प्रभाव महात्मा गांधी पर पड़ा। गांधी जी ने अपने ऊपर टॉल्स्टॉय का प्रभाव स्वीकार किया है और किसी-किसी बात में उन्हें अपना गुरु भी माना है।

टॉल्स्टॉय का जन्म 28 अगस्त, 1828 ई. में यास्नाया पोल्याना नामक गाँव में हुआ था। यह गाँव रूस देश के तूला प्रान्त में है। टॉल्स्टॉय के पूर्वज बहुत बड़े जमींदार थे। यास्नाया पोल्याना में इस खानदान की बहुत बड़ी जमींदारी थी। जहाँ टॉल्स्टॉय जनमे थे, वह घर अथवा घरों का वह समूह विस्तृत खेतों और जंगलों से घिरा हुआ है। इस सारे स्थान को रूसी सरकार ने अब टॉल्स्टॉय के स्मारक का रूप दे रखा है और यह गाँव नवीन रूस का एक तीर्थस्थान हो गया है, जहाँ देश और विदेश से आनेवाले लोगों की भीड़ लगी रहती है। यास्नाया पोल्याना मास्को से कोई सवा सौ मील दक्षिण की ओर देहात में अवस्थित है।

टॉल्स्टॉय आरम्भ से ही अत्यन्त मेधावी, निरलस और तेजस्वी छात्र थे। गूढ़ से गूढ़ विषयों पर वे अत्यन्त गहराई से विचार करते थे और उनका मस्तिष्क कभी भी नहीं थकता था। इसी प्रकार उनका शरीर भी अत्यन्त शक्ति-सम्पन्न था। कहते हैं, शरीर की शक्ति उन्हें इतना बेचैन कर देती थी कि वे घोड़े पर चढ़कर पहले लम्बी दौड़ लगा लेते थे, तब लिखने को बैठते थे। शरीर की इसी उद्दामता ने उन्हें यूनिवर्सिटी की शिक्षा पूरी करने नहीं दी और सन् 1851 ई. में वे फौज में सम्मिलित हो गए। सैनिक काम से पहले तो वे कौकेसस में रहे, बाद को उन्होंने क्रीमिया की लड़ाई में भाग लिया। साहित्य लिखने का काम उन्होंने पहले तो इसलिए आरम्भ किया कि उनके पास समय अधिक और काम कम था, किन्तु बाद को साहित्य-रचना ही उनका प्रधान कार्य हो गया और सैनिक जीवन के क्रम में उन्हें जो अनुभव प्राप्त हुए थे, उन्हें उपन्यासों और कहानियों में पिरोकर उन्होंने ऐसा साहित्य लिखा, जो शक्ति और वास्तविकता का अत्यन्त विलक्षण उदाहरण हो गया।

'युद्ध और शान्ति' की रचना में टॉल्स्टॉय को छह साल लगे थे। सन् 1870 ई. के आसपास जब यह उपन्यास प्रकाशित हुआ, टॉल्स्टॉय के सुयश को चार चाँद लग गए और यूरोप में वे जहाँ भी गए, साहित्य के आचार्यों ने मुक्त कंठ से उनकी प्रशंसा की। किन्तु साहित्य से मिलनेवाला सुयश टॉल्स्टॉय को सन्तोष नहीं दे सका। यूरोप-भ्रमण के बाद जब वे रूस लौटे, तब उनके भीतर वे सवाल उठने लगे, जो पैगम्बर के भीतर उठा करते हैं :

'मैं कौन हूँ? मेरे जीवन का सार क्या है? मानव-समाज के साथ मेरा क्या सम्बन्ध है? व्यक्ति के अधिकार क्या हैं और मानवता के प्रति उसकी जिम्मेदारियाँ क्या-क्या हैं? क्या धन के द्वारा आत्मा का सन्तोष खरीदा जा सकता है? और सुयश में हमें क्या मिलता है? धन और सुयश चाहे जितना भी मिले, लेकिन आदमी को एक रोज मरना अवश्य पड़ता है। तो कौन-सा वह उपाय है, जिससे मरने के समय हम शान्ति से मर सकें?'

इन सवालों ने टॉल्स्टॉय का ध्यान ज्ञान से खींचकर कर्म की ओर कर दिया और सोचते-सोचते वे इस निष्कर्ष पर आ गए कि सन्तोष चिन्तन में नहीं, ठोस कर्म में है। पंडितों की अपेक्षा अधिक सम्मान वे उन लोगों का करने लगे, जो हल जोतते हैं, सड़कों पर गिट्टी तोड़ते हैं, जूते बनाते या झाड़ू लगाते हैं अथवा जो कारखानों में काम करते हैं। टॉल्स्टॉय ने देखा कि असन्तोष का कारण मानसिक ऊहापोह और छूँछा विचार है। इसके विपरीत, जो लोग कर्म में लगे हुए हैं, उन्हें व्यर्थ की चिन्ता नहीं सताती, वे सारा

जीवन काम करते हैं और एक दिन काम करते-करते थककर अनायास मर जाते हैं। टॉल्स्टॉय पर इस विचार का ऐसा प्रभाव पड़ा कि उन्होंने अमीरी को तलाक दे दिया, शराब पीना उन्होंने छोड़ दिया और मांसाहार त्यागकर वे शाकाहारी हो गए। पहले वे गिरजाघरों में जाया करते थे, अब उन्होंने प्रचलित धर्म की आलोचना शुरू कर दी और गिरजों में जाना छोड़ दिया।

वे बहुत बड़े कृषि-फार्म के मालिक थे। अब उन्हें यह शंका सताने लगी कि जो खेत उनकी जरूरत से फाजिल है, उन पर धर्मतः उनके खानदानवालों का हक हो सकता है या नहीं। यूरोप के ज्ञान-विज्ञान की कमियाँ उनके सामने प्रकट होने लगीं और यूरोपीय संस्कृति के वे विरोधी हो गए। इसी प्रकार साहित्य और कला के बारे में भी उनका विचार बदल गया। उन्होंने खुली घोषणा कर दी कि 'जिस साहित्य से मनुष्य का पुण्य नहीं बढ़ता, न उसके चरित्र और मान्यताओं में सुधार होता है, वह साहित्य किसी काम का नहीं है।' गरीबी, मितव्ययिता, शुद्ध आचरण और अध्यवसाय उनके जीवन का मूल मंत्र बन गया और जो भी व्यक्ति इन सिद्धान्तों पर नहीं चलता, उसे वे पागल समझने लगे। अपने खानदान को भी वे आलसी अमीरों का खानदान समझते थे और उसे पागलों का समूह कहते थे। फिर तो ऐसा हुआ कि यास्नाया पोल्याना का यह अमीर खुद ही झाड़ू लगाने लगा, जूते गाँठने लगा, अपनी जरूरत का पानी आप ही ढोने लगा। बुढ़ापे में टॉल्स्टॉय लकड़ी भी चीरते थे, खेतों में भी काम करते थे और कभी-कभी मजदूरों के साथ मिलकर सड़कों पर गिट्टी भी तोड़ने लगते थे।

सन् 1891 ई. में उन्होंने यह ऐलान किया कि पवित्र जीवन बिताने का मार्ग यह है कि मनुष्य मन से स्वतंत्र रहे, आत्मरक्षा के लिए भी हिंसा का आश्रय नहीं ले और जो लोग शत्रुता बरत रहे हों, उनका भी उपकार करे। गांधी जी पर टाल्स्टॉय की इन्हीं शिक्षाओं का प्रभाव पड़ा।

टॉल्स्टॉय के विचारों का यह परिवर्तन उनके परिवार के लिए अनिष्टकारी सिद्ध हुआ। उनका परिवार काफी बड़ा था और कमानेवाले एकमात्र टॉल्स्टॉय थे। धन पर से टॉल्स्टॉय का ध्यान हटते ही परिवार की आमदनी में कमी होने लगी। श्रीमती टॉल्स्टॉय शिकायत करने लगीं कि इतने कम पैसों में परिवार कैसे चलेगा। और टॉल्स्टॉय कहने लगे कि परिवार के लोग मितव्ययी बनना क्यों नहीं सीखते हैं? मनुष्य मात्र के लिए टॉल्स्टॉय ने जो नक्शा सोचा था, सबसे पहले उसे वे अपने परिवार पर लागू करना चाहते थे; लेकिन अमीरी में पला हुआ परिवार गरीबी, मितव्ययिता और अध्यवसाय को अपनाने में असमर्थ था। इस

विरोधी वातावरण से टॉल्स्टॉय दुखी रहने लगे। कई बार उन्होंने सोचा कि मैं परिवार को छोड़कर कहीं अन्यत्र चला जाऊँ। दो-एक बार परिवार को अपना यह फैसला उन्होंने सुनाया भी, किन्तु उनकी बात सुनकर जब बाल-बच्चे रोने लगे, तब टॉल्स्टॉय भी रो पड़े और वैराग्य को उन्होंने आँसुओं में बहा दिया, किन्तु मन उनका अशान्त रहने लगा।

श्रीमती टॉल्स्टॉय ने जब यह देखा कि परिवार की आर्थिक कठिनाई बढ़ती जा रही है, तब उन्होंने सन् 1885 ई. में टॉल्स्टॉय-ग्रंथावली प्रकाशित करने के लिए अपने ही घर पर एक प्रकाशन-संस्था खोल दी, किन्तु टॉल्स्टॉय को यह बात भी बुरी लगी। उनके भीतर जो दुविधा चल रही थी, उसका उल्लेख करते हुए उन्होंने अपनी पत्नी को सन् 1885 ई. में ही एक पत्र लिखा कि मैं जिस वेदना में ग्रस्त हूँ, उससे निकलने के तीन उपाय हैं। पहला यह कि अपनी सारी जायदाद मैं किसानों में बाँट दूँ, क्योंकि न्यायतः यह उन्हीं की सम्पत्ति है। यह हो जाए तो बच्चों के आगे भी प्रलोभन और अमीरी से बर्बाद होने की सम्भावना नहीं रहे और वे स्वावलम्बी बन जाएँ। दूसरा यह कि परिवार छोड़कर मैं कहीं अन्यत्र चला जाऊँ, किन्तु यह भी अनुचित लगता है, क्योंकि तब बच्चे मेरे प्रभाव से वंचित हो जाएँगे और मेरी पत्नी भी अकेली पड़ जाएगी। तीसरा उपाय यह है कि मैं जैसी स्थिति में हूँ, उसी में बना रहूँ और बुराइयों को विनम्रता और करुणा से जीतने की कोशिश करता रहूँ। यही वह काम है, जिसे मैं आजकल कर रहा हूँ, किन्तु बदले में मुझे विनम्रता और करुणा नहीं मिलती, केवल परिताप ही प्राप्त होता है।

टॉल्स्टॉय का जीवन-दर्शन बदल गया था। वे अपने परिवार के प्रत्येक सदस्य को इसी दर्शन से रँगना चाहते थे, जो अत्यन्त कठिन कार्य था। इसके सिवा, उन्हें अपने-आप पर भी क्रोध था, शायद यह सोचकर कि जीवन के जो नये सिद्धान्त उन्होंने बनाए थे, उन पर उनका अपना जीवन भी सोलह आने खरा नहीं उतरता था। किन्तु इन सारी कठिनाइयों का जिम्मा उन्होंने अपनी पत्नी पर डाल दिया और एक दिन रात के समय वे सबको छोड़कर घर से बाहर निकल गए।

यह बात जब श्रीमती टॉल्स्टॉय को मालूम हुई, वे आत्महत्या करने के उद्देश्य से एक तालाब में कूद पड़ीं। वे तो बचा ली गईं, किन्तु टॉल्स्टॉय नहीं बच सके। बयासी साल की उम्र, सरो-सामान के बिना रात में यात्रा; रास्ते में ट्रेन में ही उन्हें निमोनिया हो गया और एक स्टेशन पर वे उतार लिये गए। बाद को उनके परिवार के लोग भी वहाँ पहुँचे, किन्तु जब तक वे होश में रहे, श्रीमती

टॉल्स्टॉय उनके सामने नहीं जा सकीं। सामने वे तब गईं, जब टॉल्स्टॉय अन्तिम हिचकी ले रहे थे। 7 नवम्बर, सन् 1910 ई. को नवीन विचारों का यह पैगम्बर इस संसार से कूच कर गया।

महात्मा टॉल्स्टॉय के विचारों का आदर सारे संसार में है। जो भी लोग आधिभौतिक सुखों को मनुष्य का समस्त सुख नहीं मानते, जो भी लोग विज्ञान को यत्किंचित् शंका से देखते हैं और जो भी विचारक यह समझते हैं कि मनुष्य के लिए ज्ञानी होना ही काफी नहीं है, उसे दयालु, अहिंसक, मितव्ययी, अध्यवसायी और निरहंकार भी होना चाहिए, वे सभी लोग किसी-न-किसी सीमा तक टॉल्स्टॉय को अपना गुरु समझते हैं। किन्तु टॉल्स्टॉय ने संसार को जो नवीन विचार दिये, उनकी कीमत टॉल्स्टॉय और उनकी सहधर्मिणी को बहुत अधिक चुकानी पड़ी। समुद्र-मंथन से अमृत और विष साथ-साथ निकलते हैं। टॉल्स्टॉय ने जहर तो अपने और अपने परिवार के लिए रखा, किन्तु अमृत उन्होंने सारे संसार को दान कर दिया।

[19 अगस्त, 1962 ई.]

राष्ट्रभाषा और राष्ट्रीय एकता

हिन्दी भारत की राष्ट्रभाषा किस गुण से बनी? केवल इसलिए कि उसके भीतर भाषा को भाषा से और प्रान्त को प्रान्त से जोड़ने की शक्ति है। उत्तर भारत में यह काम हिन्दी ने बड़ी ही सघनता से किया है। हिन्दी की पश्चिमी सीमा राजस्थान और पंजाब में और पूर्वी सीमा बिहार में पड़ती है और राजस्थान से लेकर बिहार तक के लोग अपने-अपने घरों में राजस्थानी, ब्रजभाषा, बुन्देलखंडी, अवधी, बैसवारी, भोजपुरी, मगही और मैथिली–अनेक बोलियाँ बोलते हैं। अवधी, ब्रजभाषा और मैथिली तो अपने को भाषा कहती हैं, क्योंकि उनके अपने कवि हैं, जिन पर सारा भारत नाज करता है–ब्रजभाषा के सूरदास, अवधी के तुलसीदास और मैथिली के विद्यापति। फिर भी पंजाब से लेकर बिहार तक की मातृभाषा हिन्दी मानी जाती है। यह एक विलक्षण बात है। इन अनेक क्षेत्रों के लोग अपने घरेलू बोलियों में बातचीत करते हैं, लोकगीत गाते हैं और कभी-कभी कविताएँ भी लिखते हैं, लेकिन सबकी सामाजिक भाषा हिन्दी ही है। हिन्दी में ही वे अखबार पढ़ते हैं, पुस्तकों से मानसिक आहार ग्रहण करते हैं और हिन्दी में ही उनके शिक्षा तथा राजकाज के काम चलते हैं।

यह अत्यन्त प्रिय और अनुकूल स्थिति कैसे उत्पन्न हुई? यह संस्कृत की कृपा का परिणाम है। उत्तर की सभी भाषाएँ किसी समय एक ही माता संस्कृत के गर्भ में थीं। जब अपभ्रंश का समय समाप्ति पर आया, संस्कृत के गर्भ से निकली हुई अनेक भाषाएँ अपने-अपने क्षेत्रों में बढ़ने और फूलने-फलने लगीं। इसी क्रम में संस्कृत ने एक ऐसी भाषा को भी जन्म दे दिया जो किसी खास शिक्षा के बिना भी सभी क्षेत्रों में थोड़ी-बहुत समझी जाती है। यह भाषा हिन्दी है। पश्चिम में पंजाब से लेकर पूरब में बिहार तक जितने भी लोग बसते हैं, हिन्दी या उर्दू या तो उनकी मातृभाषा है अथवा हिन्दी को वे आसानी से समझ लेते हैं, लेकिन हिन्दी का प्रसार यहीं तक नहीं है। उसका गुजराती, बंगला, असमिया और उड़िया भाषाओं से भी निकट का सम्बन्ध है। यदि मिथिला का

कोई आदमी गुजरात जाए और मैथिली में बोले, तो उसकी बात कोई नहीं समझेगा, लेकिन हिन्दी में बोलने से उसका थोड़ा-बहुत काम चल सकता है। इसी प्रकार गुजरात का कोई आदमी यदि असम पहुँच जाए, तो गुजराती समझने में तो असमी भाइयों को दिक्कत होगी लेकिन टूटी-फूटी हिन्दी का आशय वे भी समझ लेंगे।

उत्तर में तो संस्कृत ने अनेक भाषाओं को जन्म देने के साथ, एक ऐसी भाषा को भी जन्म दे दिया जो सभी भाषा-क्षेत्रों में थोड़ी-बहुत समझी जाती है, लेकिन दक्षिण में ऐसी कोई भाषा उत्पन्न नहीं हुई, जो बिना सीखे तमिल, तेलगू, कन्नड़ और मलयालम क्षेत्रों में समझी जा सके। अगर दक्षिण में भी ऐसी कोई एक भाषा पैदा हुई होती, तो देश की भाषा-समस्या का समाधान आज की अपेक्षा कुछ कम कठिन हो जाता।

यह भी ध्यान देने की बात है कि उत्तर में हिन्दी अपनी सीमाओं से ठीक-ठीक बँधी हुई नहीं है। अपनी पश्चिमी सीमा पर हिन्दी पिघलकर पंजाबी और गुजराती बन गई है। इसी प्रकार अपनी पूर्वी सीमा पर वह बंगला में समा जाती है। हिन्दी की पश्चिमी सीमा पर, यानी राजस्थान में मीराबाई जनमी थीं, लेकिन उनकी बहुत-सी कविताएँ गुजराती में भी चलती हैं। हिन्दी की पूर्वी सीमा पर यानी बिहार में विद्यापति जनमे थे, लेकिन उनकी कविताएँ बँगला भाषा की भी सम्पत्ति मानी जाती हैं। इसी प्रकार सिख-धर्म के गुरुओं ने जो साहित्य लिखा, वह पंजाबी की भी सम्पत्ति है और हिन्दी भी उस पर अपना पूरा अधिकार मानती है।

जिसे हम खड़ी बोली हिन्दी कहते हैं, उससे उर्दू का पूरा मेल है यानी बोली जाने पर दोनों भाषाएँ एक ही रहती हैं। हाँ, जब वे दो लिपियों में लिख दी जाती हैं, तब वे दो समझी जाती हैं, लेकिन यह कसौटी कोई सही कसौटी नहीं है। असली बात यह है कि हिन्दी और उर्दू एक ही भाषा हैं, क्योंकि उनका व्याकरण एक है, उनकी क्रियाएँ एक हैं और उनके मुहावरे भी एक हैं।

ब्रजभाषा, अवधी और भोजपुरी के समान पहले खड़ी बोली भी एक बोली ही थी, जो दिल्ली के आसपास बोली जाती थी, किन्तु इस बोली में कोई एक विलक्षण गुण था, जिसके कारण वह सारे उत्तर भारत में समझी जाती थी। तीर्थों में घूमनेवाले साधु इसी बोली का व्यवहार करते थे। पठानों और मोगलों के राज-कर्मचारी इसी भाषा में जनता से बात करते थे। साधुओं की कृपा से एक प्रकार की मिली-जुली खिचड़ी हिन्दी का ऐसा प्रचार हुआ कि उसके अनेक कवि गुजरात में जनमे, अनेक कवि महाराष्ट्र में पैदा हुए और अभी-अभी इस बात

का पता चला है कि एक कवि आंध्र में भी हुए थे, जिन्होंने अपनी कविताएँ हिन्दी भाषा तथा तेलगू लिपि में लिखी थीं।

जब मोगलों का साम्राज्य टूटने लगा, दिल्ली, पंजाब और राजस्थान के व्यापारी लोग तिजारत और रोजी की तलाश में, अपनी पुरानी जगहों से उखड़कर लखनऊ, कानपुर, इलाहाबाद, बनारस, पटना, कलकत्ता और मुर्शिदाबाद की ओर जाने लगे। उनके साथ-साथ खड़ी बोली हिन्दी भी दिल्ली से निकलकर देश में दूर-दूर तक फैलने लगी। इसी क्रम में हिन्दी का मुम्बई की ओर भी प्रचार हुआ। तब से अपने देश का यह हाल रहा है कि जिस किसी नगर में अनेक भाषाभाषी हिन्दुस्तानी जमा होकर रहने लगते हैं, वहाँ सम्पर्क-भाषा के रूप में हिन्दी आप-से-आप चलने लगती है। अब तो भारत में औद्योगिक नगरों की संख्या तेजी से बढ़ने लगी है। जहाँ-जहाँ उद्योग फैलते हैं, वहाँ-वहाँ अनेक भाषाएँ बोलने वाले लोग एकत्र होने लगते हैं और उनके आपसी व्यवहार की भाषा हिन्दी बन जाती है।

हिन्दी के इन्हीं लक्षणों को देखकर आज से सौ-सवा सौ वर्ष पूर्व, भारत के राष्ट्रवादी नेताओं और विचारकों के मन में यह बात आई थी कि हम अपने अन्तःप्रान्तीय सम्पर्क के लिए हिन्दी को चुनें और उसका इस दृष्टि से विकास करें कि एक दिन वह सारे देश के प्रयोग की भाषा बन जाए और इन नेताओं और विचारकों में सबसे अग्रणी नाम उन नेताओं के थे, जिनकी मातृभाषा हिन्दी नहीं, बंगला थी। एक तरह से आधुनिक भारत का जन्म ही बंगाल में हुआ था। उस समय देश में आम कहावत चलती थी कि बंगाल भारत का अगुआ है। जो बात बंगाल आज सोचता है, वही बात सारा भारतवर्ष कल सोचेगा।

भाषाओं को लेकर झगड़ने की बात उस समय कोई सोच भी नहीं सकता था। आज भारत में ऐसे लोग हैं, जो यह कहने में संकोच नहीं करते कि हमारी भाषा श्रेष्ठ, किसी दूसरे की भाषा कम श्रेष्ठ है, लेकिन उन्नीसवीं सदी के महापुरुष इस धरातल तक नीचे नहीं उतरते थे। उन्हें अपनी मातृभाषा के दावे को आगे बढ़ाने की फिक्र नहीं थी। वे किसी ऐसी भाषा को आगे लाने की चिन्ता में थे, जो आसानी से भारत की राष्ट्रभाषा बनाई जा सके। उस समय का वातावरण इतना उदार था कि कलकत्ते से निकलनेवाले कई पत्रों में समाचार एक साथ चार-चार भाषाओं में छापे जाते थे–अंग्रेजी में, हिन्दी में, फारसी में और बंगला में। उन्नीसवीं शताब्दी के हिन्दी के उन्नायकों में सबसे बड़ा नाम स्वामी दयानन्द सरस्वती का है। वे जन्म से गुजराती थे और अपने मतों के प्रचार की भाषा वे संस्कृत को मानते थे, लेकिन बाबू केशवचन्द्र सेन के आग्रह

से उन्होंने अपना ग्रंथ 'सत्यार्थ-प्रकाश' हिन्दी में लिखा और तब से वे अपने भाषण भी मुख्यतः हिन्दी में ही देने लगे।

हिन्दी भारत की एकता की भाषा है, इसका एक प्रमाण यह भी है कि भारत की एक भाषा से दूसरी भाषा में अनुवाद के जो कार्यक्रम चल रहे हैं, उनमें सबसे ज्यादा काम हिन्दी के माध्यम से हो रहा है। यदि हम किसी तमिल ग्रंथ का अनुवाद सीधे बंगला या असमिया में करना चाहें, तो अनुवादक मुश्किल से मिलेंगे, लेकिन तमिल से हिन्दी में अनुवाद अपेक्षया आसानी से हो जाता है और जो किताब हिन्दी में आ जाती है, उसके अनुवाद अन्य सभी भाषाओं में आसानी से हो जाते हैं। कई बार तो ऐसा होता है कि उर्दू, पंजाबी और काश्मीरी आदि भाषाएँ अनुवाद का तब तक प्रारम्भ ही नहीं करतीं, जब तक मूल का अनुवाद हिन्दी में न हो जाए। रवीन्द्रनाथ ठाकुर संसार में इस कारण प्रसिद्ध हुए कि उनकी कृतियों का अनुवाद अंग्रेजी में हुआ था, किन्तु बंगला के उपन्यासकार श्री शरतचन्द्र की पुस्तकों का अनुवाद अंग्रेजी में उनके जीवन-काल में नहीं हो सका। तब भी शरद बाबू भारत-प्रसिद्ध होकर मरे, क्योंकि उनकी सभी पुस्तकों का अनुवाद हिन्दी में हो गया था और हिन्दी-अनुवाद के जरिये उनकी किताबें अन्य भाषाओं में पहुँच गई थीं। जिस अहिन्दी-भाषी लेखक को हिन्दी की नाव मिल गई, वह सभी भाषाओं में थोड़ा-बहुत प्रवेश पा सकता है। साहित्य में अखिल भारतीय कीर्ति की नौका इस देश में आज भी अंग्रेजी नहीं, हिन्दी भाषा है।

जब गांधी जी आए, तब तक हिन्दी के पक्ष की विचारधारा काफी मजबूत हो चुकी थी। गांधी जी को ज्यादा आगे-पीछे सोचना नहीं पड़ा। वे आते ही हिन्दी में बोलने लगे और असहयोग आन्दोलन छेड़ने के पहले ही, उन्होंने हिन्दी का आन्दोलन आरम्भ कर दिया। यह उन्हीं के पुण्य और परिश्रम का फल है कि अहिन्दी-भाषी प्रान्तों में आज ऐसे लाखों व्यक्ति हैं, जो हिन्दी की परीक्षाएँ पास कर चुके हैं और हजारों आदमी हिन्दी के प्रचार के काम में लगे हुए हैं। हिन्दी के प्रचार का काम देशभक्ति का काम है। हिन्दी को हम इसलिए ऊपर उठा रहे हैं कि उसके साथ सभी भाषाओं का उत्थान हो। हिन्दी एक प्रतीक है। असल में हमारा उद्‌देश्य सभी भाषाओं को ऊपर उठाना है, जिससे यह पूरा देश अपनी भाषाओं में सोच सके और सारी मनुष्य-जाति के लिए भारत की परम्परा में जो सन्देश निहित है, उसे अपनी भाषाओं में उछाल सके।

हिन्दी को गांधी जी का समर्थन इसलिए भी प्राप्त हुआ कि हिन्दी के जरिये वे देश के सभी सम्प्रदायों को आपस में नजदीक लाना चाहते थे, इसीलिए वे

हिन्दी के हिन्दुस्तानी रूप को ज्यादा पसन्द करते थे। हिन्दुस्तानी हिन्दी का वह रूप है, जिसमें अरबी और फारसी के शब्द कुछ ज्यादा इस्तेमाल किए जाते हैं। गांधी जी मानते थे कि भारत केवल हिन्दुओं का देश नहीं है, न उसकी संस्कृति केवल आर्यों की संस्कृति है। भारत की संस्कृति सामासिक है और उसके विकास में आर्य और द्रविड़, हिन्दू और मुसलमान, सिख और क्रिस्तान तथा भारत की विभिन्न आदिवासी जातियों ने समय-समय पर यथाशक्ति अपना योगदान दिया है। भारत की संस्कृति मिली-जुली है और गांधी जी को आशा थी कि हिन्दी इस मिली-जुली संस्कृति की भाषा होगी।

किन्तु जिस भाषा का विकास सरकार के दफ्तरों में किया जा रहा है, उसे अल्पसंख्यक जनता अपने लिए कुछ कठिन समझती है। सरकारी हिन्दी उस हिन्दी से भिन्न राह पर चलने लगी है, जो हिन्दी प्रेमचन्द जी लिखते थे अथवा जिस हिन्दी के दर्शन हमें श्री अमृतलाल नागर, श्री मोहन राकेश, श्री कमलेश्वर और श्री राजेन्द्र यादव की रचनाओं में होते हैं। कठिनाई यह है कि हमारे सामने और कोई विकल्प नहीं है। भाषा, जहाँ तक सम्भव हो, आसान होनी चाहिए, इस बात को सभी लोग मानते हैं, किन्तु जब पारिभाषिक शब्दों के निर्माण की बात आती है, तब हालत कुछ और हो जाती है। एक समय उस्मानिया विश्वविद्यालय ने यह कोशिश की थी कि विज्ञान के सारे शब्दों का अनुवाद उर्दू में कर दिया जाए; किन्तु जो शब्द बने, वे उर्दू के नहीं, फारसी और अरबी के शब्द थे और पढ़ने-पढ़ाने में उनका प्रयोग कठिन मानकर उन्हें छोड़ दिया गया। फिर मौलाना आजाद ने कोशिश की कि पारिभाषिक शब्दों के अनुवाद अरबी, फारसी और संस्कृत से बचकर हिन्दुस्तानी में करवाए जाएँ। लेकिन, इस कोशिश के जो नतीजे निकले, उन्हें देखकर सारा देश हँसने लगा। सचमुच ही, हिन्दुस्तानी के हामियों ने बड़े विचित्र शब्द बनाए थे। 'सेंट्रल कैबिनेट' का अनुवाद उन्होंने 'बिचबिन्दी खोली' किया था, 'ह्विप' के लिए उन्होंने 'टहलुआ' शब्द चुना था और 'ज्योतिष' एवं 'गांधी-साहित्य' के अनुवाद क्रमशः 'आकाशियात' और 'गांधीयात' किए थे।

जब ये दोनों प्रयोग असफल हो गए, देश के सामने इसके सिवा और कोई विकल्प नहीं रह गया कि वह संस्कृत की सहायता से नये शब्दों का निर्माण करे। संस्कृत की सहायता से जो नये शब्द बन रहे हैं, उनमें से अनेक को देखकर औरों की तो बात क्या, बहुत-से हिन्दी-विशारद भी त्राहि-त्राहि कह उठे हैं और त्राहि-त्राहि करने का भाव कभी-कभी मेरे भीतर भी जगा है, लेकिन जहाँ कोई विकल्प ही नहीं हो, वहाँ आदमी कर क्या सकता है? नये शब्दों के निर्माण

की दिशा में हिन्दी उतनी ही बाँझ भाषा है जितनी बाँझ उर्दू, अंग्रेजी, जर्मन और फ्रेंच भाषाएँ हैं। यूरोपीय भाषाओं को जब नये शब्द बनाने होते हैं, वे ग्रीक और लैटिन के भंडारों की ओर दौड़ती हैं। इसी प्रकार भारतीय भाषाएँ नये शब्दों के निर्माण के लिए संस्कृत की शरण गई हैं, क्योंकि उनके सामने और कोई राह नहीं है।

हमारी भाषा-समस्या का एक पहलू यह है कि हिन्दी के जिस रूप को सिख, मुसलमान, पारसी और क्रिस्तान आसानी से कबूल करेंगे, उस रूप को हिन्दीवाले भले ही कबूल कर लें, किन्तु अहिंदी-भाषी प्रान्तों के लोग त्रिकाल में भी स्वीकार नहीं करेंगे। अहिन्दी-भाषी भारत की प्रवृत्ति हिन्दी को संस्कृतनिष्ठ बनाने की ओर है, जो शैली सिख, मुसलमान, पारसी और क्रिस्तान भाइयों को कुछ भारी मालूम होती है। ऐसी अवस्था में सुगमता की राह यही हो सकती है कि हिन्दी में जो भी विदेशी शब्द खप गए हैं, उन्हें अहिन्दी-भाषी भाई भी स्वीकार करें और संस्कृत के आधार पर जो नये शब्द बन रहे हैं, उन्हें वे लोग भी सीखने का कष्ट उठाएँ, जो आज तक संस्कृत-धारा से दूर रहे हैं।

शब्दों का निर्माण हम चाहे इसी पीढ़ी में कर लें, किन्तु उनके प्रचलन का निर्णय अगली पीढ़ी के पूर्व नहीं हो पाएगा। जो शब्द हम बना रहे हैं, वे सब-के-सब चलेंगे या नहीं, इसका पता तब चलेगा, जब उनका प्रयोग विश्वविद्यालयों, कचहरियों, विधान सभाओं और बाजारों में होने लगेगा। कोशों में लिखे शब्द ठंडे और निर्जीव होते हैं। जिन्दगी की थरथराहट उनमें तब पैदा होती है, जब प्रयोग के समय वे कल्पना की गर्मी के नीचे आते हैं। प्रयोग के समय इनमें से कितने शब्द ठहरेंगे और कितने नहीं, इसका अभी अनुमान लगाना भी मुश्किल है। सम्भव है, नये शब्दों में से बहुत-से शब्द ठहर जाएँ, सम्भव है, उनकी जगह पर कुछ नये शब्द आ जाएँ और यह भी सम्भव है कि अंग्रेजी शब्द, जिन्हें आज हम निकालना चाहते हैं, बाहर जाने से इनकार कर दें और वे भारतीय भाषाओं के अंग बन जाएँ। हमें इन सारी हालतों के लिए तैयार रहना चाहिए।

गांधी जी चाहते थे कि हिन्दी साम्प्रदायिक एकता की भाषा बने। उनकी आशा निराधार नहीं थी, क्योंकि हिन्दी ही वह भाषा है, जिसमें अरबी और फारसी के शब्द बहुतायत से पाए जाते हैं। चूँकि हिन्दुओं और मुसलमानों का सम्पर्क सबसे अधिक उत्तर भारत में हुआ, इसलिए उस सम्पर्क की सबसे अधिक छाप भी हिन्दी भाषा पर ही दिखाई देती है। जब मुसलमान भारतवर्ष में आए, पहले तो हिन्दुओं के साथ उनका संघर्ष हुआ, लेकिन जब भारत को

अपना देश मानकर वे यहाँ बस गए, तब हिन्दुओं से उनका मेल-जोल बढ़ने लगा और हिन्दी में ऐसे कवि जन्म लेने लगे, जो हिन्दू-मुस्लिम एकता पर जोर देते थे और चाहते थे कि हिन्दू और मुसलमान आपस में प्रेम और सद्भाव के साथ रहना सीखें। हिन्दी के सर्वस्व केवल तुलसीदास, सूरदास, देव और बिहारी ही नहीं हैं, कबीर, नानक, जायसी, दादू, रैदास, मलूकदास, रसखान और रहीम के बिना भी हिन्दी का भंडार रीता हो जाएगा।

हिन्दी असाम्प्रदायिक भाषा है, इसके कई प्रमाण हैं। हिन्दी में विदेशी शब्दों के बहिष्कार का रिवाज नहीं है। और तो और, हिन्दी के सबसे बड़े कवि तुलसीदास जी ने अरबी और फारसी के शब्दों का प्रयोग निःसंकोच भाव से किया है। आज हिन्दी संस्कृतनिष्ठ क्यों हो रही है, इसका कारण मैं ऊपर बता चुका हूँ, किन्तु यह नीति हिन्दी की अपनी नीति नहीं है। वह सारे भारतवर्ष की निर्धारित नीति है। वह चौदह भाषाओं के द्वारा निर्वाचित मार्ग है। उसकी जवाबदेही हम हिन्दीवालों पर थोपना अन्याय का काम है।

और केवल शब्दों के मामले में ही नहीं, भावों और विचारों के मामले में भी हिन्दी के कवि साम्प्रदायिक नहीं थे। जो कवि दरबारों में रहते थे, उन्होंने कविधर्म को छोड़कर कलाकारों का धर्म अपना लिया था। भूषण और लाल को छोड़कर उनमें और कोई कवि ऐसा नहीं था, जिसे अपने देश और समाज की भी चिन्ता रही हो। और जो कवि संत थे, उनकी दृष्टि कभी छोटी बातों पर जाती ही नहीं थी। वे हमेशा मनुष्य को ऊँचाई पर ले जाने की बात करते थे। वे मनुष्य के मन को सहिष्णु, दयालु और उदार बनाना चाहते थे।

इससे भी बड़ी बात यह है कि महाकवि चंदबरदाई राजा पृथ्वीराज चौहान के अंतरंग मित्र थे और उन्होंने पृथ्वीराज को मोहम्मद गोरी से हारते और अन्त में उन्हें मरते देखा था, किन्तु इतने पर भी चंदबरदाई को इस्लाम धर्म से कोई द्वेष नहीं हुआ। उलटे, उन्होंने अपने 'रासो' काव्य के मुखबन्ध में इस बात पर नाज किया है कि मैं अपने काव्य में पुराण और कुरान, दोनों के मंतव्यों का समावेश कर रहा हूँ :

उक्ति धर्मविशालस्य राजनीति नवं रसं,
षट् भाषा पुराणं च कुरानं कथितं मया।

किन्तु, साहित्य में हिन्दू-मुस्लिम-एकता का असली आरम्भ हम महात्मा कबीरदास में देखते हैं। सच पूछिए तो हिन्दू-मुस्लिम-एकता के तीन बड़े नेता इस देश में कबीर, सम्राट अकबर और महात्मा गांधी हुए हैं, किन्तु तीनों में से किसी के भी साथ लोगों ने अच्छा बर्ताव नहीं किया। कबीर के निन्दक हिन्दुओं

में भी थे और मुसलमानों में भी। सम्राट अकबर की मुखालफत मुल्लाओं की ओर से हुई। और गांधी जी को एक हिन्दू ने मार डाला। फिर भी कबीर, अकबर और गांधी जी जो राह बता गए हैं, अक्ल की वही राह है और उसी राह पर चलकर हिन्दू और मुसलमान आपस में प्रेम से रह सकते हैं, इस देश की ताकत बढ़ा सकते हैं।

सभी धर्मों का जन्म आध्यात्मिक जिज्ञासा से होता है। आदमी क्या है? वह जन्म के पूर्व कहाँ थे? वह मरने के बाद कहाँ जाएगा? यह सृष्टि अचानक उछलकर हमारे सामने आ गई है अथवा उसके पीछे कोई योजना भी है? ईश्वर का सृष्टि से क्या सम्बन्ध है? ये ही वे सवाल हैं, जिन पर सोचते-सोचते आदमी धर्म की कल्पना करता है। यह धर्म का निगम-पक्ष है और निगम-पक्ष की ओर से देखें, तो एक धर्म और दूसरे धर्म के बीच कोई भेद नहीं है। धर्म-धर्म के बीच विभेद तब उत्पन्न होता है, जब आदमी यह सोचने लगता है कि ईश्वर की आराधना करने का मार्ग कौन-सा है। हम पूरब मुँह होकर पूजा करें या पश्चिम की ओर बैठकर? हम मूर्ति की पूजा करें या निराकार का ध्यान करें? हम मन्दिर में मस्तक झुकाएँ या मस्जिद में नमाज पढ़ें? ये धर्म के आगम-पक्ष हैं और आगमों के कारण ही धर्मों के बीच भिन्नता और द्वेष का जन्म होता है। कबीरदास आगमों को व्यर्थ मानते थे और हिन्दू और मुसलमान, दोनों को निगम पर ले जाकर एक करना चाहते थे। आगम शाखाएँ हैं। निगम मूल है। कबीरदास और उनके अनुयायी चाहते थे कि लोग शाखाओं पर भटकना छोड़कर मूल पर आएँ और आपस में प्रेम से रहें :

मूल गहे ते सब सुख पावै,
डाल-पात में मूल गँवाबै।

—कबीर

अलह कहौ, चाहे राम कहौ,
डाल तजौ, सब मूल गहौ।

—दादू दयाल

जिन विचारकों ने भी धर्मों के बीच एकता की शिक्षा दी है, जो भी संत और सुधारक सभी धर्मों को एक करना चाहते हैं, वे लगभग एक ही बात बोलते हैं—शाखाओं को छोड़कर मूल पर जाओ। आगमों को छोड़कर निगम पर वास करो। राधाकृष्णन् इसी निगम-धर्म को आत्मा का धर्म कहते हैं। रवीन्द्रनाथ ने जब यह कहा था कि 'धर्म को पकड़े रहो, धर्मों को छोड़ दो', तब उनका भी आशय यही था कि धर्म तभी तक धर्म है, जब तक वह निगम से बँधा है; जब

तक वह एक वचन की संज्ञा है। जिस प्रकार ईश्वर एक है, आकाश एक है, जल एक है और पावक एक है, उसी प्रकार धर्म भी एक ही हो सकता है। और धर्म का यह एक और शाश्वत रूप सभी धर्मों के भीतर प्रच्छन्न है। इसलिए सभी धर्म एक ही धर्म हैं, यदि उनके ऊपर जमी हुई आगमों और बाह्याचारों की पपड़ियाँ झाड़ दी जाएँ। किन्तु मनुष्य का अंधविश्वास इतना अंधा है कि वह धर्म के विषय में कोई भी परिवर्तन स्वीकार करने को तैयार नहीं है। मनुष्य अपना खान-पान बदल सकता है; साहित्य, कला और संगीत में परिवर्तन स्वीकार कर सकता है, किन्तु धर्म वह उसी को मानता है, जो पुराने जमाने से चला आ रहा है। उसमें किसी भी प्रकार के संशोधन को स्वीकार करने को वह तैयार नहीं है। कबीर साहब ने मनुष्य की इस रूढ़िप्रियता के खिलाफ विद्रोह किया था।

जब तक गौतम बुद्ध नहीं जनमे थे, भारत में संस्कृति की एक ही धारा बहती थी। इस धारा का विश्वास वर्णाश्रम-धर्म में था, यज्ञों के द्वारा देवताओं को प्रसन्न करने में था और यह धारा शूद्र और नारी को वेदों के पास आने से मना करती थी। बुद्ध ने इस धारा के विरुद्ध महाक्रान्ति की और यह कहा कि आदमी की ऊँचाई और निचाई उसके जन्म नहीं, कर्म से सूचित होती है और धर्म की गूढ़ बातें जानने का अधिकार उन्हें भी है, जो नारी अथवा शूद्र हैं। तब से भारत के भीतर विचारों की दो धाराएँ बह रही हैं। एक धारा वर्णाश्रम-धर्म की है, जिसके ऋषि मनु और वसिष्ठ, दार्शनिक शंकराचार्य और कवि कंबनं, पोतना, तुलसी और विद्यापति हैं। बीसवीं सदी में इस धारा के उन्नायक महामना पं. मदनमोहन मालवीय हुए हैं। यह भारतीय संस्कृति की मातृधारा कही जा सकती है और दूसरी धारा वह है, जो वर्णाश्रम-धर्म में मौलिक सुधार चाहती है अथवा क्रान्तिपूर्वक उसे मटियामेट कर देना चाहती है। इस धारा के ऋषि स्वयं बुद्ध हैं और उसके दार्शनिक नागार्जुन और वसुबन्धु तथा कवि सरहपा, नहपा, तिरुवल्लुवर, वेमना, कबीर, दादू दयाल और रवीन्द्र हैं। यही धारा बृहत् मानवता की धारा है और उसके अद्यतन प्रतीक महात्मा गांधी हुए हैं। स्पष्ट ही, पहली धारा का जोर निगम और आगम, दोनों पक्षों पर है। किन्तु दूसरी धारा, अपना आगम बना लेने पर भी अधिक जोर धर्म के निगम-पक्ष पर देती है।

जिस युग में हम जी रहे हैं, वह आगम से अधिक निगम की महिमा से व्याप्त है। इसीलिए नवयुग की धार्मिक प्रवृत्ति तुलसीदास जी के पक्ष में कम, कबीरदास जी के पक्ष में कुछ ज्यादा पड़ती है। जब से विज्ञान के रथ पर

आसीन नवयुग का आगमन हुआ है, धर्म के आगम-पक्ष दिनोंदिन क्षीण होते जा रहे हैं और आगमों से प्रच्छन्न होने के कारण स्वयं धर्म भी निन्दित हो रहा है। किन्तु धर्म की निन्दा से अध्यात्म निन्दित नहीं होता, वह आज भी जीवित है और आगे भी जीवित रहेगा, क्योंकि अध्यात्म आगम नहीं, निगम की चीज है और धर्म के विरुद्ध चलनेवाली क्रान्तियाँ मुख्यतः आगमों का विनाश चाहती हैं। निगम तो यह तत्त्व है, जिसका नाश ही नहीं होता, जो थोड़ी देर के लिए दबकर फिर उभरकर ऊपर आ जाता है। धर्म को लेकर नवयुग के विचार जिस उग्रता से खौल रहे हैं, उसे देखते हुए यह अत्यन्त सम्भव दीखता है कि आगमों पर जीनेवाले धर्म उन्मूलित हो जाएँगे और मनुष्य के मन में धर्म का वही रूप शेष रहेगा, जिसका आधार निगम पर है; अर्थात धर्म मरेंगे और अध्यात्म जीवित रहेगा।

जो लोग समस्त मध्यकालीन साहित्य पर मध्यकालीनता की स्याही पोतकर उसे बिलकुल अनुपयोगी और त्याज्य बताना चाहते हैं, वे भारत का अकल्याण कर रहे हैं। सभी मध्यकालीन कवि, अभी पूरे अर्थों में, मध्यकालीन नहीं हुए हैं। उनमें से अनेक कवियों के अनेक स्वप्न जीवित हैं और आज चार सौ वर्षों से हवा में मँडरा रहे हैं। उन्हें हमें धरती पर उतारकर साकार बनाना है। इन स्वप्नों में सबसे बड़ा स्वप्न साम्प्रदायिक एकता का स्वप्न है। और यह स्वप्न ऐसा है, जो मनुष्य को धर्मों से छुड़ाकर उसे अधिक धार्मिक बनाना चाहता है। आगमों से मुक्त करके उसे निगम के पास लाना चाहता है। हिन्दी के सन्त कवि धार्मिक विवादों से इतने दुखी थे कि आजिज आकर उन्होंने अल्लाह और राम की अलग-अलग राहों को छोड़कर एक तीसरी ही राह पकड़ ली थी। इस तीसरी राह पर आने की उमंग सबसे पहले कबीर साहब में प्रत्यक्ष हुई थी :

सुर, नर, मुनि औ औलिया, ये सब बेलैं तीर,
अलह-राम की गति नहीं, तहँ घर किया कबीर।

हद्‌द छाड़ि बेहद गया, किया सुन्नि असनान,
मुनिजन महल न पावई, तहाँ किया विश्राम।

हद्‌द छाड़ि बेहद गया, रहा निरन्तर होय,
बेहद के मैदान में, रहा कबीरा सोय।

राम भजत हैं नाम को, नाम भजत कछु थीर,
वाहू तै कछु और है, बाको भजै कबीर।

हद, यानी सीमा आगम का पर्याय है। बेहद, यानी निस्सीम निगम का प्रतीक है। कबीर साहब कहते हैं, मैं तो सीमा तोड़कर निकल आया। तुम भी आगमों को छोड़कर निस्सीम हो सकते हो।

जो बात कबीर साहब ने ऊँचाई की लपेट में कही, उनके अनेक अनुयायियों ने उसी बात को सीधी-सादी भाषा में शताब्दियों तक दुहराया है।

दादू ना हम हिन्दू होहिंगे, ना हम मूसलमान।
षट्दर्शन में हम नहीं, हम राते रहिमान॥

–दादू दयाल

हेत न करि हिन्दू धरम, तजि तुरकी रस रीति।
रज्जब जिन पैदा किया, ताही सूँ करि प्रीति॥

–रज्जब जी

सब कोउ साहब बन्दते, हिन्दू-मूसलमान।
साहेब तिसको बन्दता, जिसका ठौर इमान॥

–मलूकदास

और हिन्दू-मुस्लिम-एकता के नारे हमने बहुत सुने हैं, मगर एकता का जो सबसे बड़ा नारा हो सकता है, वह सोलहवीं सदी में स्वामी दादू दयाल ने दिया था :

दोनों भाई हाथ-पग, दोनों भाई कान,
दोनों भाई आँख हैं, हिन्दू-मूसलमान।

नवयुग प्रवृत्तिवाद का युग है। यह युग संन्यासियों से भी अपेक्षा रखता है कि वे वैयक्तिक मुक्ति की खोज के लिए गुफाओं में नहीं बैठेंगे, बल्कि इसी संसार में रहकर प्राणियों की सेवा करेंगे। जिसके मन में आसक्ति है, उसके लिए जंगल भी वासनाओं का बाजार होगा। जो मन को काबू में रख सकता है, वह संसार में रहकर भी मोक्ष लाभ करेगा। यह विचार वैसे तो जनक के समय से चला आ रहा था, किन्तु निवृत्ति के धुँधलके में वह तिरोहित हो गया था। इस सत्य को फिर से जिलाने का काम मध्यकालीन संतों ने किया। रज्जब जी ने सोलहवीं सदी में कहा था :

एक जोग में भोग है, एक भोग में जोग,
एक बुड़हिं वैराग्य में, एक तरहिं सो गिरही लोग।

और जिस समाजवाद को लाने के लिए हम इतने बेकरार हैं, उसके भी बीज हमें संत कवियों की वाणी में दिखाई देते हैं। गुरु नानक का एक वचन मिलता है :

धालि खाइ, कुछ हत्थहु देइ,
नानक राह पिछाणहि सेइ।

अर्थात जो मेहनत करके खाता है और कुछ दूसरों के हाथ पर भी रखता है, नानक कहते हैं, रास्ता वही पहचानता है। कहते हैं, गुरु नानक किसी भी ऐसे आदमी के हाथ का पानी नहीं पीते थे जिसके हाथों में मेहनत के निशान नहीं हों। जो खुद काम करके नहीं खाता है, वह चोर है। जो दूसरों की कमाई पर जीता है, वह समाजवादी नहीं हो सकता।

नारियों की निन्दा के लिए, सभी प्राचीन साहित्य के समान, प्राचीन हिन्दी साहित्य भी बदनाम है। यह बात अब सब लोग मानते हैं कि वैदिक युग में भारतीय नारियों की मर्यादा बहुत बड़ी थी। वे पतियों की अर्धांगिनी समझी जाती थीं और उनकी उपस्थिति के बिना कोई यज्ञ सम्पन्न नहीं किया जा सकता था। वेदों की अनेक ऋचाओं की रचना तत्कालीन नारी-ऋषियों ने की थी। वैदिक ऋषि जब तपस्या या आश्रम-वास करते थे, तब भी उनकी पत्नियाँ उनके साथ रहती थीं, किन्तु जब बुद्ध आए, उन्होंने कहा, निर्वाण के लिए आवश्यक है कि साधक संसार छोड़कर भिक्षु हो जाएँ, किन्तु भिक्षु बनने का अधिकार, शुरू में उन्होंने केवल पुरुषों को दिया था। इससे नारियों के भीतर एक बेचैनी-सी छा गई। उन्होंने यह सवाल करना शुरू किया कि अगर मोक्ष का एकमात्र मार्ग संन्यास है, तो फिर नारियों को तथागत किस न्याय से इस अधिकार से वंचित रखना चाहते हैं? बुद्ध पर तो इस शंका का प्रभाव नहीं पड़ा, किन्तु उनके शिष्य आनन्द नारियों की प्रार्थना से द्रवित हो गए और उन्होंने शास्ता को यह अनुज्ञा देने को विवश कर दिया कि नारियाँ भी भिक्षुणी हो सकती हैं, किन्तु बुद्ध ने अपने इस निर्णय पर पीछे थोड़ा पश्चात्ताप भी किया। उन्होंने कहा, 'आनंद! मैंने जो धर्म चलाया था, वह पाँच सहस्र वर्ष तक चलनेवाला था, किन्तु अब वह केवल पाँच सौ वर्ष चलेगा क्योंकि नारियों को मैंने भिक्षुणी होने का अधिकार दे दिया है।'

किन्तु जैन धर्म में एक विचित्रता और हुई। वैसे जैन धर्म में भिक्षुणी होने का रिवाज पहले से ही था, किन्तु जब वह धर्म श्वेताम्बर और दिगम्बर शाखाओं में बँट गया, तब स्वभावतः ही सवाल यह उठा कि नारियाँ भिक्षुणी हो सकती हैं या नहीं। निदान, जैन धर्म की दिगम्बर-शाखा ने शास्त्रों में यह संशोधन कर दिया कि नारियों को मोक्ष नहीं मिल सकता। उन्हें घर में ही रहकर दान-पुण्य करते रहना चाहिए। जब वे मोक्ष के समीप पहुँचेंगी, उनका जन्म पुरुष-योनि में होगा और तभी वे संन्यास भी ले सकेंगी।

धर्म ने नारी को जिस कुंठित दृष्टि से देखना आरम्भ किया था, उसे एक जबर्दस्त झकझोर नानक और कबीर ने दिया, क्योंकि ये संत विवाहित थे और

गृहस्थी में रहकर ही वे वैयक्तिक मोक्ष की साधना करते थे। तब भी गृहस्थी से भागने की परम्परा हमें संतों में प्रायः बरकरार मिलती है, किन्तु नानक और कबीर ने वैराग्य की कठोर परम्परा को जो धक्का दिया, उसके कारण संतों की नारी-भावना कुछ थोड़ी उदार अवश्य हो गई। इसका प्रमाण हमें दरिया साहब के इस दोहे में मिलता है :

नारी जननी जगत् की, पाल-पोस दे तोष,
मूरख राम बिसारि कै, ताहि लगावै दोष।

हिन्दी साहित्य, मुख्यतः एकता और उदारता का साहित्य है। साहित्य अचानक आकाश से नहीं टपकता। जो जाति जैसा दर्द भोगती है, वह उसी प्रकार का साहित्य भी तैयार करती है। यह सत्य है कि जो क्षेत्र अब हिन्दी-भाषी कहे जाते हैं, उनके प्रांगण में कभी इतिहास की बड़ी-से-बड़ी घटनाएँ घटित हुई थीं, किन्तु समुद्र-मंथन से निकले हुए जहर को हमारे कवि भीतर-ही-भीतर पचा गए। उन्हें इस मंथन से जो भाव अमृत के समान निकलता दिखाई दिया, उसी का वर्णन उन्होंने अपने साहित्य में किया है। जो लोग हिन्दी को खाँटी हिन्दुत्व की भाषा समझकर उसे शंका से देखते हैं, वे यदि हिन्दी साहित्य को समझने का प्रयास करें, तो उनकी शंका निर्मूल हो जाएगी। हिन्दी साहित्य केवल हिन्दुओं का निर्माण नहीं है। उसके अनेक कवि धर्म और जाति से मुसलमान थे। अमीर खुसरू और कबीरदास, जायसी और उस्मान, रहीम और रसखान, अनीस, अहमद और कमाल, ताज, नेवाज, आलम और शेख तथा मुबारक और रसलीन—ये सब-के-सब अत्यन्त उच्च कोटि के कवि हुए हैं। खास कर कबीर, जायसी, रहीम, रसखान और रसलीन ने हिन्दी की जो अपरिमित सेवा की है, वह हिन्दी साहित्य में अत्यन्त गौरवपूर्ण स्थान रखती है। वैसे सम्राट अकबर ने जो दो-चार दोहे कहे थे, वे भी हिन्दी की ही सम्पत्ति हैं।

यह सब इसलिए नहीं हुआ था कि अंग्रेजी-समर्थन के दुरुद्देश्य को छिपाने के मकसद से हिन्दी का विरोध किया जाए, उसके साहित्य को साम्प्रदायिक कहकर बदनाम किया जाए और अल्पसंख्यकों को यह कहकर भड़काया जाए कि हिन्दी के भीतर से हिन्दुस्तान नहीं, हिन्दू धर्म बढ़ता आ रहा है। सब कुछ व्यक्तियों के अधीन नहीं होता। बहुत-सी चीजें इतिहास की प्रयोगशाला में तैयार होती हैं और हमें उन्हें स्वीकार कर लेना पड़ता है। इतिहास जानता था कि एक समय भारत को एक राष्ट्रभाषा की जरूरत होनेवाली है। इसीलिए उसने हिन्दी को एक खास ढंग से तैयार किया, जो आश्चर्यजनक रूप से राष्ट्रभाषा

होने के योग्य है। अगर हम इतिहास के इस संकेत को नहीं समझेंगे, तो फिर हमारा झगड़ा अपने ही इतिहास से शुरू हो जाएगा।

मेरा दृढ़ विश्वास है कि गांधी जी ने हिन्दी से जो आशा लगाई थी, हिन्दी उसे पूर्ण करेगी। हिन्दी केवल हिन्दुत्व की भाषा नहीं होगी। वह उन सभी सम्प्रदायों की भावनाओं को अभिव्यक्ति देगी, जिन्हें लेकर हमारा राष्ट्र आगे बढ़ रहा है। भारतीय समाज की जिस सामासिकता को राष्ट्र ने हिन्दी के हवाले किया है, हिन्दी उसकी रक्षा और विकास को अपना धर्म समझती है। हिन्दी पूँजीवाद और अमीरी को भी प्रश्रय नहीं देनेवाली है, क्योंकि उसके सभी बड़े कवि या तो संत और फकीर थे अथवा रहीम, बीरबल और हरिश्चन्द्र के समान फक्कड़ मनुष्य, जो धन के संचय नहीं, उसके दान में विश्वास करते थे। हिन्दी अब्राह्मणों को भी दबाने का प्रयास नहीं करेगी, क्योंकि उसके सैकड़ों कवि खुद ही अब्राह्मण थे और उन्होंने हजार वर्षों से इस बात को बार-बार दुहराया है कि मनुष्य श्रेष्ठ या अधम अपने जन्म नहीं, कर्मों के कारण होता है और सबसे बढ़कर हिन्दी आगमों का पिष्टपेषण नहीं करेगी, क्योंकि संत कवियों के बाहुल्य के कारण हिन्दी की मुख्य प्रेरणा निगम की प्रेरणा है, उस सूक्ष्म धर्म की प्रेरणा है, जो सभी धर्मों में व्याप्त है। उस अध्यात्म की प्रेरणा है, जो वैज्ञानिक युग में भी कायम रहेगा।

अन्त में आज उपाधि प्राप्त करनेवाली आयुष्मती स्नातिकाओं को मैं आशीर्वाद देता हूँ कि जीवन में वे तेजस्विनी मानवी बनकर विचरण करें और जहाँ भी रहें, अपने मातृभाषा-प्रेम को निर्भीकता से प्रकट करती रहें। सभी देशों में वहाँ के शील और संस्कृति की रक्षा नारी-समाज करता है। भारत में भी भारतीय भाषाओं और भारतीय संस्कृति की रक्षा का दायित्व हमारे नारी-समाज पर है।[1]

---

1. 30 जनवरी, 1966 को जुहारी देवी महिला डिग्री कॉलेज, कानपुर, के प्रथम दीक्षांत-समारोह में दिया गया भाषण।

इल्म की इन्तिहा है बेताबी

मर्दों ने मान लिया है कि शिक्षा का ध्येय नौकरी पाना है, लेकिन खुशी की बात है कि भारत की देवियों की दृष्टि अभी इतनी स्थूल नहीं हुई है। सौभाग्य से विवाह अभी हमारे देश में लोकप्रिय संस्था है और पढ़ी-लिखी औरतें भी पत्नी और माता बनकर जीने में अधिक सन्तोष मानती हैं। हमारी बहनें नौकरी तभी कबूल करती हैं, जब वह सुकर और सुगम हो अथवा जब उसके लिए कोई विवशता उपस्थित हो गई हो। इसे मैं पारिवारिक जीवन के हित में उपयोगी समझता हूँ, गरचे मेरा यह भी विचार है कि जो देवियाँ डॉक्टरी या इंजीनियरी की उपाधि प्राप्त करती हैं, उनके लिए पत्नी का जीवन यथेष्ट नहीं होना चाहिए, क्योंकि उन्होंने जो विद्या अर्जित की है, समाज के लिए उसका सुनिश्चित उपयोग है। अतएव ऐसी नारियों को अपने ज्ञान के उपयोग के लिए परिवार से बाहर भी क्षेत्र बनाना चाहिए और ऐसी नारियों के पतियों का यह धर्म है कि वे अपनी पत्नियों के समाज-सेवा के कार्य में भरपूर सहायता करें।

लेकिन जो नारियाँ डॉक्टरी या इंजीनियरी की ओर न जाकर मानविकी में रह जाती हैं और कोई नौकरी भी नहीं करतीं, उनकी शिक्षा का क्या उपयोग है? क्या हम यह आशा करें कि कॉलेज में पढ़ी हुई लड़कियाँ अपढ़ लड़कियों की अपेक्षा अधिक श्रेष्ठ पत्नी, गृहिणी या माता बन सकती हैं? अथवा सोचा यह जाता है कि पढ़े-लिखे पति की जीवन-संगिनी को सुशिक्षित इसलिए होना चाहिए कि दम्पती बौद्धिक विषयों पर वार्तालाप का मजा ले सकें? मुझे दोनों ही बातों में सन्देह है। बौद्धिक वार्तालाप से जीवन के आनन्द में वृद्धि तो होती है, किन्तु केवल बौद्धिक वार्तालाप से गृहस्थी नहीं चल सकती। गृहस्थी की आधारशिला बुद्धि नहीं, भावना है और इस बात की कोई गारंटी नहीं है कि शिक्षित होने मात्र से भावनाओं का परिष्कार हो जाता है। मेरा खयाल है, मूर्ख और अपढ़ दम्पतियों के बीच उतने झगड़े नहीं होते थे, जितने अब सुशिक्षित दम्पतियों के बीच होने लगे हैं और यह तो है ही कि शिक्षा जब नहीं थी, परिवारों में शान्ति

का आज की अपेक्षा अधिक प्राचुर्य था और पति-पत्नी एक-दूसरे को अधिक धीरज के साथ बर्दाश्त करते थे। जब ज्ञान बढ़ता है, तब अशान्ति भी बढ़ती है। जिसने अपने भीतर इल्म की रोशनी जलाई है, उसने अपनी गम की बत्ती को भी तेज कर लिया है।

लेकिन दुनिया में खराबियाँ इसलिए नहीं आईं कि हमने औरतों को शिक्षित बनाया है। जब मर्दों की शिक्षा का विकास हुआ, यह अनिवार्य हो गया कि ऊँची-से-ऊँची शिक्षा औरतों को भी दी जाए। और औरतों के शिक्षित होने से पुरुषों के अहंकार में थोड़ी कमी भी हुई है। अपढ़ स्त्रियाँ पुरुषों के अत्याचार को जिस बेबसी से सह लेती थीं, उस बेबसी से पढ़ी-लिखी स्त्रियाँ अत्याचार सहने को तैयार नहीं हैं। इससे पुरुष अपनी सीमा समझने को लाचार हुआ है। शिक्षित होने से नारियों के भीतर क्या-क्या सुधार हुए हैं, वह अलग बात है; किन्तु स्त्री-शिक्षा के प्रसार से पुरुषों में सुधार हुए हैं, यह सत्य है।

शिक्षा की महिमा बहुत बड़ी है। वह इतनी स्वयंसिद्ध और सुस्पष्ट है कि कोई भी व्यक्ति अशिक्षित मनुष्य को शिक्षित मनुष्य की तुलना में श्रेष्ठ बताने का साहस नहीं करेगा। फिर भी, सच यह है कि अशिक्षित ग्रामीणों के बीच भी जब-तब ऐसे व्यक्ति मिल जाते हैं, जो मनुष्यता के मामले में दया, धर्म, धीरज और त्याग के प्रसंग में अत्यन्त श्रेष्ठ दिखाई देते हैं। कभी-कभी तो उनकी श्रेष्ठता इतनी उच्च कोटि की होती है कि बड़े-बड़े पंडित उनकी तुलना में बर्बर और असभ्य ही समझे जाएँगे। इससे निष्कर्ष यह निकलता है कि शिक्षा और साक्षरता का सम्बन्ध नित्य नहीं है। शिक्षा केवल स्कूल और कॉलेज ही नहीं देते, वह परम्परा से भी प्राप्त की जाती है। वह सत्संग से भी हासिल होती है। वह समाज में बहती हुई हवा से भी खींची जा सकती है।

प्राचीन और मध्यकालीन, दोनों ही युगों में शिक्षा का मूल ध्येय धर्म समझा जाता था। जब से औद्योगिकी सभ्यता का प्रसार हुआ, शिक्षा का उद्देश्य आर्थिक उन्नति हो गई। पहले के गुरुकुल भला आदमी तैयार करना चाहते थे। आज शिक्षा की जो पद्धति चल रही है, उसका सारा जोर चालाक आदमी तैयार करने पर है। चालाकी शायद शिक्षा का अनिवार्य अंग है। शिक्षित व्यक्ति का दिमाग जरा ज्यादा तेज चलने लगता है, अतएव वह अच्छाई या बुराई की ओर जाना चाहे, तो इस दौड़ में अशिक्षितों को वह काफी पीछे छोड़ सकता है। जो हाल विज्ञान का है, बहुत कुछ वही हाल शिक्षा का भी है। विज्ञान ने प्रकृति के रहस्य के भीतर धँसकर ऐसी शक्तियों का आविष्कार कर लिया, जो मार भी सकती हैं और जीवन भी दे सकती हैं लेकिन चारित्रिक विकास के अत्यन्त

अपूर्ण होने के कारण मनुष्य इन शक्तियों के मारक गुणों पर ही आसक्त हो रहा है। शिक्षा की शक्तियाँ भी इतनी बढ़ी हैं कि वे अपने शिखर का स्पर्श कर रही हैं। लेकिन विश्वविद्यालयों से जो लोग तैयार होकर निकलते हैं, वे ताकतवर अधिक, भले कम होते हैं। सारे संसार का संचालन शिक्षित व्यक्ति ही करते हैं, किन्तु फिर भी दुनिया युद्ध के भय से घबरा रही है। इसका एक बड़ा कारण यह है कि संसार के नेताओं को ताकत की फिक्र ज्यादा, भलाई की चिन्ता कम है।

शिक्षा की सर्वांगीण महिमा को स्वीकार करते हुए भी यह नहीं भूलना चाहिए कि मानवता के कुछ बड़े गुण ऐसे भी हैं, जिन्हें प्राप्त करने के लिए पांडित्य की तनिक भी आवश्यकता नहीं है। उदाहरणार्थ, आत्मज्ञान मानव-जीवन का सबसे ऊँचा लक्ष्य है, जिसे प्राप्त करने के बाद मनुष्य के सामने और सारी उपलब्धियाँ तृणवत् नगण्य बन जाती हैं, किन्तु अध्यात्मवादियों के बीच यह परम्परा रही है कि आत्मज्ञान की अनुभूति के लिए पांडित्य तनिक भी आवश्यक नहीं है। परमहंस रामकृष्ण कहा करते थे कि एक दिन मैंने माँ (यानी काली) से कहा कि माँ, मुझे शास्त्रों का कोई ज्ञान नहीं है। क्यों नहीं तू मुझे सभी शास्त्रों का ज्ञान करा देती है? इतने में माँ ने मुझे कूड़ों का बहुत बड़ा ढेर दिखाकर कहा, 'यही तो शास्त्रीय ज्ञान है। लेकर क्या करेगा?' और इस युग के सबसे बड़े ज्ञानी भगवान रमण महर्षि कहा करते थे कि आत्मज्ञान के लिए पांडित्य की आवश्यकता नहीं है। वह तो अपढ़ मनुष्य के लिए भी शक्य है, यदि वह प्रयासपूर्वक यह समझने की कोशिश करे कि शरीर के भीतर मन कहाँ से उत्पन्न होता है।

पुराना संसार अंतर्मुखीनता का संसार था। उस संसार के मनुष्य रहस्यवाद में विश्वास करते थे, बुद्धि से अधिक अपनी सहज प्रवृत्ति (इंस्टिंक्ट) में श्रद्धा रखते थे। इसलिए समस्त संसार में उन दिनों शिक्षा का प्रसार अत्यन्त सीमित था, बल्कि आध्यात्मिक गुरुओं की दृष्टि में पांडित्य कुछ दोष ही समझा जाता था। कबीरदास जी ने लिखा है :

कबिरा कोठी काठ की, दस दिसि लागी आगि,
पंडित पंडित जरि मुए, मूरख उबरे भागि।

केवल पुराने रहस्यवादी ही नहीं, कुछ नये रहस्यवादियों की दृष्टि में भी ज्ञान गुनहगार है। ज्ञान के साथ दुनिया में अशान्ति फैलती है। ज्यों-ज्यों समाज में शिक्षा का प्रसार होता है, मनुष्य के हाथों से सन्तोष छूटता जाता है। इकबाल की एक कविता में दिल इल्म से कहता है :

इल्म की इन्तिहा है बेताबी,
इस मरज की मगर हूँ दवा मैं।

अर्थात ज्ञान का आतिशय्य अशान्ति का कारण होता है, लेकिन जब मनुष्य के भीतर हार्दिकता की वृद्धि होती है, उसकी अशान्ति घटने लगती है।

ज्ञान की अतिशयता से अशान्ति की वृद्धि होती है। कबीर साहब की दृष्टि में पांडित्य मनुष्य की मुक्ति का उपाय नहीं है। ईसा मसीह नें पंडितों का तो नाम नहीं लिया, किन्तु धनियों के बारे में उन्होंने कहा था, सुई के छेद से ऊँट चाहे भले निकल जाए, मगर धनियों के लिए स्वर्ग का द्वार नहीं खुलेगा। कबीर ने धनियों के स्थान पर पंडितों का उदाहरण दिया है। तब भी यह ठीक है कि समाज में सबसे अधिक आदर धन और पांडित्य का ही होता है और अध्यात्म-सेवियों के यहाँ ये दोनों गुण शंका की दृष्टि से देखे जाते हैं।

पांडित्य मनुष्य को हमेशा रसातल ही नहीं ले जाता। ऐसे पंडित अनेक हुए हैं, जो धर्म के जीते-जागते स्वरूप थे, किन्तु बारीकी से विश्लेषण करने पर पता चलेगा कि इन धर्ममूर्ति पंडितों की उन्नति का कारण शास्त्रीय ज्ञान नहीं, बल्कि उन्नत चरित्र था और चारित्रिक उन्नति के लिए स्कूलों या कॉलेजों में पढ़ना अनिवार्य नहीं है और आजकल तो बिलकुल ही नहीं, क्योंकि चरित्र की ऊँची शिक्षा धार्मिक मूल्यों का सहारा लिये बिना सफल नहीं हो सकती और स्कूलों में धर्म को दाखिल करना अपराध है, क्योंकि उनका संचालन धर्म-निरपेक्ष राज करता है।

चरित्र के द्वारा मनुष्य अपनी मानसिक शक्तियों को अभिव्यक्त नहीं करता, अभिव्यक्ति वह अपनी भावना को देता है। जो मनुष्य दंडसंहिता की धारा के भय से चौर्य से विरत रहता है, वह उस मनुष्य से हीन है, जिसे चोरी करने में आत्मग्लानि होती है अथवा जिसका हृदय चोरी के विचार को सहन नहीं कर सकता।

जैसे वर्तमान युग का प्रत्येक ज्ञान बुद्धिवाद के आधार पर टिका है, उसी प्रकार इस युग की शिक्षा-पद्धति का भी सबसे बड़ा ध्येय बुद्धिवाद के गढ़ को मजबूत बनाना है। बुद्धिवाद इस युग का जनेऊ है। जो बात बुद्धि से समर्थित नहीं हो सकती, उसे इस युग के मनीषी स्वीकार नहीं करेंगे। साधारणतः यह समझा जाता है कि यह शिक्षा विज्ञान की है; किन्तु विज्ञान केवल बुद्धि पर ही जोर नहीं देता, वह यह भी मानता है कि मनुष्य का व्यक्तित्व अज्ञात जटिलताओं का पुंज है। उसके भीतर ऐसी-ऐसी इच्छाएँ, भावनाएँ और तृषाएँ हैं, जो बुद्धि के द्वारा समझी नहीं जा सकतीं, न बुद्धि के सहारे हम उनके विस्फोट को रोक सकते हैं। मनुष्य केवल टिस्सू, फ्लूइड और बुद्धि नहीं है। उसकी चेतना उस लोक की भी झाँकी लेती है, जो बुद्धि की पहुँच से दूर है। विज्ञान के उद्‌भव से पूर्व संसार उनके मार्गदर्शन में चलता था, जो बुद्धिमान भी थे और

बुद्धि से आगे भी पहुँच सकते थे। आज भी सभ्यता को उन श्रेष्ठ मानवों के मार्गदर्शन की आवश्यकता है, जो बुद्धि की सीमा के परे झाँकने में समर्थ हैं।

सहज प्रवृत्ति और बुद्धि—ये दो प्रकार की शक्तियाँ हैं, जिनसे जीव-जगत् का काम चलता है। मनुष्य को छोड़कर और सभी जीव अपने और अपने परिवेश का जन्मजात सहज (इंस्टिंक्टिव) ज्ञान रखते हैं। सहज प्रवृत्ति उन्हें हमेशा जीवन में फिट होने का सहज ढंग सिखाती रहती है। वे गलती करने को स्वतंत्र नहीं हैं। गलती मनुष्य करता है, क्योंकि वह बुद्धि से युक्त है और बुद्धि से युक्त होने के कारण ही यह उम्मीद की जाती है कि आदमी कभी पूर्णता पर भी अवश्य पहुँचेगा। चींटियाँ दस हजार साल पहले जैसी थीं, आज भी वैसी ही हैं, लेकिन आदमी बराबर बदलता जा रहा है। हाथी और कुत्ते के समान कुछ पशु ऐसे भी हैं, जिनमें सहज प्रवृत्ति के साथ कुछ बुद्धि का भी मेल है। इसी प्रकार आदमी के भीतर भी सहज प्रवृत्ति की झाँकी कभी-कभी दिख जाती है। पशुओं की सारी चादर सहज प्रवृत्ति की है, केवल किनारे-किनारे बुद्धि की चमक दिखाई देती है। आदमी की सारी चादर बुद्धि की है, सहज प्रवृत्ति का रंग केवल झालरों में दिखाई देता है, लेकिन वस्तुस्थिति यह है कि सहज प्रवृत्ति के धक्के को बुद्धि सँभाल नहीं सकती। यह प्रवृत्ति जब जोर से उठती है, बड़े-से-बड़े पंडितों की बुद्धि खग्रास में चली जाती है।

सहज प्रवृत्ति वाले जीव गलती नहीं करते। शिशु-पालन में गलती बिल्लियाँ नहीं करतीं, औरतें करती हैं। पक्षी जानते हैं कि नीड़ कब बनाना चाहिए। मधुमक्खी जानती है कि रानी को कैसे रखना चाहिए और कमकरों की सही खुराक क्या है। गीदड़ अँधेरे में भी ठीक राह चला जाता है। हरिन दोस्त और दुश्मन को दूर से ही पहचान लेते हैं। कौए दूर से ही समझ जाते हैं कि जानवर मर गया है या अभी जिन्दा है, लेकिन यह काम मनुष्य नहीं कर सकता। उसे बुद्धि मिली है और वह गलती करने के अधिकार को अपना स्वाभाविक अधिकार समझता है।

बुद्धि मनुष्य की मार्गदर्शिका है, किन्तु वह उतनी विश्वसनीय नहीं हो सकती, जितनी विश्वसनीय सहज प्रवृत्ति होती है। विज्ञान के सामने सबसे बड़ी चुनौती यह है कि वह किसी ऐसे नुस्खे को ईजाद करे, जिससे मनुष्य की बौद्धिक चेतना में अपरिमित वृद्धि होती हो, जिससे बुद्धि उतनी विश्वसनीय बन सकती हो, जितनी विश्वसनीय सहज प्रवृत्ति है।

केवल जानना काफी नहीं है, हमें 'फील' करने अथवा महसूस करने की भी अपनी क्षमता बढ़ानी चाहिए। बच्चों का पालन-पोषण केवल बौद्धिक विकास के

लिए करना अधूरा काम है। मनुष्य की आत्मा बुद्धि-सम्मत और बुद्धिनिरपेक्ष, दोनों ही शक्तियों से युक्त है। विज्ञान हमारे लिए जितना जरूरी है, धर्म उससे कम आवश्यक नहीं है। तर्क को हम अपने लिए जितना अपरिहार्य समझते हैं, भावना भी उतनी ही अपरिहार्य है। आर्थिक सिद्धान्तों का इतिहास रटना अथवा गणित के फार्मूलों को सिद्ध करना योग्यता के अच्छे लक्षण हैं। लेकिन ऐसा विद्वान भी अगर दूसरों के दुःख से दुखी नहीं होता, दूसरों के कष्ट-निवारण के लिए अपने सुख का एक अंश छोड़ने में आनाकानी करता है अथवा यदि वह फूल, पर्वत, नक्षत्र, हरियाली और समुद्र को देखकर विस्मित नहीं होता, या यह सोचकर चकित नहीं होता कि दुनिया कहाँ से उछलकर हमारे सामने आ गई है, तो उसका व्यक्तित्व पूर्ण रूप से विकसित नहीं समझा जाएगा। वह एक प्रकार का विशेषज्ञ भर माना जाएगा और विशेषज्ञ चाहे जितने भी उपयोगी हों, वे सभ्यता को उसके वर्तमान संकटों से नहीं निकाल सकते। सभ्यता के उद्धार का कार्य उन लोगों की इंतजारी कर रहा है, जो केवल डॉक्टर ही नहीं, थोड़ा-सा इंजीनियर भी होंगे; जो केवल कवि ही नहीं, कुछ विज्ञान-प्रेमी भी होंगे और जो केवल अध्यात्म-योगी ही नहीं, कुछ समाज-सेवी भी होंगे।

वर्तमान शिक्षा-पद्धति का दोष यह है कि उसका सारा ध्यान विभिन्न विषयों के विशेषज्ञ तैयार करने पर केन्द्रित है। अब हम ऐसी दुनिया में रहने लगे हैं, जिसमें वैद्य ज्योतिषी नहीं होते, न इंजीनियरों को औषधि-विज्ञान का ज्ञान होता है। सभ्यता का सही नेतृत्व वे लोग नहीं कर सकते, जो विशेषज्ञ अथच एकांगी विद्वान हैं। शिक्षा-पद्धति में कोई ऐसा आमूल परिवर्तन लाया जाना चाहिए, जिससे विशेषज्ञों के साथ-साथ हम कुछ ऐसे मनुष्य भी तैयार कर सकें, जो विज्ञान और धर्म दोनों के प्रति सहानुभूतिशील हों; जो रहस्यवादियों के निकट उसी प्रसन्नता का अनुभव कर सकें, जिस प्रसन्नता का अनुभव वे वैज्ञानिकों की महफिल में करते हैं। दुनिया की मैनेजरी बुद्धि ने ले ली है, यह बहुत अच्छी बात है, किन्तु मनुष्य की उन्नति का जो चरम सोपान है, वहाँ तक हमें बुद्धि नहीं, केवल भावना ले जाती है।

विज्ञान के आविष्कारों ने औद्योगिक सभ्यता को जन्म दिया तथा डारविन और फ्रायड के अनुसंधानों ने मनुष्य की नैतिक दृष्टि को उदार बना दिया। जब दृष्टि उदार होती है, नैतिक स्खलनों को हम क्षम्य मानने लगते हैं, क्योंकि हम समझते हैं कि यह अपराध स्वयं प्रकृति ने किया है। मुक्ति, उदारता और स्वतंत्रता ऐसे शब्द हैं, जो सुनने में हमेशा अच्छे लगते हैं, किन्तु नैतिक बन्धनों से स्वतंत्र होना प्रकृति के नियमों का अनुसरण नहीं, उनका विरोध है। प्रकृति के

नियमों का आधार स्वतंत्रता नहीं, संयम और परहेज है। यंत्र यदि वैसे न चलाए जाएँ, जिस तरह चलाने से वे ठीक रहते हैं, तो वे टूट जाएँगे।

नैतिक स्खलनों को बर्दाश्त करने की शिक्षा बुरी नहीं थी, किन्तु वह उदारता अब स्वतंत्रता बन गई है और प्रचलित मूल्यों के विरोध की आड़ में लड़ाई, असल में, नैतिक स्वतंत्रता और प्रकृति के नियमों के बीच चल रही है। इसलिए मेरा खयाल है, कृच्छ्र-साधना को हमें फिर से वापस बुलाना चाहिए। अपने और अपनी संततियों को विनाश से बचाने के लिए यह आवश्यक है कि हम अपनी अनेक इच्छाओं, रुचियों और कामनाओं का अवरोध करें। जीवन का श्रेष्ठ नियम इन्द्रिय-तर्पण नहीं, आत्म-दमन और त्याग है। नारी जब माँ बनती है, उसे कष्ट सहना पड़ता है, अपने सुखों का त्याग करना पड़ता है। खिलाड़ी, वैज्ञानिक और कलाकार बनने के लिए आदमी को घनघोर तपस्या करनी पड़ती है। स्वास्थ्य, शक्ति और लम्बी आयु उन्हें मिलती है, जो अनेक क्षुधाओं को तृप्त करने से इनकार कर देते हैं। पशुओं के समान यदि मनुष्य में भी सहज प्रवृत्ति प्रबल होती, तो समय के अभ्यास की जरूरत उसे नहीं होती, किन्तु चूँकि मनुष्य सहज प्रवृत्तिशाली नहीं, केवल बुद्धिमान है, इसलिए संयम का अभ्यास उसे करना ही चाहिए। मनुष्य जब भी स्वतंत्रता का उपयोग खुलकर करता है, प्रकृति उसे भारी दंड दिये बिना नहीं रहती। प्रकृति पर हुक्म चलाने से पहले हमें उसकी आज्ञा में रहने का अभ्यास करना चाहिए।

देवियो और सज्जनो, सभ्यता के जो दोष हमें दिखाई दे रहे हैं तथा शिक्षा में जिस तत्त्व के अभाव की हमें अनुभूति हो रही है, उनके विषय में हमें यह सोचकर मौन नहीं रहना चाहिए कि बोलने से हमारी गिनती पिछड़े लोगों में कर दी जाएगी। यदि पुरानी सभ्यता का पूर्वग्रह रहस्यवाद और अन्धविश्वास था, तो नई सभ्यता का बुद्धिवाद भी उसका पूर्वग्रह ही है। श्रेष्ठ सभ्यता वह समझी जानी चाहिए, जिसमें अधिक-से-अधिक लोगों के भीतर शान्ति और सन्तोष हो, किन्तु हमारी वर्तमान सभ्यता में शान्ति और सन्तोष उन्हें भी अप्राप्य है, जो सुख और समृद्धि के बीच लोट रहे हैं। कोई-न-कोई भारी कीमती चीज आदमी की गाँठ से खुलकर गिर गई है। विचारकों को यह पता लगाना चाहिए कि वह कौन-सी चीज है तथा उसे हम फिर कैसे प्राप्त कर सकते हैं।[1]

1. 4 फरवरी, 1967 को महादेवी कन्या पाठशाला कॉलेज, देहरादून, के सप्तम दीक्षांत-समारोह में दिया गया भाषण।

हिन्दी साहित्य में निगम-धारा

हम एक विशाल देश के निवासी हैं। हमारा इतिहास इतना पुराना है जितना पुराना इतिहास केवल चीन और मिस्र का समझा जाता है, किन्तु भारत शायद चीन और मिस्र से भी प्राचीन है। कम-से-कम यह तो सभी स्वीकार करते हैं कि भारत का प्राचीनतम ग्रंथ वेद ही सारी मानवता का प्राचीनतम ग्रंथ है।

हमारे देश की एक प्रमुख विशेषता यह भी है कि यहाँ बसनेवाले लोग नाना धर्मों को मानते हैं, नाना प्रकार की भाषाएँ बोलते हैं तथा खान-पान, रहन-सहन और रीति-रिवाज में भी उनकी रुचियाँ विभिन्न हैं। भारत में इस्लाम शायद उस समय पहुँचा था, जब हजरत मोहम्मद धराधाम पर मौजूद थे; और इंग्लैंड के लोग जब क्रिस्तान हुए, उससे कोई दो सौ वर्ष पूर्व ईसाइयत का प्रवेश भारत में हो चुका था। जरथुस्त्र धर्म के माननेवाले पारसी लोग ईरान से भागकर यहाँ 936 ई. में आए थे और तब से वे आनन्दपूर्वक इस देश को ही अपना देश मानकर रहते आए हैं। यही नहीं, बल्कि हिन्दू धर्म की डालों के समान, कुछ और भी धर्म हैं, जो हिन्दुत्व से स्वतंत्र अस्तित्व रखते हैं, किन्तु जिनके अनुयायियों का देश यही भारत देश है।

यही कारण है कि भारत छोटे पैमाने पर सारे संसार का नमूना पेश करता है; और चूँकि नाना धर्मों और नाना भाषाओं का देश होकर भी भारत एक देश रहा है, अतएव जो लोग समग्र विश्व की एकता के लिए प्रयास कर रहे हैं, उन्हें भारत को देखकर यह आशा बँधती है कि किसी-न-किसी दिन सारा संसार एक होकर रहेगा तथा दुनिया में जो अनेक भाषाएँ, अनेक धर्म और अनेक मतवाद प्रचलित हैं, वे संसार को एक होने से नहीं रोक सकेंगे। सारी विभिन्नताओं को कायम रखकर भारत ने जिस एकता की उपलब्धि की है, वही एकता संसार का ध्येय है। विभिन्नताओं को जबर्दस्ती दबाकर यांत्रिक एकता पैदा करने का लोभ तानाशाही राजनीति को होता है और तानाशाही राजनीति केवल यांत्रिक ऐक्य ही हासिल कर सकती है। किन्तु भारत की एकता यांत्रिक नहीं, प्राणिक है; वह

ऊपर से लादी नहीं गई है, भारत की सांस्कृतिक चेतना के भीतर से उत्पन्न हुई है। इसीलिए समय-समय पर राजनीतिक दृष्टि से खंडित हो जाने पर भी, सांस्कृतिक दृष्टि से यह सारा देश एक रहा है।

यही एकता भारत की शोभा है। इसी एकता के कारण गुलामी के दिनों में भी वह, किसी-न-किसी अर्थ में, पूजनीय माना जाता था और उसी एकता के कारण स्वतंत्रता के बाद से भारत सारी दुनिया की रहस्यात्मक आशा का केन्द्र बना हुआ है। जब राष्ट्रीयता की लहर यूरोप में उठी, यूरोप खंड-खंड होकर अनेक चकलों में बिखर गया, क्योंकि ये चकले धर्म से एक होने पर भी भाषाओं की भिन्नता के कारण बँटे हुए थे। किन्तु भारत में जब राष्ट्रीयता की लहर उठी, भारत के विभिन्न भाग परस्पर और भी समीप आ गए। जिस राष्ट्रीयता ने यूरोप को टुकड़ों-टुकड़ों में बाँट दिया, उसी राष्ट्रीयता ने हमारी एकता को और भी मजबूत बना दिया। यह कोई आकस्मिक घटना नहीं है। यह भारत की सांस्कृतिक प्रवृत्ति का परिणाम है। यह हमारे भूगोल की महिमा है; यह हमारे इतिहास की देन है। हमारा जातीय दर्शन एकता का दर्शन है। हमारा जातीय दर्शन घृणा नहीं, प्रेम सिखाता है; ईर्ष्या को नहीं, उत्सर्ग को उत्तेजना देता है। यूकेरिस्टिक कांग्रेस और सार्वभौम बौद्ध-सम्मेलनों ने यहाँ एक ही समय में अपने-अपने धार्मिक समारोह किए; और इस देश के निवासी उन सम्मेलनों में इस भाव से सम्मिलित हुए, मानो ये उनके अपने ही समारोह हों! यही भारत-धर्म है। यही भारतवासियों की महिमा है। स्वामी विवेकानन्द ने कहा था कि यह काफी नहीं है कि अन्य धर्मों को हम बर्दाश्त करें। उचित बात यह है कि सभी धर्मों को हम अपना ही धर्म समझें।

रूढ़ियों का समर्थक और मानवीय एकता का बाधक होने के कारण पिछले सौ वर्षों से धर्म, प्रायः निन्दित अवस्था में पड़ा रहा है, किन्तु अब आसार ऐसे दिखते हैं, मानो धर्म की निन्दा का युग समाप्ति के पास हो! धर्म की अवहेलना इस कारण भी हुई है कि विज्ञान की बढ़ती के साथ-साथ मनुष्य का यह भाव भी जोर पकड़ने लगा कि सृष्टि एक यंत्र है और ईश्वर उसका इंजीनियर है। और जैसे हम यंत्र के पुर्जे-पुर्जे का हाल गणित के फार्मूलों से समझ सकते हैं, उसी प्रकार सृष्टि की हर एक घटना गणित के फार्मूलों से समझी जा सकती है। न्यूटन स्वयं धार्मिक मनुष्य थे; किन्तु जिस विज्ञान की उन्होंने नींव डाली, उसने धर्म के मूल को हिला दिया। विज्ञान उन्नीसवीं सदी के अन्त तक जितना उद्धत था, उतना उद्धत वह आज नहीं है। उन्नीसवीं सदी तक विज्ञान अहंकार में था, क्योंकि उस समय तक उसकी जानकारी थोड़ी थी। बीसवीं सदी का विज्ञान कुछ

विनम्र हो गया है, क्योंकि अब वह उस गहराई में पहुँच गया है, जहाँ इस बात की निश्चित घोषणा कठिन हो रही है कि संसार मैटर से बना है या स्पिरिट से, तरंगों से निर्मित है या कणों से अथवा उसकी प्रक्रिया शारीरिक है या मानसिक। आज की भौतिकी का प्रवाह, निश्चित रूप से, मानसिकता की ओर है। भौतिकी अब उस ऊँचाई पर पहुँच गई है, जहाँ से दर्शन का समुद्र स्पष्ट दिखाई पड़ता है। न्यूटन ने जिस दुनिया की कल्पना की थी, वह कवियों, संतों और रहस्यवादियों को बहुत अनुकूल नहीं पड़ती थी। न्यूटन का विज्ञान ऐटम के धरातल तक अब भी उपयोगी, ठोस और सत्य है, किन्तु ऐटम के परे इलेक्ट्रॉन और प्रोट्रॉन के धरातल पर न्यूटन के सिद्धान्त यथेष्ट साबित हो रहे हैं; और धीरे-धीरे संसार की जो कल्पना प्रकट हो रही है, वह ऐसी है, जिसमें गणितज्ञ और रहस्यवादी, दोनों साथ रह सकते हैं। विज्ञान के धक्के से धर्म के आनुष्ठानिक भाग (रिचुअल) दीवार की प्लास्टर के समान झरकर नीचे गिर गए। किन्तु धर्म का सारतत्त्व अनुष्ठान नहीं, अध्यात्म है और यह अध्यात्म आज भी कायम है और आगे भी कायम रहेगा। विनोबा जी ने बहुत ठीक कहा है कि जो सभ्यता आगे आनेवाली है, उसमें विज्ञान और अध्यात्म, दोनों कायम रहेंगे। उस सभ्यता में कला का भी स्थान ऊँचा रहेगा, क्योंकि विज्ञान का परिचय अध्यात्म से और अध्यात्म का परिचय विज्ञान से केवल कलाएँ ही करा सकती हैं।

धर्म, अर्थ और काम के त्रिवर्ग की कल्पना प्राचीनों की भ्रान्ति नहीं थी। यह त्रिवर्ग त्रिकाल सत्य-तत्त्व है। वह पहले भी था, आज भी है और आगे भी कायम रहेगा। 'आदि भी सच, जुगादि भी सच, है भी सच और होगी भी सच'– गुरु नानक ने अकाल के बारे में यह जो अलौकिक उक्ति कही थी, वह इस त्रिवर्ग पर भी लागू होती है। वस्तु नहीं बदलती, केवल नाम बदलता है। गुलाब को चाहे जिस किसी नाम से पुकारिए, वह हमेशा गुलाब ही रहेगा। नये युग की शब्दावली में काम रस-साहित्य और कलाओं का पर्याय है, अर्थ से बोध समस्त ज्ञान-साहित्य और विज्ञानों का होता है तथा धर्म अध्यात्म का पर्याय है।

सभी धर्मों के निगम और आगम, ये दो पक्ष होते हैं। निगम वह गम्भीर बिन्दु है, जहाँ से सभी धर्मों की उत्पत्ति होती है। आगम अनुष्ठानों के जाल हैं, जो पूजन की विधियों और पद्धतियों का विधान करते हैं। निगम मानवीय मन की वह अवस्था है, जब मनुष्य यह जानने को उत्कंठित होता है कि जन्म के पहले मैं कहाँ था और मरने के बाद मैं कहाँ जाऊँगा? यह सृष्टि आप-से-आप उछलकर हमारे समक्ष आ गई है अथवा इसकी रचना के पीछे किसी अदृश्य शक्ति का भी हाथ है? जो कुछ हम देखते हैं, सृष्टि वहीं तक समाप्त है अथवा

उसका प्रसार इन्द्रियों की गति से आगे भी पड़ता है? निगम धर्म के जन्मस्थान को कहते हैं। निगम वह जगह है, जहाँ सभी धर्म एक ही धर्म हैं, जैसे अनेक नामों से अभिहित होने पर भी परमेश्वर एक ही है। निगम मूल है, आगम शाखाएँ हैं। धर्म एक है, केवल उसके साधन की पद्धतियाँ अलग-अलग हो गई हैं। असली धर्म निगम है, आगम उसका ऊपरी ठाठ है। निगम सभी मनुष्यों को एक बिन्दु पर एकत्र करता है; आगम धर्म के बाह्याचारों पर जोर देकर मनुष्य-मनुष्य को परस्पर भिन्न कर देते हैं। यदि मनुष्य अपने को निगम से बाँधे रहे, तो आगम उसके बस में रहते हैं। आगम केवल साधन मात्र हैं। मनुष्य का मुख्य ध्येय निगम की उपासना है। किन्तु जब भी आदमी निगम से छिटककर आगमों को अपना आराध्य बना लेता है, धर्म के टंटे शुरू हो जाते हैं। विद्रोही लोग प्रहार निगम पर नहीं, आगमों पर करते हैं। क्रान्तियाँ निगम के खिलाफ नहीं, आगमों के विरुद्ध हुआ करती हैं।

अपने देश में धर्म के क्षेत्र में सबसे बड़ी क्रान्ति गौतम बुद्ध ने की थी। किन्तु उनका भी आक्रोश निगम नहीं, आगम के विरुद्ध था। यह बात और है कि इस विद्रोही धर्म ने भी आगे चलकर अगणित आगमों की सृष्टि कर डाली; और जैसे बुद्ध से पूर्व के हिन्दुत्व में निगम गौण और आगम प्रधान हो गए थे, उसी प्रकार बौद्ध मत के भी ह्रास-काल में निगम के बदले आगमों की प्रधानता हो गई।

किन्तु भगवान बुद्ध का एक अवदान ऐसा है, जिसकी धारा में हम आज भी बह रहे हैं। बुद्ध के आविर्भाव के पूर्व भारत की संस्कृति प्रायः एक थी, जिसे हम वैदिक विशेषण के साथ जानते हैं। 'प्रायः' मैं इसलिए कहता हूँ, क्योंकि मेरा अनुमान है कि महावीर और बुद्ध का आविर्भाव बिलकुल आकस्मिक घटना नहीं थी। वैदिक धर्म के विरुद्ध महावीर और बुद्ध ने जो क्रान्ति की, उसके बीज श्रमण-संस्कृति में मौजूद थे और यह संस्कृति आर्यों के आगमन के पूर्व से ही इस देश में वर्तमान रही थी। फिर भी यह सत्य है कि वैदिक धर्म को जो चुनौती बुद्ध के हाथों प्राप्त हुई, वैसी चुनौती और किसी के हाथों प्राप्त नहीं हुई थी।

बौद्ध क्रान्ति का एक बड़ा भारी परिणाम यह हुआ कि उसके बाद से भारत की संस्कृति दो धाराओं में विभक्त हो गई। एक धारा वह है, जिसका मूल वेदों में माना जाता है, जिसके शास्त्र-प्रणेता मनु और याज्ञवल्क्य तथा दार्शनिक शंकर हैं। अश्वघोष को छोड़कर संस्कृत के सभी कवि तथा हिन्दी के महाकवि विद्यापति, सूरदास और तुलसीदास इसी धारा के कवि हैं। आधुनिक युग में इस धारा के प्रतीक लोकमान्य तिलक और महामना मदनमोहन मालवीय हुए हैं।

और दूसरी धारा वह है, जो बुद्ध के कमंडल से निकलकर नागार्जुन और वसुबन्धु आदि दार्शनिकों, सरहपा, गोरख आदि साधकों तथा कबीरदास, गुरु नानक, दादू दयाल, रज्जब, मलूकदास, पलटूदास आदि संतों की वाणियों में बहती हुई आधुनिक युग में महात्मा गांधी तक पहुँची है।

इन दो धाराओं में से पहली धारा वर्णाश्रम-धर्म की धारा है, जो आगमों में ढिलाई को पसन्द नहीं करती। आगम गरचे दूसरी धारा में भी उत्पन्न हुए, किन्तु यह धारा निगम-प्रधान है और उसका उद्देश्य आगमों को विलुप्त या काफी कमजोर करके मनुष्य-मनुष्य को एक बनाना है। ज्यों-ज्यों समय बीतता जाता है, ये दोनों धाराएँ परस्पर करीब आती जा रही हैं। पहले भी उन्होंने एक-दूसरे को प्रभावित किया था और आज भी वे एक-दूसरे को प्रभावित कर रही हैं। दक्षिण के आलवार कवियों के पद, अधिकांश में, निगम-धारा के ही पद हैं। इसके विपरीत, आगम-मार्ग के विरोधी होने पर भी कबीरदास कंठी और चन्दन धारण करते थे, जिसे हम आगम-मार्ग के अनुमोदन का दृष्टांत कहेंगे। आधुनिक युग में परमहंस रामकृष्ण ऐसे संत हुए हैं, जिनके भीतर इन दोनों ही धाराओं का विलय हो गया था। उन्होंने वेदान्त की भी साधना की थी और वे सगुणोपासक भी थे। यही नहीं, प्रत्युत उन्होंने छह महीनों तक मुसलमान के समान जीवन बिताकर इस्लाम की साधना की थी और कुछ काल तक वे ईसाई-धर्म की भी साधना में रहे थे।

जिस युग में हम जी रहे हैं, वह आगम से अधिक निगम की महिमा से व्याप्त है। इसीलिए नवयुग की धार्मिक प्रवृत्ति तुलसीदास के पक्ष में कम, महात्मा कबीर की ओर कुछ अधिक पड़ती है। धर्म के बाहरी आचार निरादृत हो गए हैं, किन्तु अध्यात्म की निष्ठा आज भी अपना काम कर रही है। स्पष्ट है कि विज्ञान-सम्मत धर्म केवल वेदान्त ही हो सकता है, जो आगमों की बात नहीं करता, जिसका सारा जोर धर्म के निगम-पक्ष पर है। जब रवीन्द्रनाथ ने यह कहा था कि 'धर्म को पकड़े रहो, धर्मों को छोड़ दो', तब उनका ध्येय यही बताना था कि धर्म का निगम-पक्ष ही यथेष्ट है, आगमों में फँसने से मनुष्य-मनुष्य के बीच विभेद उत्पन्न होता है। और डॉक्टर राधाकृष्णन् जिस धर्म को 'आत्मा का धर्म' (रिलीजन ऑफ स्पिरिट) कहते हैं, वह भी धर्म के निगम-पक्ष का ही एक नया नाम है। 'वेदान्त' शब्द संस्कृत भाषा का है; अतएव यह आशंका उचित ही है कि अन्य धर्मों के लोग इस शब्द को स्वीकार नहीं करें, क्योंकि आगमों की एक शिक्षा यह भी है कि पूजा-पद्धति में केवल अपनी ही धर्म-भाषा का व्यवहार करना चाहिए। किन्तु 'वेदान्त' जिन अर्थों का वाचक है, उन अर्थों को अंगीकार

किए बिना संसार के धर्म एक नहीं होंगे। वेदान्त मनुष्य-मनुष्य के बीच एकत्व स्थापित करता है। वेदान्त मनुष्यों को नाना शाखाओं से उतारकर मूल में एक करता है। वेदान्त किसी नये धर्म का विधान नहीं करता। वह सभी धर्मों के निगम-पक्ष में एक समान व्याप्त है। वेदान्ती होने पर हिन्दू पहले की अपेक्षा श्रेष्ठ हिन्दू, मुसलमान पहले की अपेक्षा अधिक श्रेष्ठ मुसलमान और ईसाई पहले की अपेक्षा अधिक श्रेष्ठ ईसाई बन सकता है। यही वेदान्त की महिमा है। वैज्ञानिक युग में धर्म-साधना का एकमात्र मार्ग वेदान्त का मार्ग है।

जैसे धर्म का ज्ञान जानवरों को नहीं, केवल मनुष्य को होता है, उसी प्रकार भाषा भी केवल मनुष्य-योनि का गुण है। जानवर रूस में रहें या हिन्दुस्तान में, बोली उनकी एक ही होती है, किन्तु रूस में बसनेवाले मनुष्य वही भाषा नहीं बोलते, जो भाषा हिन्दुस्तान में रहनेवाले लोग बोलते हैं। मनुष्य भी जब पशु था, उसके पास भाषा नहीं थी। उसकी भाषा का आरम्भ तब हुआ, जब वह पशु-योनि से अलग होने लगा। भाषा सभ्यता का मूल है। भाषा संस्कृति की असली शक्ति है। भाषा चिन्तन का लिबास है। जिस जनसमूह में चिन्तन उच्च कोटि का होता है, उसकी भाषा भी उतनी ही प्रखर और महीन हो जाती है। और जो जनसमूह अभी संस्कृति की दिशा में पिछड़ा हुआ है, उसकी भाषा भी उसी परिणाम में स्थूल और भोंडी होती है। अतएव हमारी भाषाओं में चिन्तन की स्वस्थ परम्परा का विकास होना चाहिए, जिससे भारत अपने उस स्वरूप को सँवार सके, जिसके कारण वह जगत्-भर में इतना विख्यात रहा है।

भाषा कोई भी बुरी नहीं होती; बुरे अगर होते हैं, तो उसके बोलनेवाले लोग होते हैं; किन्तु खेद का विषय है कि स्वराज्य के बाद से हिन्दी पर जो अनेक आरोप लगाए जा रहे हैं, उनमें से एक कुत्सित आरोप यह भी है कि हिन्दी फकत हिन्दुओं की भाषा है, हिन्दुत्व के अतिरिक्त इस देश में जो नाना धर्म हैं, उनके प्रति वह उदार नहीं है तथा इस भाषा का स्वर साम्प्रदायिक और उसकी दृष्टि संकीर्ण है। शब्द चाहे ये नहीं रहे हों, किन्तु ये अथवा इनसे मिलते-जुलते आक्षेप हिन्दी पर दो-एक बार ऊँची-ऊँची जगहों पर भी लगाए गए हैं। अवश्य ही इस प्रकार के आक्षेप करनेवाले लोग भाषा और साहित्य के अध्येता नहीं, राजनीति के निरंकुश खिलाड़ी होते हैं, अन्यथा वे ऐसी बात नहीं बोलते, जो सत्य के बिलकुल विपरीत और निराधार है। ऊपर मैंने भारतीय संस्कृति की जिन दो धाराओं का उल्लेख किया है, उनका जितना पुष्ट प्रमाण हिन्दी में मिलता है, उससे अधिक पुष्ट प्रमाण किसी और भाषा में उपलब्ध नहीं है। हिन्दी केवल हिन्दुत्व की ही नहीं, इस्लाम और सिख-धर्म की भी भाषा है।

हिन्दी केवल वैदिक या वर्णाश्रम-धर्म की रूढ़ियों का पिष्टपेषण नहीं करती, वह उनके विरुद्ध क्रान्ति की भी शिक्षा देती है। वह केवल आगम-धर्म तक ही सीमित नहीं है, बल्कि निगम-धर्म का भी आख्यान उसने बड़ी ही निर्भयता से किया है।

हिन्दी के प्रमुख कवियों में गिनती केवल उन्हीं की नहीं होती, जो जन्म या धर्म से हिन्दू थे, बल्कि उसके शीर्षस्थ कवियों में कितने ही कवि ऐसे भी हुए हैं, जो धर्म से सिख या मुसलमान थे। अगर अप्रमुख कवियों की गिनती की जाए, तो उस सरणी में दो-चार नाम ईसाइयों के भी आ जाएँगे। अमीर खुसरो और कबीरदास, जायसी और उसमान, रहीम और रसखान, अनीस, अहमद और कमाल, ताज और तानसेन, नेवाज और फकरुद्दीन, आलम और शेख तथा मुबारक और रसलीन—ये सब-के-सब अत्यन्त उच्च कोटि के कवि हुए हैं। खास कर कबीर, जायसी, रहीम, रसखान और रसलीन ने हिन्दी की जो अपरिमित सेवा की, वह हिन्दी साहित्य के इतिहास में अत्यन्त गौरवपूर्ण स्थान रखती है और इन कवियों का सम्यक् अध्ययन किए बिना कोई भी व्यक्ति हिन्दी साहित्य का मर्मज्ञ नहीं माना जा सकता। इसी प्रकार सिख गुरुओं, विशेषतः गुरु नानक और गुरु गोविन्दसिंह की रचनाएँ हिन्दी साहित्य का अभिन्न अंग हैं और हिन्दी के प्राचीन साहित्य का संकलन उनके समावेश के बिना अधूरा समझा जाता है।

आन्दोलन के रूप में साम्प्रदायिक एकता की माँग इधर हाल में आकर बीसवीं शताब्दी में उठी है; किन्तु इस एकता की आवश्यकता भारतवासी आरम्भ से ही महसूस करते आ रहे थे और हिन्दू-मुस्लिम-मिलन का एक मुख्य क्षेत्र होने के कारण साम्प्रदायिक एकता पर जितना अधिक जोर हिन्दी-भाषी क्षेत्र में दिया गया, उतना जोर और कहीं दिया गया या नहीं, इसका यथेष्ट प्रमाण उपलब्ध नहीं है। कबीर साहब ने पन्द्रहवीं सदी में हिन्दू-मुस्लिम-एकता का जो नारा दिया, वह नारा आज तक हिन्दी में निःशब्द नहीं हुआ है और इन चार-पाँच सौ वर्षों के बीच कई सौ कवि हिन्दी में ऐसे हुए, जिन्होंने आँख मूँदकर इस नारे को दुहराया है।

हिन्दी का संत-साहित्य, जो आकार में महोदधि के समान विशाल है, इसी एकता का साहित्य है। असल में यह साहित्य उस क्रान्ति का साहित्य है, जिसका प्रवर्तन बुद्ध ने किया था। यह साहित्य आदमी की ऊँचाई की जाँच उसके जन्म से नहीं, कर्म से करता है। यह साहित्य धर्म के बाह्याचारों को ढकोसला समझता है और मनुष्य के धर्म को उसके चरित्र में प्रतिबिम्बित देखना चाहता है। यह साहित्य अस्पृश्यता का विरोधी और जाति-अहंकार का कट्टर

शत्रु है। यह साहित्य बैठकर खानेवालों का मजाक उड़ाता है और इज्जत उसकी करता है, जिसके हाथों में मेहनत के घट्ठे या निशान हैं। यह साहित्य उस मानव-समाज की भूमिका तैयार करता है, जिसकी कल्पना गांधी जी ने की थी– एक ऐसा समाज जिसमें शोषण नहीं है, धन की पूजा नहीं है, धर्म का आडम्बर नहीं है, अस्पृश्यता नहीं है और जिस समाज में स्त्री और शूद्र दबाकर नहीं रखे जाते हैं, न कोई व्यक्ति इसलिए अहंकार करता है कि उसका जन्म ऊँचे या धनी खानदान में हुआ है। हिन्दी के संत-साहित्य की सामाजिक विशेषता यह है कि अगर गांधी जी की कल्पना का समाज अस्तित्व में आ जाए तो यह साहित्य उस समाज की 'रामायण' बन सकता है अथवा अगर समाजवादी लोग धर्म को स्वीकार करके अपनी कल्पना के समाज की स्थापना कर सकें, तो यह साहित्य उनका असली 'मेनिफेस्टो' बन सकता है, बशर्ते कि वे सन्तोष की महिमा को भी स्वीकार कर सकें।

भारत के अन्तिम हिन्दू-सम्राट महाराज पृथ्वीराज मोहम्मद गोरी के हाथों मारे गए थे। अनुमान यह होना चाहिए कि उनका प्रिय कवि चन्दबरदाई इस्लाम के प्रति दुर्भावनाओं से पूर्ण रहा होगा, किन्तु आश्चर्य की बात है कि चन्दबरदाई इस्लाम की निन्दा नहीं करता। उलटे वह यह घोषणा करता है कि अपने काव्य में मैंने पुराण और कुरान, दोनों के तत्त्वों का समावेश किया है :

उक्ति धर्म विशालस्य राजनीति नवं रसं!
षट्भाषा पुराणं च कुरानं कथितं मया॥

चन्दबरदाई से भी पूर्व लगभ्पग 11वीं सदी में हिन्दी के एक कवि मुनि रामसिंह हुए हैं। उन्होंने छुआछूत की निन्दा करते हुए लिखा है :

कासु समाहि करउँ? को अंचउँ?
छोप-अछोप मणिवि को वंचउँ?

अर्थात समाधि किसकी लगाऊँ? अर्चना किसकी करूँ? और छूत-अछूत कहकर किसको छोड़ूँ?

कहते हैं, गुरु नानक किसी भी ऐसे आदमी का छुआ हुआ पानी नहीं पीते थे, जिसके हाथ में मेहनत के निशान नहीं हों। मेहनत की प्रशंसा करते हुए उन्होंने कहा भी है कि :

धालि खाइ कछु हत्थहु देइ।
नानक राह पिछाणहि सेइ।

अर्थात जो मेहनत करके खाता है और कुछ दूसरों के भी हाथ पर रखता है, नानक कहते हैं, रास्ता वही पहचानता है।

अचरज है कि जिस युग में कवियों और शास्त्रकारों द्वारा नारी का अनादर किया जाना एक आम बात थी, उस युग में बिहार-निवासी संत दरिया साहब ने नारी की प्रशंसा लिखी और जो लोग नारी की निन्दा करते थे, उन्हें धर्महीन बताया :

नारी जननी जगत् की, पाल-पोस दे तोष।
मूरख राम बिसारि कै, ताहि लगावै दोष।

भारत में हिन्दू-मुस्लिम-एकता के तीन बड़े नेता कबीरदास, सम्राट अकबर और महात्मा गांधी हुए हैं। अकबर और गांधी जी का सम्बन्ध राजनीति से था। अतएव इन नेताओं ने हिन्दुत्व और इस्लाम, दोनों की बड़ाई की और बड़ाई के साथ फुसलाकर उन्हें परस्पर करीब लाना चाहा, किन्तु कबीर और अन्य सैकड़ों संतों को राजनीति की थोड़ी भी परवाह नहीं थी। इन लोगों ने खुल्लमखुल्ला कहा कि दोनों धर्म आगमों के जाल में फँसकर रह गए हैं। कबीर साहब कहते हैं कि असली धर्म (यानी निगम-धर्म) वह है, जिस पर मैं आरूढ़ हूँ :

सुर, नर, मुनि औ औलिया, ये सब बेलैं तीर,
अलह-राम की गति नहीं, तहँ घर किया कबीर।

हद्द छाड़ि बेहद गया, किया सुन्नि असनान,
मुनि जन महल न पावई, तहाँ किया विश्राम।

हद्द छाड़ि बेहद गया, रहा निरन्तर होय,
बेहद के मैदान में, रहा कबीरा सोय।

राम भजत हैं नाम को, नाम भजत कछु थीर,
वा तै कछु और है, बाको भजै कबीर।

शाखाओं को छोड़कर मूल पर आओ (अर्थात् आगमों को छोड़कर निगम का ध्यान करो), यह उपदेश भी संतों ने बार-बार दिया है :

हिन्दू ध्यावै देहरा, मूसलमान मसीत,
जोगी ध्यावै परम पद जहँ देहरा न मसीत।

–गोरखनाथ

हिन्दू पूजै देहरा, मूसलमान मसीत।
नामा सोई सेविया, जहँ देहरा न मसीत।

–नामदेव

मूल गहे ते सब सुख पावै,
डाल-पात में मूल गँवावै।

–कबीर

दादू ना हम हिन्दू होहिंगे; ना हम मूसलमान,
षट्दर्शन में हम नहीं, हम राते रहिमान।

अलह कहौ, चहै राम कहौ,
डाल तजौ, सब मूल गहौ।

—स्वामी दादू दयाल

हेत न करि हिन्दू धरम, तजि तुरकी रस रीति,
रज्जब जिन पैदा किया, ताही सूँ करि प्रीति।

—रज्जब जी

जन्म के अंहकार को संतों ने जिस तरह ठोकर मारी है, वह साहस भी कोई संत ही दिखा सकता है, जिसे राजनीति की परवाह नहीं हो :

साकित बाम्हन नहिं भला,
भगता भला चमार।

—धरणीदास

और हिन्दू-मुस्लिम-एकता के लिए जो बेचैनी और टीस इन संतों के हृदय में है, वह ठीक वही दर्द और टीस है, जो अकबर और गांधी जी के हृदय में उठी थी :

हिन्दु कहत है राम हमारा, मुसलमान रहिमाना।
आपस में दोउ लड़े मरत हैं, भेद न कोऊ जाना।

जो खोदाय मसजीद बसतु है, और मुलुक केहि केरा।
तीरथ-मूरत राम निवासी, बाहिर केहि का डेरा?

—कबीर

दोनों भाई हाथ-पग, दोनों भाई कान,
दोनों भाई आँख हैं, हिन्दू-मूसलमान।

—स्वामी दादू दयाल

सब कोउ साहब बन्दते, हिन्दू-मुसलमान।
साहेब तिसको बन्दता, जिसका ठौर इमान॥

—मलूकदास

हिन्दू-मुस्लिम-एकता की असली राह आगमों से हटकर निगम पर आने की राह है। इसीलिए हिन्दी के संत कवियों ने बार-बार यह उपदेश दिया है कि धर्म के बाहरी आचारों पर जोर न देकर उस मूल तत्त्व का चिन्तन करो, जहाँ से एक नहीं, सभी धर्म उत्पन्न होते हैं :

मूल की खबरि नाहिं जासों यह भयो मुल्क,
वाको बिसारि भोंदू डारन अरुझायो है।

—यारी साहब

आगमों से ऊपर उठकर निगम की उपासना करने के दो शुभ परिणाम और निकलते हैं। एक तो यह कि समाज में ऊँच-नीच का भेद न्यून हो जाता है :

जाति भी ओछी, करम भी ओछा, ओछा कसब हमारा।
नीचे से प्रभु ऊँच कियो हैं कह रैदास चमारा॥

—रैदास जी

और दूसरा यह कि निगम की उपासना से गार्हस्थ्य और संन्यास के बीच की दूरी समाप्त हो जाती है।

एक जोग में भोग है, एक भोग में जोग,
एक बुड़हिं वैराग्य में, एक तरहिं सो गिरही लोग।

—रज्जब जी

जिस भाषा ने पाँच सौ वर्षों तक एकता का अनवरत प्रचार किया हो, जिस भाषा के सैकड़ों कवि ऊँच-नीच का भेद मिटाने को शताब्दियों तक बेचैन रहे हों तथा जिस भाषा की सेवा उन कवियों ने भी की हो, जिनका जन्म ऊँचे खानदानों में नहीं हुआ था, उस भाषा पर साम्प्रदायिकता और संकीर्णता का आक्षेप केवल अज्ञ लोग ही लगा सकते हैं।

यदि संतों को छोड़कर उन कवियों पर विचार करें, जो वर्णाश्रम-धारा के साथ हैं, तो भी सूरदास और तुलसीदास में साम्प्रदायिकता की कोई गंध नहीं है। तुलसीदास जी ने :

साखी, सबदी, दोहरा कहि कहिनी उपखान,
भगत निरूपहिं भगति कलि, निन्दहिं वेद-पुरान।

कहकर जायसी और कबीर पर कुछ थोड़ी चोट जरूर की है, किन्तु यह चोट उनके मुसलमान होने के कारण नहीं, निराकारवादी होने के कारण की गई है। तुलसीदास जी मुसलमानों के विरोधी नहीं थे। मतभेद उनका उन लोगों से था, जो अनुष्ठानों के बहिष्कार का प्रचार करते थे और इस क्रम में उन्होंने जहाँ जायसी और कबीर का विरोध किया है, वहाँ गोरखनाथ और अलखवादियों को भी मुआफ नहीं किया है :

गोरख जगायो जोग,
भगति भगायो लोग

तथा

हम लख हमहिं, हमार लख, हम हमार के बीच,
तुलसी अलखहिं का लखे, रामनाम जपु नीच।

इन पदों के लक्ष्य मुस्लिम कवि नहीं, बल्कि निराकारवादी हिन्दू योगी और साधु हैं।

तुलसीदास की असाम्प्रदायिकता इस बात से भी सिद्ध है कि अरबी और फारसी के जो शब्द हिन्दी में चले गए थे, उनका उन्होंने बहिष्कार नहीं किया। यह भाषा के चरम विकास का समय था और जो कवि विभिन्न भाषाओं के प्रचलित शब्दों को अपनी भाषा में जितना ही अधिक पचा लेता था, वह उतना ही महान समझा जाता था। आचार्य भिखारीदास ने तुलसीदास की प्रशंसा उनके कवित्व के कारण नहीं, उनकी भाषा की छटा के लिए की है :

तुलसी गंग दोऊ भये सुकविन को सरदार।
जिनके काव्यन में मिली भाषा विविध प्रकार।

यह स्मरण रखने की बात है कि एकता की यह धारा केवल हिन्दुओं की ही ओर से नहीं बल्कि मुस्लिम कवियों और संतों ने भी इस धारा में निश्छल योगदान दिया। अमीर खुसरो खड़ी बोली हिन्दी और उर्दू, दोनों ही भाषाओं के जनक समझे जाते हैं। वास्तव में एकता के महाआन्दोलन के भी वे ही आदि-प्रवर्तक थे। अपनी फारसी की मसनवी 'नूहेसिफ्र' में उन्होंने भारत को अपनी जन्म-भूमि माना है और उसकी भूरि-भूरि प्रशंसा लिखी है। खास बात यह है कि खुसरो ने यह भी लिखा है कि 'सम्भव है, मुझसे कोई पूछे कि भारत के प्रति इतनी श्रद्धा मैं क्यों रखता हूँ, तो मेरा जवाब यह होगा कि सिर्फ इसलिए कि भारत मेरी जन्म-भूमि है, भारत मेरा अपना देश है। खुद नबी ने कहा कि आदमी का देश-प्रेम उसके धर्म-प्रेम में शामिल होता है।' पृथ्वीराज की पराजय सन् 1192 ई. में हुई और अमीर खुसरो का जन्म-वर्ष सन् 1253 ई. माना जाता है। इसके मानी ये होते हैं कि भारत पर इस्लामी शासन के आरम्भ होने के केवल इकसठ साल बाद, भारत ने उस मुसलमान को जन्म दे दिया था, जो हिन्दुस्तान के राष्ट्रवादी मुसलमानों का अग्रणी महापुरुष था।

इसी प्रकार जायसी ने अपने 'पद्मावत' काव्य में हिन्दुओं के आचारों, विचारों और विश्वासों के प्रति जो श्रद्धा दिखलाई है, उसे देखकर आश्चर्य होता है। वेदों और पुराणों की निन्दा हिन्दू नहीं सुन सकते थे; किन्तु 'पद्मावत' का एक चरित्र राघव-चेतन वेद-निन्दक है। अतएव जायसी ने उसे खल बताया है और उसकी निन्दा लिखी है। अल्लाउद्दीन हिन्दुओं की दृष्टि में हेय समझा

जाता था। जायसी ने ग्रंथ के अन्त में सूचना दी है कि अल्लाउद्दीन माया का प्रतीक है–'माया अलादीन सुलतानूं।'

और रहीम तो मानो हिन्दी के हृदयाहार हैं। पं. रामचन्द्र शुक्ल ने लिखा है कि 'तुलसी के वचनों के समान रहीम के वचन भी हिन्दी-भाषी भूभाग में सर्वसाधारण के मुँह पर रहते हैं। भाषा पर तुलसी का-सा ही अधिकार हम रहीम का भी पाते हैं।' उनकी कविताओं में आए हुए प्रसंगों को देखते ही यह प्रत्यक्ष हो जाता है कि हिन्दू-दर्शन और साहित्य का रहीम को उतना ही अच्छा ज्ञान था, जितने अच्छे ज्ञान का दावा बड़े-से-बड़ा हिन्दू विद्वान कर सकता है। अपने धार्मिक विश्वासों पर अटल रहते हुए भी मुसलमान कितना अधिक भारतीय हो सकता है, खानखाना रहीम इसके उज्ज्वलतम प्रमाण हैं।

लगभग हजार वर्षों से हिन्दी साहित्य के भीतर जिन भावों की प्रबलता रही है, वे भाव भारतीय एकता की ताकत बढ़ानेवाले भाव हैं। एक समय शासकीय अत्याचारों के प्रमुख क्रीडा-क्षेत्र हिन्दी-भाषी क्षेत्र ही थे, किन्तु उस घोर उत्तेजनापूर्ण युग में भी भूषण को छोड़कर और कोई बलशाली कवि नहीं जनमा, जो इस उत्तेजना को अपनी कविता में स्थान दे। हमारे अधिकांश कवियों ने तात्कालिक जहर को नहीं देखकर, दो संस्कृतियों के सम्पर्क से उत्पन्न होनेवाले अमृत को महत्त्व दिया और चार-पाँच सौ वर्षों तक उन्होंने जो कुछ भी लिखा, उसमें इसी अमृत की वाणी प्रधान रही।

हिन्दी तोड़नेवाली भाषा नहीं, जोड़नेवाली भाषा है। आज वह अग्नि-परीक्षा के भीतर से गुजर रही है, किन्तु मेरा विश्वास है कि इस अग्नि-परीक्षा से वह सही-सलामत बाहर आएगी और देश ने जिस आशा से उसे अपनी राष्ट्रभाषा का पद दिया है, उस आशा को वह पूर्ण करेगी।

हिन्दी का स्वभाव विलक्षण और एकाध दृष्टि से अद्वितीय है। हिन्दी की पूर्वी सीमा बिहार है, जहाँ मैथिल कोकिल विद्यापति का आविर्भाव हुआ, किन्तु विद्यापति केवल हिन्दी के ही कवि नहीं रहे; उन्हें बंगाल भी अपना कवि मानता है। इसी प्रकार हिन्दी की पश्चिमी सीमा राजस्थान है, जहाँ मीराबाई का जन्म हुआ, किन्तु मीरा केवल हिन्दी की ही कवयित्री नहीं मानी जातीं, उन्हें गुजरात के लोग भी अपनी कवयित्री समझते हैं। जिस प्रकार हिन्दी ने गुजरात से लेकर बंगाल और असम तक एक प्रकार की भाषागत एकता कायम कर दी है, उसी प्रकार वह एक समय सारे भारत देश की एकता का सूत्र बनेगी।

देवियो और सज्जनो! आज के अपने भाषण को जान-बूझकर मैंने एकता पर केन्द्रित किया है, क्योंकि जिस मंच से मैं बोल रहा हूँ, वह एकता का

महामंच है। एकता और आजादी एक ही सिक्के के दो पहलू हैं। हमारी आजादी इसलिए नहीं गई थी कि हम लड़ने में कमजोर हो गए थे, बल्कि इसलिए कि एकता हमारी कमजोर हो गई थी और जैसे ही गांधी जी ने हमें एकता का पाठ पढ़ाया, हम बिना तलवार उठाए स्वाधीन हो गए। जो बात पहले हुई थी, वह आगे भी हो सकती है। यदि एकता को हमने खिड़की की राह से जाने दिया, तो हमारी स्वाधीनता सदर दरवाजा खोलकर निकल जाएगी।

हिन्दुस्तान की एकता को मजबूत बनाने के लिए गांधी जी ने अनेक आन्दोलनों का सूत्रपात किया था और इन आन्दोलनों में हिन्दी-प्रचार का आन्दोलन आज सबसे अधिक प्रमुखता रखता है। दक्षिण भारत हिन्दी प्रचार सभा एकता की फौज तैयार करनेवाला पीठ है; और जो लोग यहाँ से हिन्दी का ज्ञान प्राप्त करके बाहर निकलते हैं, वे भारतीय एकता के सिपाही हैं। देश की जो व्यवस्था है, उसमें ऐसे सिपाहियों की भरमार हिन्दी-भाषी क्षेत्रों में भी होनी चाहिए, क्योंकि जैसे यह जरूरी है कि अहिंदी-भाषी क्षेत्रों में हिन्दी के जानकार लोगों की तादाद बढ़े, वैसे ही यह भी आवश्यक है कि हिन्दी-भाषी क्षेत्रों में हिन्दीतर भाषाओं के ज्ञाता काफी संख्या में तैयार हों। कारण यह है कि भारत की प्रायः सभी क्षेत्रीय भाषाएँ अंग्रेजी की जगह लेने को काफी तेजी से आगे बढ़ रही हैं और देश लगभग उस अवस्था में पहुँच चला है, जहाँ उसे दुभाषियों और अनुवादकों की एक पूरी फौज की जरूरत पड़ेगी। तो दुभाषिये और अनुवादक हिन्दी-भाषी क्षेत्रों में भी तैयार किए जाने चाहिए। भारत सरकार के शिक्षा-मंत्रालय के लिए यह उचित है कि वह भारतीय भाषाओं में द्विभाषी ग्रेजुएट तैयार करने की एक सुचिन्तित योजना तैयार करे और यूनिवर्सिटी ग्रांट्स कमीशन के जरिये उस योजना को विश्वविद्यालयों में चालू कर दे। उत्तर के कई विश्वविद्यालयों ने अपने यहाँ दक्षिण की भाषाओं का प्रवेश आरम्भ कर दिया है; किन्तु इस कार्य में त्वरा अभी नाम को भी नहीं है। उचित यह होगा कि सरकार इस बात की घोषणा कर दे कि सभी बातें समान होने पर नौकरियों में प्राथमिकता उन्हें दी जाएगी, जो अपनी मातृभाषा के सिवा किसी अन्य भारतीय भाषा में भी दक्ष होंगे। ऐसी घोषणा हो जाने पर हमारे नौजवान तेजी के साथ भारतीय भाषाओं की ओर बढ़ सकते हैं और तभी भारत के सभी क्षेत्रों में भारत की सभी भाषाओं के जानकार अच्छी संख्या में उपलब्ध हो सकेंगे।

हिन्दी अथवा अन्य भारतीय भाषाओं के जागरण से हिन्दुस्तान की एकता कमजोर हुई है, ऐसी भ्रान्ति किसी भी भारतवासी को नहीं होनी चाहिए। एकता की दृष्टि से अंग्रेजी का आज जो महत्त्व है, उससे हम इनकार नहीं करते हैं।

किन्तु अंग्रेजी का सेतु केवल अंग्रेजी के जानकारों के लिए है। हमें उन लोगों के लिए भी सेतु तैयार करना है, जो अंग्रेजी न जानकर भारत की ही भाषाएँ जानते हैं। इस दृष्टि से हिन्दी का जो महत्त्व है, उसे सारा देश स्वीकार करता है। मेरा निवेदन केवल यह है कि जैसे एकता के सेतु के रूप में हिन्दी अहिन्दी-भाषी क्षेत्रों में पहुँच रही है, वैसे ही अन्य भाषाओं को भी हिन्दी-भाषी भूभाग में पहुँचना चाहिए। भाषा के क्षेत्र में हमें देश को इतनी जगहों से बाँध देना चाहिए कि कोई भी क्षेत्र किसी अन्य क्षेत्र से असम्बद्ध नहीं रह जाए। यह कार्य समय-साध्य भले ही हो, उसे मैं अव्यावहारिक नहीं समझता हूँ। बहुत अच्छा हो, यदि योजना-आयोग का शिक्षा-विभाग इस विचार की जाँच करके कोई योजना तैयार कर दे।

देवियो और सज्जनो! महर्षि अगस्त्य जब दक्षिण आ रहे थे, तब रास्ते में विंध्य-पर्वत ने भूमिष्ठ होकर उन्हें प्रणाम किया। अगस्त्य जी ने उसे यह आशीर्वाद दिया कि जब तक मैं दक्षिण से न लौटूँ, तब तक तुम इसी प्रकार भूमिष्ठ होकर पड़े रहो। अगस्त्य जी से मेरी प्रार्थना है कि वे दक्षिण से उत्तर की ओर कभी न जाएँ और विंध्य-पर्वत भूमिष्ठ होकर पड़ा रहे।[1]

1. दक्षिण भारत हिन्दी प्रचार सभा, मद्रास, के उनतीसवें दीक्षांत-समारोह में सन् 1964 ई. में दिया गया भाषण।

युद्ध और कविता

कविता और युद्ध का सम्बन्ध लगभग वैसा ही माना जा सकता है, जैसा कविता और राष्ट्रीयता का सम्बन्ध। युद्ध और राष्ट्रीयता, दोनों हीन भावनाओं के प्रतीक हैं, मगर दोनों की जड़ें जीवन में काफी हद तक गड़ी हुई हैं। वैयक्तिक चिन्तन युद्ध के विरुद्ध जाता है, किन्तु समूह जब युद्ध में ग्रस्त हो जाता है, तब समूह का ही चिन्तन प्रधान, व्यक्ति का चिन्तन गौण हो जाता है। राष्ट्रीयता का भी यही हाल है। लेखक, कवि और दार्शनिक राष्ट्रीयता की सीमा को देखते हैं, किन्तु राजनीति उसी को सम्पूर्ण सत्य समझती है। अभी संसार में ऐसी कोई भी सरकार नहीं है जो अन्तरराष्ट्रीयता के विकास के लिए अपने राष्ट्रीय हितों का बलिदान करने को तैयार हो। प्रत्येक राष्ट्रीय अन्तरराष्ट्रीय का समर्थन वहीं तक करता है, जहाँ तक वह उसके अपने हित के अनुकूल हो।

युद्ध जीवन की एक स्थिति है और जैसे कविता जीवन की अन्य स्थितियों को समझने के लिए उन्हें अपना विषय बनाती है, वैसे ही युद्ध की स्थिति भी कविता का विषय है।

किन्तु यह सत्य है कि युद्ध के प्रसंग में नई कविता पुरानी कविता से भिन्न हो गई है। पुरानी कविता में युद्ध के लिए उत्साह था। नई कविता में उसके लिए व्यथा और विषाद है, द्विधा और द्वन्द्व है, विरक्ति और विलाप है। पुराने जमाने में युद्ध की अच्छी कविता वह समझी जाती थी, जो युद्ध का समर्थन करती थी। अब युद्ध की अच्छी कविता वह है, जो युद्धों का विरोध करती है, उनके प्रति वितृष्णा उत्पन्न करती है। पुरानी कविता आवेग-प्रधान थी। नई कविता चिन्तन-प्रधान है। और यह बात प्रत्यक्ष है कि क्रोध बिना सोचे-समझे किया जाता है। सोचने-विचारने से क्रोध की आग मंद पड़ जाती है लेकिन युद्ध वह तूफान है, जो चिन्तन के चिराग को गुल कर देता है। अतएव प्रश्न यह बन जाता है कि युद्ध छिड़ जाने पर हम क्या करें? क्या हम तटस्थ हो जाएँ या युद्ध का विरोध करें अथवा बन्दूकें उठाकर मैदान की ओर दौड़ें और कलम उठाकर

उन आवेगों को बढ़ावा दें, जो अंध-वीरता के आवेग हैं, जिन आवेगों के सामने विजय और विनाश को छोड़कर कोई और विकल्प नहीं है?

पुरानी कविता उस अडिग मनुष्य की कविता थी, जो चिन्तन कम, कार्य अधिक करता था। नई कविता उस मनुष्य की कविता है, जो ज्ञानाधिक्य से पीड़ित होने के कारण कर्म के विषय में शंकाग्रस्त है। पुरानी कविता के वीरनायक श्रीराम थे, जिन्हें शम्बूक-वध के समय भी दुविधा नहीं हुई। श्रीकृष्ण थे, जिन्हें अपनी प्रतिज्ञा तोड़कर भीष्म पितामह पर टूट पड़ने में किसी प्रकार का संकोच नहीं हुआ। नई कविता का नायक हैमलेट है, जो आत्मरक्षा का उपाय नहीं खोजकर केवल इस विचिकित्सा में पड़ा रहता है कि 'होने और नहीं होने' में कौन-सा विकल्प ठीक है, कर्म और अकर्म में कौन-सा सही और कौन-सा गलत मार्ग है। पुरानी कविता का स्वर था :

हतो वा प्राप्स्यसि स्वर्गं जित्वा वा भोक्षसे महीम्
तस्मात् उत्तिष्ठ कौन्तेय, युद्धाय कृतनिश्चयः॥

किन्तु नई कविता का स्वर है : 'आशा करने से बाज आओ, क्योंकि आशा गलत चीज की आशा होगी। प्रेम करने से बाज आओ, क्योंकि प्रेम गलत चीज के लिए प्रेम होगा।' इलियट की चेतावनियों में एक चेतावनी यह भी जोड़ी जा सकती है कि 'युद्ध करने से बाज आओ, क्योंकि युद्ध गलत बातों के लिए होगा।' और अन्त में सभी युद्ध सचमुच ही, गलत बातों के लिए युद्ध सिद्ध होते हैं।

किन्तु, हैलमेटवादी दृष्टिकोण की प्रधानता होते हुए भी युद्ध रुकता नहीं दिखाई देता। उलटे, यह बात दिनोंदिन अधिक प्रत्यक्ष होती जाती है कि हैमलेट जहाँ भी जन्म लेते हैं, बर्बाद होने को जन्म लेते हैं। हैमलेटों की ईमानदारी का आदर केवल कवि करते हैं, दार्शनिक और कलाकार करते हैं, किन्तु कर्मवादी राजनीतिज्ञ, जो संसार के संचालक और सूत्रधार हैं, हैमलेट की पहले भी अवहेलना करते थे और आज भी अवहेलना करते हैं और युद्ध, आदि से अन्त तक, राजनीति है। जब राजनीति श्वेत वस्त्रों में होती है, हम उसे शान्ति कहते हैं। जब उसके कपड़े लाल रंग में रँग जाते हैं, तब वही राजनीति युद्ध बन जाती है। प्रश्न यह नहीं है कि युद्ध दुष्कर्म है या नहीं। प्रश्न यह है कि उसके अभिशापों से बचा कैसे जाए?

केवल ऊँची बातें बोलने से युद्ध नहीं रुकेगा, क्योंकि आदमी ऊँची बातों को अमल में लाने से लाचार है। विशेषतः अहिंसा की साधना व्यक्ति के लिए सुकर, समूह के लिए अत्यन्त दुःसाध्य है। और जब भी हम व्यक्ति के धर्म को

समाज का धर्म बनाएँगे, नतीजा वही निकलेगा, जो भारतवर्ष में बार-बार दिखाई पड़ा है। भारत का पतन इसलिए नहीं हुआ था कि यह देश पापियों का देश था। पतन उसका इसलिए हुआ कि सभ्यता उसने जरूरत से ज्यादा सीख ली थी।

बहुत ऊँचे आदर्श व्यक्ति को तो ऊँचा ले जाते हैं, मगर वे राष्ट्रों का विनाश कर डालते हैं। भारत शान्ति की आराधना करे, इससे किसी का भी विरोध नहीं हो सकता। व्यावहारिक कठिनाई केवल यह है कि ऋषि ने अगर यज्ञवेदी पर काफी बन्दूकें जमा नहीं की हैं तो उसका शान्ति-यज्ञ भी पूरा नहीं होगा।

युद्ध से डरनेवाले लोग शान्ति-स्थापना में हमेशा असमर्थ रहे हैं। शान्ति की रक्षा आज भी वे ही लोग कर रहे हैं और आगे भी वे ही लोग करेंगे, जो युद्धों से नहीं डरते, मगर युद्ध रोकने को तैयार हैं। आदर्श मनुष्य की सबसे समीचीन कल्पना यह है कि उसे शरीर से बर्बर और मन से साधु होना चाहिए, लेकिन शान्ति-स्थापना में जितनी बाधा बर्बरों की असाधुता से पड़ी है, साधुओं की निर्वीर्यता उससे कम गुनहगार नहीं है।

विशेषतः जिन देशों की जनसंख्या बहुत बड़ी है, उन्हें सामरिक दृष्टि से भी बलवान होना चाहिए, नहीं तो उनकी कमजोरी ही विश्वयुद्ध का सबसे बड़ा कारण बन जाएगी। चिड़ियों की लाशों पर केवल कौवे ही भीड़ लगाते हैं। बड़े-बड़े गिद्ध तो तभी उतरते हैं, जब उन्हें किसी बड़े जानवर की लाश दिखाई देती है।

युद्ध की कविता केवल युद्ध के ही समय नहीं लिखी जाती है। वह तब भी लिखी जाती है और लिखी जानी चाहिए, जब युद्ध शुरू नहीं होते हैं और उस समय भी जब युद्ध खत्म हो जाते हैं और जैसे युद्ध में जीत उसकी होती है, जो पहले से ही उसके लिए तैयार रहता है, उसी प्रकार संसार में मान के साथ केवल वे जातियाँ जीती हैं, जिनका जीवन-दर्शन युद्ध पर आधारित है, संघर्ष की वास्तविकता से एकाकार है। सर मोहम्मद इकबाल कविता को व्यक्तित्व की अभिव्यक्ति मानते थे, किन्तु व्यक्तित्व से उनका तात्पर्य संघर्ष और तनाव से था। इकबाल के अनुसार व्यक्तित्व उसका बनता है, जो दुरवस्थाओं से संघर्ष कर रहा है, जो तनाव की स्थिति में रहकर अपना विकास खोज रहा है। जो बातें व्यक्तित्व के विकास में सहायता पहुँचाती हैं, उन्हें इकबाल कला के लिए भी उपयोगी समझते थे। और जिन बातों से मनुष्य का व्यक्तित्व शिथिल होता है, उन्हें इकबाल कला के लिए भी वर्जित बताते थे। हाफिज की गजलों की

उपमा उन्होंने उन गुलाबों से दी थी, जिनके भीतर साँप छिपे हुए हैं। इकबाल के उद्‌गारों से यह शिक्षा मजे में निकाली जा सकती है कि मानवता को ऊँचा उठाने वाली प्रत्येक कविता युद्ध की ही कविता होती है, क्योंकि वह संघर्ष को प्रेरित करती है, तनाव की स्थिति को मजबूत बनाती है और इस संघर्ष और तनाव का कहीं भी अन्त नहीं है। मंजिलों के आगे नई मंजिलें मौजूद हैं और आदमी को हमेशा अपने से ऊपर उठने का प्रयास करते ही जाना है :

सितारों से आगे जहाँ और भी हैं,
अभी इश्क के इम्तिहां, और भी हैं।
तू शाहीं है, परवाज है काम तेरा,
तेरे सामने आसमां और भी हैं।

संसार अभी भी उन कविताओं से पूरे प्रभाव में है, जिन्हें हम युद्ध-काव्य कह सकते हैं। रामायण युद्ध की कविता है। महाभारत युद्ध का काव्य है। होमर युद्ध के कवि हैं। शेक्सपियर युद्ध की प्रेरणाओं से पूर्ण हैं। मनुष्य के मन के भीतर युद्ध को गौरवपूर्ण भाव के रूप में प्रतिष्ठित करने का सारा कार्य कवियों ने किया है और आज इस भाव को गौरवहीन बनाने की दिशा में भी वे ही सबसे अधिक सचेष्ट हैं। किन्तु युद्ध की गरिमा का चाहे जितना भी हरण किया जाए, युद्ध अचानक फूट पड़ता है और तब बहुत-से ऐसे कवि भी युद्ध की कविता लिखने लगते हैं, जो सच्चे मन से युद्धों के विरुद्ध हैं। शान्ति का प्रचार तभी तक सम्भव है, जब तक युद्ध नहीं छिड़ा हो। जब युद्ध छिड़ जाता है, तब फिर लड़ना छोड़कर कोई और मार्ग शेष नहीं रह जाता।

युद्ध के दर्पपूर्ण आवेगों से मनुष्य का जितना परिचय है, उसका उतना ही पुराना परिचय युद्ध की करुणा के भी साथ है। जिन कारणों से हम युद्ध का गौरव हरण करना चाहते हैं, वे कारण कदाचित् व्यास जी को भी दिखाई पड़े थे। युद्ध के ठीक पहले अर्जुन की और युद्ध के बाद युधिष्ठिर की जो मनोदशा हुई थी, वह आधुनिक चिन्तकों की मनोदशा से मिलती-जुलती है, किन्तु व्यास ने अर्जुन का समाधान भगवान श्रीकृष्ण से तथा युधिष्ठिर का समाधान भीष्म से करवा दिया अर्थात अपने इस मत को उन्होंने दो-बार रेखांकित किया कि अन्याय के प्रतिकार के लिए अगर खड्‌ग छोड़कर और कोई विकल्प नहीं हो, तो वैसी अवस्था में खड्‌ग उठाना धर्म तथा नहीं उठाना अधर्म है।

वास्तविक युद्ध-काव्य और कोरे प्रचार-काव्य के बीच हमें भेद करना चाहिए, गरचे यह विभाजन ज्यादातर गुण नहीं, परिमाण को ही लेकर किया जा सकता है। जैसे शैली की नवीनता और उसका तकनीकी सौन्दर्य अन्य

कविताओं की श्रेष्ठता के लक्षण माने जाते हैं, उसी प्रकार युद्ध काव्य की भी श्रेष्ठता उसकी शैली में परखी जाती है। वास्तविक युद्ध-काव्य वह है, जो भाव और शैली, दोनों से लोगों के बीच असन्तोष पैदा करता है, उनके भीतर अन्याय के विरोध की भावना जगाता है और उन्हें विपत्तियाँ झेलने को तैयार करता है, किन्तु युद्ध के समय जो ढेर-की-ढेर अखबारी कविताएँ लिखी जाती हैं, वे एक दृष्टि से तो प्रचार-साहित्य हैं, किन्तु एक दूसरी दृष्टि से वे एक प्रकार की मनोवैज्ञानिक ग्रंथि से उत्पन्न होती हैं। अँधेरे और सुनसान रास्ते में चलनेवाले मुसाफिर को जब भय लगता है, वह जोर-जोर से गाने लगता है। इसी प्रकार जनता जब किसी युद्ध से भय मानती है, तब वह गाने और सुनने के लिए उग्र-उन्मादक कविताओं की माँग करती है। यह भी ध्यान देने की बात है कि जिस युद्ध में जितना ही अधिक आतंक फैलता है, उसे लेकर उतनी ही अधिक कविताएँ लिखी जाती हैं। मनोवैज्ञानिक ग्रंथि का एक स्वरूप यह भी है कि युद्ध के समय हमारे अन्तर्मन में यह ग्लानि समाई रहती है कि हम सुरक्षित इसलिए हैं कि हमारी रक्षा करने को और लोग मोर्चे पर खतरे झेल रहे हैं, अपनी जान और जिस्म की कुर्बानी दे रहे हैं। अपने अन्तर्मन की इस अपराध-भावना को छिपाने के लिए भी हम देशभक्ति का बहाना बनाकर युद्ध की कविता रचते अथवा जोर-जोर से उसका पाठ करते हैं। युवकों को मृत्यु के मुख में झोंककर खुद आराम करने में जो एक मनोवैज्ञानिक ग्लानि और दंश है, उसे छिपाने अथवा उससे पलायन करने के काम में देशभक्तिपूर्ण कविताएँ जनता को सहायता पहुँचाती हैं। एक यह भी कारण है कि युद्ध के समय युद्ध-प्रचार की कविताएँ जितनी लोकप्रिय रहती हैं, उतनी लोकप्रिय वे युद्ध के बाद नहीं रह पातीं।

किन्तु युद्ध की सारी कविताएँ केवल लोकप्रिय ही हों, यह कोई आवश्यक बात नहीं है। वे अलोकप्रिय भी हो सकती हैं और जो कविताएँ अलोकप्रिय होती हैं, वे ही दीर्घायु भी होती हैं। युद्ध का जो वक्तव्य सार्वजनिक मंचों से आता है, वह उसका असली वक्तव्य नहीं है। युद्ध का असली वक्तव्य वह है, जिसे नीरवता में केवल हमारी आत्मा सुना करती है। युद्ध ऐसा विषय नहीं है, जिसका बखान केवल ढोल पीटकर कर दिया जाए। उसके साथ अनन्त परिवारों की वेदना बँधी होती है, उसके साथ सभ्यता का भविष्य सम्बद्ध होता है, उसके साथ जीवन-मरण की ऐसी अनेक गुत्थियाँ लिपटी होती हैं, जिन्हें सुलझाने के काम में चिन्तकों, दार्शनिकों और राजनीति के बड़े-बड़े पंडितों को बार-बार पराजय स्वीकार करनी पड़ी है। युद्ध राष्ट्रीय भावनाओं का विस्फोट है, मगर वह

मानवीय समस्या का भी सबसे ज्वलंत, सबसे दुखमयी स्वरूप है। युद्ध में मनुष्यों को क्या-क्या नहीं सहना पड़ता है? मेरा खयाल है, कविगण यदि अपने को कम, मनुष्य को कुछ अधिक देखने की कोशिश करें, तो वे युद्ध की बहुत अच्छी कविताएँ लिख सकते हैं।

युद्ध-काव्य को मैं एक सामाजिक कर्तव्य मानता हूँ, जैसे राष्ट्रीय काव्य सामाजिक कर्तव्य है, किन्तु यहाँ यह भी याद रखने की बात है कि कवि साधारण सैनिक नहीं होता। हम विशेष प्रकार के सिपाही हैं। हम जिससे लड़ते हैं, अपने हृदय की आधी सहानुभूति उस दुश्मन के लिए भी सुरक्षित रखते हैं। हम जिस पर वार करते हैं, उसके घाव के लिए मरहम तैयार करना भी हमारा ही काम है। युद्ध की श्रेष्ठ कविताएँ वे नहीं हैं, जो युद्ध-विशेष के साथ समाप्त हो जाती हैं। कविता राष्ट्रीय होकर भी राष्ट्रीयता का अतिक्रमण करती है, धार्मिक होकर भी साम्प्रदायिकता के पार पहुँचती है। युद्ध की भी श्रेष्ठ कविताएँ वे हैं, जो युद्ध-काव्य होने पर भी युद्ध का अतिक्रमण करती हैं, जो एक देश में जन्म लेकर अनेक देशों का स्पर्श करती हैं, जो एक शताब्दी में पैदा होकर अनेक शताब्दियों की यात्रा करती हैं।

नये कवि करुणा और संवेदना के कवि हैं। वे भावुकता के आवेश में आकर युद्ध को दर्पपूर्ण भाव के रूप में ग्रहण करने को तैयार नहीं हैं। प्रथम विश्वयुद्ध के विख्यात युद्धकवि विलफ्रेड ओवेन ने लिखा था :

My subject is War and the pity of War.
The poetry is in the pity.
(मेरा गेय युद्ध है और युद्ध की करुणा।
कवित्व का वास करुणा में है।)

और यीट्स का सिपाही मोर्चे पर खड़ा बड़े ही निःसंकोच भाव से कहता है :

Those that I fight, I do not hate.
Those that I guard, I do not love.
(जिनके साथ मैं जूझता हूँ, उनसे मैं घृणा नहीं करता।
जिनकी मैं रखवाली करता हूँ, उनसे मुझे प्रेम नहीं है।)

द्वितीय विश्वयुद्ध की कविता तो दर्प और भावुकता से बिलकुल ही मुक्त हो गई। उस युद्ध के एक वर्दीधारी कवि ने लिखा था :

Droll rat, they will shoot you if they knew your
cosmopolitan sympathies.
(मौजी चूहे, अगर उन्हें पता चल गया कि तुम्हारी सहानुभूति,
सार्वभौम है, तो लोग तुम्हें गोली मार देंगे।)

वेदना और व्यंग्य, ये युद्ध-काव्य की अब रीढ़ बन गए हैं। वेदना उनकी, जो देशभक्ति के लिए अथवा विचारधारा के प्रेम में शहीद होते हैं। और व्यंग्य की बात यह कि जिन सपनों के लिए सिपाही अपना बलिदान देता है, वे सपने कभी भी पूरे नहीं होते। व्यंग्य इस बात पर भी कि हमें जो शिक्षा दी जाती है, वह शान्ति की शिक्षा दी जाती है, युद्ध-विरोध की शिक्षा है, किन्तु यह शिक्षा हमारे किसी काम नहीं आती। हम शान्ति चाहते हैं, किन्तु हमें युद्ध में उतरना पड़ता है। अपने भीतर हम ग्लानि का अनुभव करते हैं, ऊँचाई से खिसकने पर हमें पश्चात्ताप होता है, किन्तु लड़ना छोड़कर हम और कुछ कर नहीं सकते, क्योंकि जातियों के लिए राष्ट्रीय पराजय से बढ़कर और कोई पाप नहीं है।

कवि कैलास ने इस दर्द को बहुत अच्छी अभिव्यक्ति दी है :

यह सब कल के लिए छोड़ दो।
आज तो बस युद्ध को–
नहीं, नहीं, आवश्यक बुराई को
नीचे से ऊपर तक ओढ़ लो।

यह वक्तव्य ईमानदारी का वक्तव्य है। ओवेन और यीट्स के वक्तव्य भी ईमानदारी के ही वक्तव्य हैं, किन्तु ये सारे वक्तव्य अधूरे दीखते हैं, क्योंकि वे जिस गहराई की थाह लेने की कोशिश करते हैं, वह गहराई अथाह है। युद्ध के बारे में मुख से उद्‌गीर्ण कोई भी वक्तव्य पूर्ण नहीं हो सकता। भाषा इस विषय की पूरी वेदना और विवशता को नहीं सँभाल सकती, न चिन्तन इस समस्या का सम्यक् समाधान निकाल सकता है। जब तक कर्म की घड़ी नहीं आती, वाणी और चिन्तन अपना काम कर सकते हैं, किन्तु कर्म का अखाड़ा खुलते ही कर्म ही हमारा प्रधान कर्तव्य हो जाता है। क्योंकि कर्म के अखाड़े में चिन्तन की तलवार का भरोसा करनेवाला मनुष्य मारता नहीं, खुद मर जाता है :

किया को छोड़ चिन्तन में फँसेगा,
उलट कर काल तुझको ही ग्रसेगा।

शिक्षा के पाँच लक्षण

मैं यह नहीं जानता कि जो बातें मैं आपसे आज कहने जा रहा हूँ, वे बातें आज कही जानी चाहिए या उन्हें उस दिन कहा जाना चाहिए था, जिस दिन आपने इस विश्वविद्यालय में प्रवेश किया था। खैरियत की बात यह है कि शिक्षा के क्षेत्र में आदि और अन्त के बीच कोई बड़ा भेद नहीं है। असल में विश्वविद्यालयों में हम कोई चीज हासिल करने को आते हैं और जब उस वस्तु को प्राप्त करके हम यहाँ से बाहर जाते हैं, आशा हमसे यह की जाती है कि हम जीवन-पर्यंत उसकी रक्षा और विकास करेंगे। तो वह कौन-सी चीज है, जिसे हासिल करने को हम विश्वविद्यालयों में आते हैं? आप कहेंगे कि हम यहाँ ऐसी डिगरियों की खोज में आते हैं, जो अच्छी नौकरियाँ पाने में हमारी सहायता कर सकें। दुर्भाग्यवश आपका उत्तर बहुत गलत नहीं होगा, लेकिन वह पूरी तरह सही भी नहीं होगा, क्योंकि नौकरियों की प्राप्ति और जीविका का अर्जन शिक्षा का आनुषंगिक परिणाम है, उसका मूल उद्देश्य नहीं। शिक्षा का मूल उद्देश्य तो शिक्षा प्राप्त करना अथवा शिक्षित होना ही हो सकता है।

लेकिन सुष्ठु रूप से शिक्षित हम किसे कहें? क्या उस व्यक्ति को, जो मोटी तनख्वाहें पा रहा है अथवा जिसने पढ़-लिखकर मोटर, महल, फ्रिजिडेयर और टेलीविजन का इन्तजाम कर लिया है? मगर ऐसे बहुत-से लोग हैं, जिन्हें तनख्वाहें नहीं हैं या हैं तो बहुत कम हैं, जिनके पास मोटर, फ्रिजिडेयर और टेलीविजन नहीं हैं, मगर समाज उन्हें पूर्ण रूप से शिक्षित समझकर उनका आदर और सम्मान करता है। दूसरा प्रश्न यह है कि शिक्षितों में भी सबसे अधिक शिक्षित व्यक्ति कौन है? क्या वह, जिसने साहित्यशास्त्र के सभी लक्षण कंठस्थ कर रखे हैं? लक्षणा, व्यंजना, अलंकार और नायिका-भेद के सभी लक्षण जिसे मुखाग्र हैं? अथवा वह, जिसने प्राकृतिक विज्ञानों को इस तरह मथ डाला है कि सभी विज्ञानों के सभी सूत्र उसे कंठस्थ हैं और जो प्रकृति के भीतर चलनेवाले एक-एक व्यापार का रहस्य समझता है और उसे विज्ञान की भाषा में अभिव्यक्त भी कर सकता है? अथवा सबसे शिक्षित व्यक्ति वह है, जिसे भूगोल का

असाधारण ज्ञान है, जो इतिहास की हर लड़ाई की तारीख जानता है अथवा जिसका सामान्य ज्ञान इतना विशाल है कि वह जानता है कि किस देश के किस प्लेटफार्म की लम्बाई और चौड़ाई कितनी है?

मेरा खयाल है, ये लक्षण विशेषज्ञ के हैं और विशेषज्ञों की भी अपनी सीमाएँ होती हैं। आज की सभ्यता में विशेषज्ञों की जितनी पूछ है, पुरानी सभ्यता में उतनी पूछ नहीं थी। पहले विशेषज्ञ नहीं, चौकोर व्यक्तित्व वाले लोगों की प्रधानता थी। वैद्य थोड़ा योगी भी होता था और कुछ कवि तथा ज्योतिषी भी। खुद कवि ऐसे चौकोर व्यक्तित्ववाले होते थे कि वे केवल कविता ही नहीं करते थे, समय आने पर युद्ध-क्षेत्र में सेना का भी संचालन करते थे। कालिदास थोड़े दिनों तक कश्मीर के राज्यपाल रहे थे, ऐसी अनुश्रुति सुनी जाती है। खानखाना अब्दुर्रहमान केवल कवि और पंडित ही नहीं थे, वे अकबर के सिपहसालार भी थे। जो सभ्यता चौकोर व्यक्तित्ववाले लोगों को लेकर बनी थी, उसमें और दोष चाहे जो भी रहे हों, आज की सभ्यतावाले दोष नहीं थे। अलेक्सिस केरल ने आज के विशेषज्ञों की सीमा बताते हुए कहा है कि आज का इंजीनियर अपने फन का इतना बड़ा माहिर होता है कि सड़क वह इतनी चिकनी तैयार कर देता है कि उसमें बाल बराबर भी दचका नहीं रहता। नतीजा यह होता है कि उस सड़क पर मोटर चलानेवाले ड्राइवर को नींद आ जाती है और जो लोग उस सड़क पर पैदल चलते हैं, उनकी आँखें खराब हो जाती हैं। अतएव सही इंजीनियर वह नहीं है, जो केवल अपने हुनर का विशेषज्ञ हो, बल्कि वह, जो इंजीनियर के साथ थोड़ी डॉक्टरी भी जानता हो।

विशेषज्ञता को यदि हम शिक्षित व्यक्ति का लक्षण मानेंगे, तो हमारे सामने शिक्षा और सभ्यता को प्रभावित करनेवाले ऐसे अनेक महापुरुषों के नाम आ खड़े होंगे, जो किसी भी विषय के विशेषज्ञ नहीं थे। विशेषज्ञ सभ्यता के शाप हैं, इस बात को जानते हुए भी आज की सभ्यता विशेषज्ञों का आदर करती है, किन्तु पुरानी सभ्यता में विशेषज्ञों का यह सम्मान नहीं था :

पंडित और मसालची, दोनों सूझे नाहिं,
औरन को परकास दे, आप अँधेरे माहिं।
पढ़ि-पढ़ि के पत्थर भया, लिखि-लिखि भया जु ईंट,
कहै कबीरा प्रेम की लगी न एकौ छींट।
ज्ञानी मूल गँवाइया आपन भये करता,
ताते संसारी भला मन में रहे डरता।

सर्वज्ञता शिक्षित होने की पहचान नहीं है, न विशेषज्ञ सर्वज्ञ होने का दावा कर सकता है और आज की सभ्यता में तो बिलकुल ही नहीं, क्योंकि अब ज्ञान की हर

शाखा इतनी दूर तक विकसित हो गई है कि एक शाखा का पंडित यह जानने की कल्पना ही नहीं कर सकता कि दूसरी शाखा में क्या हो रहा है। उदाहरणार्थ नई भौतिकी को देखें, तो आपको पता चलेगा कि नई भौतिकी के अनुसंधानों के परिणाम अब केवल गणित के सूत्रों में कहे जाते हैं और जो व्यक्ति गणित का विशेषज्ञ नहीं है, उसके लिए नई भौतिकी का समझना आसान नहीं है। कठिनाई की बात यह है कि हर वैज्ञानिक भी गणितज्ञ नहीं होता और गणित के आचार्य ऐसे भी हुए हैं, जो मामूली गुणा-भाग के काम में गलती कर सकते थे।

विशेषज्ञता शिक्षा का लक्षण नहीं है, क्योंकि प्रत्येक शिक्षित व्यक्ति विशेषज्ञ नहीं बन सकता, न विशेषज्ञता सभ्यता के हित में अमिश्रित वरदान है। आदमी ठीक से शिक्षित हुआ है या नहीं, यह इस बात पर निर्भर नहीं करता कि उसने कितनी किताबें पढ़ी हैं और कितने विचारों से उसका परिचय हुआ है, बल्कि इस बात पर कि जो कुछ उसने सीखा है, उसका वह आचरण करता है या नहीं तथा उसके भीतर की वे शक्तियाँ जगी हैं या नहीं, जिन्हें जगाना शिक्षा का उद्देश्य है।

भारत में भारतीय भाषाएँ जब से शिक्षा का माध्यम नहीं रहीं, तब से भारतीय शिक्षा में कृत्रिमता भर गई है और ऐसे व्यक्तियों की संख्या देश में कम हो गई है, जो अपने-अपने क्षेत्रों के अग्रणी माने जा सकें। यह उन्नीसवीं सदी में उठनेवाले सांस्कृतिक पुनर्जागरण का चमत्कार था कि उसके धक्के से प्रत्येक क्षेत्र में कुछ ऐसे व्यक्ति पैदा हो गए, जिन्होंने नये भारत की कीर्ति में चार चाँद लगा दिये, किन्तु ज्यों-ज्यों वह सांस्कृतिक आन्दोलन मद्धिम होता गया है, देश में महापुरुषों की संख्या भी छीजती आई है। सौभाग्य से उन्नीसवीं सदी में जन्म लेनेवाले कुछ बड़े लोग आज भी हमारे बीच मौजूद हैं, किन्तु जब उनका समय पूरा हो जाएगा, भारत बौनों का देश बन जाएगा। यह भी ध्यान रखना चाहिए कि उन्नीसवीं सदी का सांस्कृतिक जागरण जितना गहरा और तेज था, हमारे महापुरुषों की संख्या उसके अनुपात में बहुत थोड़ी रही तथा वे भी उस कोटि के नहीं हुए, जिस कोटि के महापुरुषों को जन्म मध्यकालीन सांस्कृतिक जागरण ने दिया था। कबीर, नानक, तुलसीदास, समर्थ रामदास, शिवाजी, राणाप्रताप, गुरु गोविन्दसिंह और चैतन्य महाराज–इनके जोड़ के महापुरुष नये भारत ने उत्पन्न नहीं किए। कारण इसका यह है कि यद्यपि उन्नीसवीं सदी के सांस्कृतिक जागरण में मध्यकालीन सांस्कृतिक जागरण की अपेक्षा शक्ति अधिक थी, किन्तु मातृभाषाओं के शिक्षा का माध्यम नहीं रहने के कारण उस शक्ति का पूरा लाभ देश को नहीं पहुँचा। एक तो नुकसानी यह हुई कि अंग्रेजी के शिक्षा का माध्यम हो जाने के कारण ज्यादा लोग शिक्षित न किए जा सके। दूसरी नुकसानी यह

हुई कि जो लोग असाधारण मेधा से युक्त, तेजस्वी व्यक्ति थे, उनके भी विचार जनसाधारण के बीच नहीं फैल सके, क्योंकि विद्वानों की भाषा और तथा जनसाधारण की भाषा और थी। एक तीसरी नुकसानी भी यह हुई कि जिनमें सचमुच मेधा का प्राबल्य था, उनकी भी अधिक शक्ति अंग्रेजी के शीन-काफ को दुरुस्त करने में चली गई और वे विचारों पर उतना अधिक आधिपत्य नहीं पा सके, जितना आधिपत्य वे अपनी भाषा द्वारा ज्ञानार्जन करने पर पा सकते थे। साथ ही उनका मौलिक चिन्तन भी इतना मौलिक नहीं हो सका कि अंग्रेज उनके सामने अपना मस्तक नवाते। अंग्रेजों ने सिर्फ यह कहकर उन्हें शाबाशी दी कि वाह, तुमने हमारी जबान बिलकुल सीख ली। सरोजिनी नायडू को हम भारत-कोकिला कहते थे। आरूदत्त और तोरूदत्त की अंग्रेजी कविताओं पर हमें नाज है। मगर उनकी कविताओं को अंग्रेज तृणवत नगण्य समझते हैं। आज तक इंग्लैंड से अंग्रेजी कविताओं का ऐसा एक भी प्रतिनिधि-संग्रह नहीं निकला, जिसमें सरोजिनी नायडू, आरूदत्त और तोरूदत्त की एक भी कविता सम्मिलित की गई हो। कामनवेल्थ काव्य-संग्रह का नाम मैं नहीं लेता, क्योंकि यह नाम ही बताता है कि संग्रह राजनीति के भाव से किया गया है।

अपने देश से बाहर की भाषा सीखना पाप का कर्म नहीं है। वह किसी-न-किसी किस्म का पुण्य-कर्म ही समझा जाएगा, किन्तु कविता, कहानी, नाटक और उपन्यास विदेशी भाषा में लिखने की बात मुझे बेतुकी-सी लगती है। साहित्य दो प्रकार का होता है। एक साहित्य रस का होता है, जिसे शक्ति का साहित्य कहने का भी रिवाज है। दूसरा साहित्य ज्ञान का होता है। यदि हमने कोई विदेशी भाषा ठीक से सीख ली है, तो ज्ञान का साहित्य हम उस भाषा में तैयार कर सकते हैं, किन्तु रस के साहित्य की भाषा हमेशा अपनी मातृभाषा होती है और मेरा जो मत रस के साहित्य की भाषा के विषय में है, वही मत शिक्षा और शासन के माध्यम की भाषा के बारे में भी है।

अतएव शिक्षित व्यक्ति की पहली पहचान मैं यह मानता हूँ कि वह अपनी मातृभाषा में सुदक्ष होता है यानी वह अपनी मातृभाषा में शुद्धता के साथ लिख और बोल सकता है। यहाँ मैं ऐसी कोई बात नहीं कर रहा हूँ, जो बिलकुल चौंकानेवाली या नवीन हो। संसार के प्रत्येक स्वतंत्र देश में शिक्षित व्यक्ति की पहली पहचान यही होती है कि वह अपनी भाषा को ठीक से जानता है। अन्य भाषाएँ वह जरूरत के कारण सीखता है, उसके हृदय और प्राण की भाषा उसकी मातृभाषा ही होती है। इस समस्त भूमंडल पर केवल भारत ही वह अभागा देश है, जहाँ शिक्षित हम उस व्यक्ति को समझते हैं, जो अपनी भाषा भले ही न

जानता हो, मगर अंग्रेजी में खूब तेज-तर्रार होता है। स्पष्ट ही यह अस्वाभाविक स्थिति है। स्पष्ट ही यह मानसिक दासता का प्रमाण है, जो अभी भी हमारे दिमाग में घर किए हुए है। स्पष्ट ही यह इस बात का प्रमाण है कि भारत को अभी अपने आत्मरूप का ज्ञान नहीं हुआ है। भारत असल में उस तोते के समान है, जिसने पिंजड़े में रहकर अपने मालिकों की भाषा का अभ्यास किया था। पिंजड़ा तो टूट गया और तोता अब जहाँ भी चाहे, जा सकता है। मगर भाषा अब भी वह वही बोलना चाहता है, जिसे उसने अपने कैदखाने में सीखा था। जो लोग यह कहकर शिक्षा-माध्यम के परिवर्तन को रोकना चाहते हैं कि देश के शिक्षा-विशारद अभी इसके लिए तैयार नहीं हैं, उनकी सेवा में मैं महात्मा गांधी का यह मत पेश करता हूँ, जिसे उन्होंने सन् 1938 ई. में व्यक्त किया था :

> 'मेरी सम्मति में यह कोई ऐसा प्रश्न नहीं है, जिसका निर्णय शिक्षा-शास्त्रियों के द्वारा हो। वे इस बात का निर्णय नहीं कर सकते कि किस स्थान के लड़कों-लड़कियों की पढ़ाई किस भाषा में हो। क्योंकि इस प्रश्न का निर्णय तो हर एक स्वतंत्र देश में पहले ही हो चुका है। उन्हें तो बस यही सुविधा प्राप्त है कि राष्ट्र की इच्छा को यथासम्भव सर्वोत्तम रूप में अमल में लाएँ।'
>
> –हरिजन सेवक, 9.7.1938 ई.

शिक्षित व्यक्ति की पहली और सबसे बड़ी पहचान यह है कि वह अपनी मातृभाषा का प्रयोग धड़ल्ले से करता है और शिक्षितों में भी, अधिक सुष्ठु रूप से शिक्षित, मैं उन्हें मानूँगा जो सरल भाषा लिख और बोल सकते हैं। भारत में एक हवा बह गई है कि 'वृक्ष पर पक्षी बैठा है'–यह अच्छी हिन्दी है और 'पेड़ पर चिड़िया बैठी है'–यह बुरी हिन्दी है। मेरा निवेदन है कि दोनों वाक्य हिन्दी के ही वाक्य हैं, लेकिन दूसरा वाक्य पहले वाक्य की अपेक्षा श्रेष्ठ है, क्योंकि वह अधिक बोधगम्य है, ज्यादा चालू है और आसान है। शिक्षा और शासन के कामों में लगे हुए विद्वान इस आशा में हाथ पर हाथ धरे बैठे हैं कि अनुवादक और शब्द-निर्माता जब हिन्दी तैयार कर देंगे, तब हम उसे काम में लाएँगे। मेरा निवेदन है कि हिन्दी पहले से ही तैयार भाषा है, प्रचलित भाषा है। आप उस भाषा में काम करना शुरू कर देंगे, तो देश की मुश्किल आसान हो जाएगी, और आप अगर शब्द-निर्माताओं के पार्सल का इन्तजार करते रहेंगे, तो आप हिन्दी में कभी भी काम नहीं कर सकेंगे।

शिक्षित व्यक्ति की दूसरी पहचान यह है कि वह विनम्र होता है। 'कल्चर' के अनुकरण पर 'संस्कृति' नामक एक नया शब्द हमने बना लिया है, वर्ना जिस गुण को अंग्रेजी में कल्चर कहने का चलन है, उसे संस्कृत में विनय कहने का रिवाज

था। विनय यानी झुककर जीने का भाव। विद्या ददाति विनयम्। विद्या हमें विनयशील बनाती है। आलू जब पक जाता है, तब वह नर्म हो जाता है। मनुष्य के स्वभाव में जब विद्या का संस्कार समा जाता है, वह विनम्र हो जाता है। संस्कृति प्रकृति से भिन्न गुण है। क्रोध करना प्रकृति है, क्रोध पर लगाम लगाना संस्कृति है। काम का उलंग आचरण प्रकृति है, काम को बँधे घाटों में बहाना संस्कृति है। और विनय अनुशासन को भी कहते हैं। 'विनय-पिटक' में 'विनय' शब्द अनुशासन का ही पर्याय है। जो विनयी है, उसे अनुशासन सिखाने की आवश्यकता नहीं होती। वह स्वभाव से ही अनुशासनप्रिय होता है। और विनयशीलता केवल दैहिक आचरण में ही समाप्त नहीं होती, वह मानसिक गुण का भी नाम है। हम गाली न दें, मारपीट न करें, हिंसा और उपद्रव में न लगें, यह शारीरिक विनय है, किन्तु बहस में आँखें लाल कर लेना भी विनय के त्याग का उदाहरण है। किसी अन्य लेखक या विचारक के मतों का खंडन करते समय गुस्से में आ जाना भी हिंसा है, अविनय का दृष्टांत है। अहिंसा, विनय और संस्कृति—इन्हें परस्पर समानार्थक समझा जाना चाहिए। शारीरिक हिंसा का वर्जन भारत के सभी धर्मों ने सिखाया था, किन्तु जैन धर्म बौद्धिक अहिंसा की भी शिक्षा देता है। अनेकांतवास और स्याद्वाद बौद्धिक अहिंसा के ही गुण हैं। कभी भी यह मत समझो कि केवल तुम्हारा ही मत सही है। सम्भव है, विरोधी का मत सही और तुम्हारा ही सोचना गलत निकल जाए! अतएव यह कभी भी मत कहो कि यह बात ठीक है। विनयी और अहिंसक मनुष्य केवल यही कह सकता है कि शायद यह बात ठीक हो। विनय मनुष्य का भूषण है। वह प्राणी से भी प्रकट होती है तथा आचरण और व्यवहार से भी। यही नहीं, विनय की अभिव्यक्ति पोशाक, रहन-सहन और चाल-ढाल से भी होती है और शिक्षित मनुष्य जानता है कि विनय का आचरण कैसे करना चाहिए। विनयशीलता इस बात का प्रमाण है कि आदमी दूसरे आदमियों का आदर करना सीख गया है। जब तक हम दूसरे व्यक्तियों का आदर करना नहीं सीखते, हम सच्चे अर्थों में विनयशील और सुसंस्कृत नहीं समझे जाएँगे।

शिक्षित व्यक्ति की तीसरी पहचान यह है कि उसमें चिन्तन की शक्ति होती है। किसी प्रश्न को देखते ही उबल पड़ना या जोश में आ जाना शिक्षा नहीं, अशिक्षा का लक्षण है। बिना सोचे-समझे अफवाहों के असर में आ जाना अथवा बिना जाँच-पड़ताल के अपनी राय बना बैठना, ये लक्षण उस आदमी के हैं, जिसने सोचने की शक्ति अर्जित नहीं की है। सोचनेवाला व्यक्ति घटनाओं के धक्कों से अपनी राय नहीं बदलता। वह प्रश्न पर अपनी दृष्टि से विचार करता है और जो राय बना लेता है, उससे आसानी से नहीं हटता। प्रायः हर देश और

हर युग में राजा बदनाम माना जाता है और प्रजा सीधी समझी जाती है, किन्तु राजमत जितना त्रासक होता है, लोकमत भी उसी प्रकार त्रासक हो सकता है। राजमत और लोकमत के बीच सन्तुलन बिठाना आसान काम नहीं है। किन्तु शिक्षित व्यक्ति को इस कार्य में भी अधिक कठिनाई नहीं होती, क्योंकि जो मूल्य उसके पास हैं, उन्हें सामने रखकर वह अपना कर्तव्य निश्चित करता है।

सोचने की शक्ति, असल में चीजों पर शंका करने की शक्ति है। शिक्षा का एक बड़ा ध्येय यह है कि वह शिक्षार्थियों के भीतर शंका की प्रवृत्ति को तेज करे। परम्परा और विद्रोह, जीवन के दोनों ही आवश्यक अंग हैं। परम्परा पानी को गहरा बनाती है, विद्रोह उसे चौड़ाई में ले जाता है। कल जो विद्रोह था, वह आज की परम्परा है। आज जो विद्रोह है, कल वह परम्परा का रूप लेगा। विद्रोह का जन्म शंका से होता है, निरन्तर परिपाटी के विरुद्ध सोचने की प्रवृत्ति से होता है। शंका करने की शक्ति बहुत बड़ी शक्ति है। आस्तिक और नास्तिक, शंका दोनों करते हैं और दोनों की शंकाओं से सभ्यता को लाभ पहुँचता है। सही सवाल पूछना लगभग उस सवाल का जवाब पाने के समान है। लेकिन जो मस्तिष्क अशिक्षित है, वह सही सवाल पूछ ही नहीं सकता। आदमी का जितना भी ज्ञान बढ़ा है, शंका की प्रवृत्ति से बढ़ा है। जिन्होंने यह जानना चाहा कि दुनिया क्यों बनी, वे दार्शनिक हो गए। जिन्होंने यह जानना चाहा कि दुनिया कैसे बनी, वे विज्ञान की ओर चले गए। दर्शन और विज्ञान, दोनों का विकास मनुष्य की शंका करने की प्रवृत्ति से हुआ है। आगे भी मनुष्य में शंका की प्रवृत्ति, प्रश्न करने की शक्ति बनी रहनी चाहिए, अन्यथा मनुष्य के ज्ञान के चारों ओर लक्ष्मण-रेखा खिंच जाएगी। इस सम्बन्ध में मुझे अंग्रेजी की एक सूक्ति याद आती है, जिसे मैंने बचपन में पढ़ा था :

I met six serving honest men.
They taught me all, I knew.
Their names are What and Why and When
And Where and How and Who.

अर्थात् :

कब, कैसे, क्या, क्यों, कहाँ, नाम छठे का कौन,
षट् गुरुओं से ज्ञान पा हुआ मगन मैं मौन।

सोचने की शक्ति का उपयोग केवल महाविद्यालयों तक सीमित नहीं है। जिन्दगी का सारा मैदान इसी शक्ति के प्रकाश से प्रकाशित होता है। सच्चे अर्थों में शिक्षित व्यक्ति वह है, जो कदम-कदम पर इस शक्ति का उपयोग करता है।

शिक्षित व्यक्ति की चौथी पहचान यह होती है कि उसका मस्तिष्क सतत विकासशील होता है। छात्रों में से वे छात्र सबसे अधिक प्रशंसित होते हैं,

जिनका दिमाग बराबर बढ़ता रहता है। यही हाल मनुष्य मात्र का है। मनुष्यों में भी वे मनुष्य सच्चे अर्थों में सुशिक्षित होते हैं, जो यह नहीं मानते कि विश्वविद्यालय छोड़ने के साथ उनकी शिक्षा समाप्त हो गई। जिन शक्तियों को जगाने के लिए छात्र विश्वविद्यालयों में आते हैं, उन शक्तियों की सम्भावनाएँ अपरिमित और निस्सीम हैं। विश्वविद्यालयों में वे जग तो जाती हैं मगर उनका विकास सारे जीवन भर होता रहता है। जो आदमी बी.ए. या एम.ए. हो गया, उसे यह नहीं समझना चाहिए कि जो कुछ उसे सीखना था, उसे वह सीख चुका है। बी.ए. या एम.ए. होना सिर्फ यह बताता है कि आदमी उस रास्ते पर आ गया है, जिस पर चलकर वह अपने मस्तिष्क का चरम विकास कर सकता है। विश्वविद्यालयों से भी बड़ा विद्यालय जीवन का व्यावहारिक क्षेत्र है, जहाँ मरने के दिन तक आदमी कोई-न-कोई नई बात सीखता ही रहता है। अगर खर्च की भाषा में सोचें, तो जिन्दगी के विश्वविद्यालय में घाटा और नुकसान देकर हमें जो शिक्षा मिलती है, वह विश्वविद्यालयों में मिलनेवाली शिक्षा की तुलना में कहीं ज्यादा खर्चीली और व्ययसाध्य है।

मानसिक विकास का रुक जाना जिन्दगी के साथ राजीनामा लिखने के समान प्रतिक्रियागामी कार्य है। फिर भी होता यही है कि कोई पद प्राप्त कर लेने के बाद हमारा मानसिक जीवन स्थिर हो जाता है, ज्ञान की पिपासा खत्म हो जाती है और हमने जो कुछ हासिल कर लिया है, उसकी हिफाजत छोड़कर हम और कुछ भी नहीं करते। ऐसे व्यक्ति को सही अर्थों में सुशिक्षित मानना शिक्षा के ध्येय को संकुचित बनाना है। शिक्षित व्यक्ति वह है, जो अन्त-अन्त तक कुछ-न-कुछ सीखता ही रहता है, जिसके मन के दरवाजे विरोधी विचारों के लिए बन्द नहीं होते, जो अपना शिविर तो बदल सकता है किन्तु अभिनव अनुभूतियों और अभिनव चिन्तन से मुँह नहीं मोड़ सकता।

कवियों और कलाकारों के जीवन में अक्सर ऐसा होता है कि विचारों के प्रवाह में बहते-बहते, एक उम्र में आकर, वे किसी एक विचार को अपना लेते हैं और फिर जिन्दगी-भर उसी विचार की रोशनी में लिखते रहते हैं। ऐसे लेखकों की रचना में रस की मात्रा न्यून हो जाती है। उनकी कविताएँ व्यक्तित्व नहीं, चरित्र की कविताएँ बन जाती हैं। व्यक्तित्व उस आदमी का होता है, जिसके दिमाग के दरवाजे खुले हुए हैं, जो हर रोज थोड़ी नई अनुभूति प्राप्त करता है, हर रोज नये विचारों से परिचय-लाभ करता है। किन्तु चरित्रवान हम उसे कहेंगे, जिसने जीवनभर के लिए कोई एक कुटी पसन्द कर ली है और जो अपनी जगह से अब हिलने को तैयार नहीं है। चरित्रवान अच्छे मनुष्य का विशेषण है, किन्तु

यहाँ मैं इस शब्द का प्रयोग किसी खास अर्थ में कर रहा हूँ। चरित्रवान व्यक्ति का दोष यह है कि वह विरोधी दिशा से आनेवाले विचारों के प्रति तनिक भी सहानुभूतिशील नहीं होता। वह हमेशा उन विचारों की रक्षा के लिए लाठी लेकर खड़ा रहता है, जिन्हें उसने जीवन-भर के लिए अपना लिया है, किन्तु सोचने की बात है कि दुनिया में ऐसे विचार हैं भी या नहीं, जिन्हें अपना लेने के बाद हमें अन्य विचारों की आवश्यकता नहीं रह जाती। कबीर की गवाही है कि ऐसे विचार कहीं भी नहीं हैं :

हद्द चलै सो मानवी, बेहद चलै सो साधु,
हद्द बेहद, दोनों तजै, ताको मता अगाधु।

और प्रसाद जी का भी खयाल है कि मनुष्य सतत विकासशील प्राणी है। उसके विकास की सीमा कहीं भी नहीं हो सकती :

इस पथ का उद्देश्य नहीं है श्रांति-भवन में टिक रहना,
किन्तु पहुँचना उस सीमा पर, जिसके आगे राह नहीं।

शिक्षित व्यक्ति की आखिरी पहचान यह है कि वह आलसी नहीं होता और अपने हर काम को मुस्तैदी के साथ और ठीक समय पर अंजाम देता है। किताबों से ज्ञान ग्रहण कर लेना काफी नहीं है। चिन्तन, वचन अथवा कर्म के क्षेत्र में आदमी को अपने ज्ञान का उपयोग कर्म के रूप में करना चाहिए। वह समय चला गया, जब कुछ लोग ज्ञानार्जन करके वनों में जा बैठते थे और निष्कर्म चिन्तन के द्वारा अपनी वैयक्तिक मुक्ति की खोज करते थे। आज का युग ऐसे ज्ञानियों का युग नहीं है। संन्यासी को भारत में कर्म-विमुक्त समझने की परिपाटी थी, किन्तु आज का संन्यासी भी कर्म से अलग नहीं रह सकता। संन्यास के लक्ष्य में परिवर्तन हो गया है। आज का संन्यासी वह है, जिसने अपनी गृहस्थी तो नहीं बसाई है, मगर जो सबकी गृहस्थी में सहायता करने को कोई काम कर रहा है। आज का संन्यासी एक रास्ते से तो समाज से निकल जाता है, मगर दूसरे रास्ते से समाज में वापस आ जाता है।

कर्म ही वह कसौटी है, जिस पर ज्ञान की परख की जाती है। साम्यवादी देश जहाँ-तहाँ यह प्रयोग कर रहे हैं कि बुद्धिजीवी वर्ग के लोग भी कभी-कभी वैसे कामों में लगें, जो काम खेतिहर या मजदूर किया करते हैं। गांधी जी ने बुनियादी शिक्षा का प्रयोग किया था, जिसमें शिक्षा कर्म के द्वारा दी जाती है। ज्ञान कर्म से श्रेष्ठ है और सबसे अच्छे लोग वे हैं, जिन्हें हाथों से कोई काम नहीं करना पड़ता, इस विचार ने सभ्यता का उपकार नहीं किया है। वैदिक युग में ज्ञान और कर्म के बीच ऐसा विभेद नहीं था। ऋषि खेती भी करते थे, पशु भी

पालते थे, समाधि और ध्यान भी करते थे। शास्त्र भी रचते थे और अवसर आने पर तलवार उठाकर युद्ध में भी दौड़ पड़ते थे। सभ्यता वही अच्छी है, जिसमें शिक्षितों के विचार आसानी से अशिक्षित समुदाय के बीच फैलते रहते हों और जिसमें किसानों और मजदूरों को यह सोचकर निराश न होना पड़ता हो कि हाय, हम जो काम करते हैं, उन कामों से पढ़े-लिखे लोगों को घृणा है।

कर्म में सफलता उन्हें मिलती है, जिनमें दस आदमियों को साथ ले चलने की सामर्थ्य है, जो अपनी वैयक्तिकता को कुछ दूर तक दबाकर या सँभालकर रख सकते हैं तथा जिन्हें यह सोचकर शर्म होती है कि कहीं लोग उन्हें आलसी या निकम्मा न समझ लें। जो शिक्षा आदमी को आलसी या निकम्मा बनाती है, वह शिक्षा नहीं, घोर रूप की अशिक्षा है। शिक्षा मानसिक शक्तियों को जगाती है, मनुष्य की अनुभूति को तेज करती है। स्पष्ट ही जिस व्यक्ति की मानसिक शक्तियाँ जगी हुई और भावनाएँ प्रखर और तेज हैं, वह आलसी, निरुद्यमी अथवा निकम्मा होकर जीना पसन्द नहीं करेगा। हम जो कुछ सीखते हैं, वह सब-का-सब हमारे कर्म में अभिव्यक्त होता है। अतएव कर्म से व्यंजित होनेवाली दक्षता, कार्य-तत्परता और मुस्तैदी से हमारी शिक्षा का जितना आभास मिलता है, उतना आभास किसी और चीज से नहीं मिल सकता। मुस्तैदी और कार्य-तत्परता शिक्षा के सबसे बड़े प्रमाण हैं।

स्नातक-स्नातिकाओ, देवियो और सज्जनो, शिक्षा-शास्त्र से सीखी हुई जो बातें मुझे आपकी सेवा में निवेदन करनी थीं, मैं निवेदन कर चुका। अब मैं एक बात कवि की हैसियत से बोलने की इजाजत चाहता हूँ। देश के भीतर जैसी निराशा, जितना कोलाहल और जितना अन्धकार है, उसमें बुद्धि की भाषा अब मेरी सहायता नहीं कर सकती। मैं छलाँग मारकर सम्बुद्धि के धरातल पर चला गया हूँ और वहाँ से मुझे भारतवर्ष का भविष्य अत्यन्त सुहावना दिखाई देता है। व्यक्ति टूट जाएँ, दल विकीर्ण हो जाएँ, यहाँ तक कि पद्धति भी चाहे तो टूट जाए, किन्तु यह देश अब और नहीं टूटेगा। इक्कीसवीं सदी संसार में भारत की सदी होनेवाली है।

अभी पाँच सौ वर्ष पूर्व तक भारत संसार का ज्ञान-गुरु था अर्थात जो ज्ञान भारत में नहीं था, वह संसार के किसी भी देश में नहीं था और भारत का ज्ञान जिस देश में पहुँच जाता था, वहाँ जागृति की लहर फैल जाती थी। अब संसार के कई देश सुख-सुविधा में भारत से बहुत आगे हैं और हमारा देश गरीबी, अशिक्षा, बेकारी तथा उनसे उत्पन्न भ्रष्टता और असन्तोष से ग्रसित देश है। लेकिन मेरा विश्वास है, भारत तगड़ी छलाँग लेगा और अपनी आर्थिक समस्या

का कोई-न-कोई समाधान अवश्य निकालेगा। भारत को सभ्यता के त्राण के लिए अपने ढंग पर कुछ काम करना है, किन्तु वह कार्य भी हम तभी कर सकेंगे, जब हमारी जनता सन्तुष्ट हो तथा जीवन-यापन के जरूरी सामान सबको इस देश में भी आसानी से हासिल होते हों।

आर्थिक समस्या का समाधान तो बहुत ही आवश्यक है, किन्तु आर्थिक समृद्धि और सामरिक क्षमता भारत की विशेषता नहीं होगी। विशेषता उसकी पहले भी अध्यात्म थी और आगे भी अध्यात्म के कारण ही यह देश पूजा जाएगा। सन् 1946 ई. में महर्षि रमण से किसी भक्त ने कहा था कि भगवन्, अब स्वराज्य हो जाएगा और तब हमारा देश उन्नति के शिखर पर पहुँच जाएगा?' महर्षि ने इस पर कोई टिप्पणी नहीं की। उन्होंने केवल यह कहा, 'भारत उन्नति के शिखर पर अभी क्यों नहीं है?' महर्षि इस प्रश्न के द्वारा जो बात कहना चाहते थे, वह सम्भवतः यह थी कि जब भारत ने परमहंस रामकृष्ण, अरविन्द, रमण और गांधी को जन्म दिया तब तो वह उन्नति के शिखर पर नहीं है, मगर ज्यादा टेक्नोक्रैटों को जन्म देकर वह उन्नति के शिखर पर पहुँच जाएगा, यह बेतुकी बात है। भारत उन्नति के शिखर पर आज भी आसीन है, क्योंकि जिस देश में ऐसे संत उत्पन्न होते हों, वह छोटा देश नहीं है।

जब से विज्ञान का उद्भव हुआ, संसार के प्रायः सभी देशों में अतीत और वर्तमान के बीच संघर्ष शुरू हो गया और प्रायः प्रत्येक देश में जीत वर्तमान की हुई और अतीत हार गया है। केवल भारत वह देश है, जहाँ अतीत आज भी जोरों से संघर्ष कर रहा है। विज्ञान और टेक्नोलॉजी के विशेषज्ञ अब भारत में भी पैदा हो रहे हैं और उन्हें काफी तादाद में पैदा होना भी चाहिए, किन्तु भारत की जीनियस के वे सच्चे प्रतिनिधि नहीं हैं। हमारी जीनियस के सच्चे प्रतिनिधि हमारे संत हैं।

पिछले सौ वर्षों में भारत ने अनेक क्षेत्रों में अनेक महापुरुषों को जन्म दिया है, मगर परमहंस रामकृष्ण, स्वामी दयानन्द, स्वामी विवेकानन्द, महर्षि रमण, महायोगी अरविन्द और महात्मा गांधी की बात ही कुछ और है। भारत को अन्त तक वही राह पकड़नी है, जिसका संकेत इन संतों ने दिया है। भारत एक बार फिर सभ्यता का नेतृत्व करेगा, इस कल्पना से हृदय पुलकित हो जाता है। आशा है, आप यह सोचकर अपने आचरण को संयत और विनयशील बनाएँगे कि आप जिस देश के नागरिक हैं, उसे सभ्यता के शिखर पर स्थान ग्रहण करना है। भगवान आपके जीवन-पथ को प्रशस्त करें।[1]

---

1. जीवाजी विश्वविद्यालय, ग्वालियर, के तृतीय दीक्षांत-समारोह में दिया गया भाषण।

साहित्य में आधुनिकता

आधुनिकता कोई मूल्य नहीं है, बल्कि अत्याधुनिक कवि और लेखक जो कुछ लिखते हैं, उससे यह अनुमान लगाया जा सकता है कि वह मूल्यों के विघटन का पर्याय है। इधर तीन-चार वर्षों में आधुनिकता का वृत्त जिस तेजी से संकीर्ण बनाया गया है, उसे देखते हुए मेरा खयाल है, ऐसा कोई कोड नहीं बनाया जा सकता, जिसके आधार पर यह कहा जा सके कि अमुक लेखक आधुनिक और अमुक लेखक मध्यकालीन है।

केवल रोमांटिक होना ही नहीं, आस्तिक होना भी अब आधुनिकता के प्रतिकूल माना जाता है, किन्तु रवीन्द्रनाथ आस्तिक भी थे और रोमांटिक भी। तो क्या हम यह कहेंगे कि वे मध्यकालीन थे? अगर वे मध्यकालीन थे, तो 'गोरा' लिखकर उन्होंने यह क्यों बताया कि संस्कार मनुष्य विरासत में नहीं पाता है, उसे वह अपने परिवेश से अर्जित करता है? और सत्यकाम की कथा लिखकर उन्होंने यह क्यों बताया कि सत्य का अधिकारी वह व्यक्ति भी हो सकता है, जिसके असली पिता का पता उसकी माता को भी नहीं है?

आधुनिक सभ्यता नगरों की सभ्यता है। आधुनिक लेखक और कवि भी उन्हीं अनुभूतियों और सनसनाहटों के इर्द-गिर्द चक्कर काटते हैं, जो शहरी लोगों के भीतर जगती हैं, जिन अनुभूतियों में जटिलता है, निराशा है, विफलता और आक्रोश है। लेकिन ग्रामीणों की अनुभूतियाँ सीधी-सादी होती हैं। तो क्या जो लेखक ग्रामीण जीवन को अपना विषय मानकर लिखता है, वह मध्यकालीन है? तब हम प्रेमचन्द, ताराशंकर और रेणु को कहाँ रखेंगे?

जिसे हम आधुनिकता कहते हैं, वह एक प्रक्रिया का नाम है। यह प्रक्रिया अन्धविश्वास से निकलने की प्रक्रिया है। यह प्रक्रिया नैतिकता में उदारता बरतने की प्रक्रिया है। यह प्रक्रिया बुद्धिवादी बनने की प्रक्रिया है। यह प्रक्रिया धर्म के सही रूप पर पहुँचने की प्रक्रिया है। आधुनिक वह है, जो मनुष्य की ऊँचाई, उसकी जाति या गोत्र से नहीं, बल्कि उसके कर्म से नापता है।

आधुनिक वह है, जो मनुष्य-मनुष्य को समान समझता है। इस अर्थ में आधुनिकता का आरम्भ भारत में बुद्ध के समय हुआ था और वह धारा तब से भारत में बराबर बहती आ रही है। सरहपा, नहपा आदि सिद्ध साधुओं ने जिस धर्म का आख्यान किया, वह पारम्परिक धर्म की अपेक्षा अधिक बुद्धिसंगत और नवीन है। कबीरदास तुलसीदास के पूर्व हुए थे, किन्तु वे तुलसी की अपेक्षा आज के चिन्तन के अधिक समीप हैं।

बुद्ध के समय से भारत में चिन्तन की दो धाराएँ बहती आ रही हैं। एक धारा भारत की मातृ-संस्कृति की धारा है, जिसके ऋषि मनु, वसिष्ठ और याज्ञवल्क्य, दार्शनिक शंकराचार्य और कवि कंबन, पोतना और तुलसीदास हैं। यह धारा वर्णाश्रम-धर्म की धारा है, जो मनुष्यों की नाप उनके वंश और गोत्र से करती है; किन्तु दूसरी धारा वह है, जो मूल-संस्कृति के विरुद्ध विद्रोह करने को फूटी थी। इस धारा के ऋषि स्वयं बुद्ध, उसके दार्शनिक वसुबन्धु और नागार्जुन तथा उसके कवि सरहपा, नहपा, कबीर, नानक, वेमन्ना, दादू और मलूकदास हैं। यह वह धारा है, जो जाति, वंश और गोत्र में विश्वास नहीं करती; जो सभी धर्मों में एकता लाकर मनुष्य-मनुष्य को एक बनाना चाहती है। ज्यों-ज्यों समय बीतता जाता है, इन दोनों धाराओं के बीच की दूरी कम होती जाती है, जिसका अर्थ यह होता है कि मध्यकालीनता के संस्कार छीजते जाते हैं और आधुनिकता का वृत्त फैलता जाता है।

यह आधुनिकता की वह धारा है, जो भारत में खुद-ब-खुद उत्पन्न हुई थी, किन्तु जिस आधुनिकता को हम यूरोप से सम्बद्ध मानते हैं, उसका प्रवेश इस देश में 19वीं सदी में हुआ था और उसके साथ टकराने से भारतीय संस्कृति के भीतर ऐसी खलबली मची थी कि कोई तीस वर्षों के भीतर भारत एक ऐसी क्रान्ति से गुजर गया, जैसी क्रान्ति का अनुभव उसने सारे इतिहास में नहीं किया था। किन्तु उसी क्रान्ति के समय यूरोपीय आधुनिकता के प्रति भारतवासियों के मन में शंका भी उत्पन्न हो गई। इसके मुख्य रूप से दो कारण थे। एक तो यह कि भारत में आधुनिकता के प्रतीक अंग्रेज थे, जिनसे जनता घृणा करती थी। चूँकि अंग्रेज भारतवासियों को नापसन्द थे, इसलिए उनके साथ आनेवाली आधुनिकता भी शंका की पात्री बन गई। दूसरा कारण यह था कि जो लोग अंग्रेजी पढ़कर अपने को आधुनिक बताते थे, उनके आचरण ठीक नहीं थे। ये लोग बुनियादी और उदार तो बने नहीं, उलटे यूरोप से उन्होंने उच्छृंखलता का सबक ले लिया, जबकि खुद यूरोप में उच्छृंखलता आधुनिकता की प्रकृति नहीं, विकृति समझी जाती थी।

तब भी जितनी आधुनिकता का वरण उस समय के महान भारतीयों ने किया था, उतनी आधुनिकता भारत में भी आदर की वस्तु बन गई। ईश्वरचन्द्र विद्यासागर नास्तिक थे, जिन्तु जनता उन्हें देवता समझती थी। राममोहनराय और केशवचन्द्र हिन्दुत्व को घसीटकर ईसाइयत के पास ले गए थे, लेकिन भारतीय जनता ने उनका अनादर नहीं किया। स्वामी दयानन्द प्रतिमा-पूजन के विरुद्ध थे, लेकिन जनता तब भी उन्हें अपना आराध्य समझती थी। और स्वामी विवेकानन्द ने गरचे समुद्र पार की यात्रा की थी और ईसाइयों के हाथ का कच्चा-पक्का भोजन भी ग्रहण किया था, किन्तु आज वे हिन्दू धर्म के उद्धारक के रूप में पूजित हैं।

जिस आधुनिकता का वरण भारत ने 19वीं सदी में किया था, वह आधुनिकता अभी सन् 1950 तक हमारे साहित्य की मुख्य प्रेरणा रही थी। बंकिमचन्द्र और रवीन्द्रनाथ, भारतेन्दु और प्रेमचन्द, नान्हालाल और हरिनारायण आप्टे, केशवसुत और सुब्रह्मण्यम् भारती इसी आधुनिकता के चितेरे थे। तिलक जी ने 'कर्मयोगशास्त्र' इसी की प्रेरणा से लिखा था। हाली और इकबाल इसी आधुनिकता के अवतार थे। छायावादी और छायावादोत्तर काव्य इसी आधुनिकता के नतीजे थे। इस आधुनिकता का ध्येय मनुष्य को बुद्धिवादी और उदार बनाना था, उसे प्रवृत्तिमार्गी और कर्मठ बनाना था। इस आधुनिकता के अधीन साहित्य उद्देश्य को अपनाने में शरमाता नहीं था, न नबी और पैगम्बर बनने के काम को कवि अपने लिए हेय समझता था।

किन्तु अब भारत में वह आधुनिकता प्रवेश कर रही है, जो साहित्य को शैली-प्रधान बनाना चाहती है, जो कवियों को यह समझाना चाहती है कि उनका काम मनुष्य का सुधार करना नहीं, उसे चौंकाना है। उसकी चेतना को शॉक और धक्के देना है। यह आधुनिकता यूरोप में उत्पन्न हुई और वहाँ के बहुत बड़े-बड़े लेखक और कवि उसकी लपेट में आ गए। यूरोप में उसकी उत्पत्ति के कारण थे, किन्तु भारत में वे कारण मौजूद नहीं हैं। इसलिए समझा यह जाता है कि भारत के लेखक और कवि यूरोप का अनुकरण कर रहे हैं और वे जो कुछ भी लिखते हैं, वह ठीक-ठीक वास्तविक नहीं है।

✪✪✪